宗教を問う、宗教は問う

コルモスの歴史と現代

氣多雅子／島薗　進
金澤　豊／小林　敬［編］

CORMOS
Conference on Religion and Modern Society

法藏館

【目次】

第2部　コルモスの回顧と展望

COLUMN

宗教を問う、宗教は問う

コルモスの歴史と現代

序章　コルモスのこれまでを振り返る

島薗　進
SHIMAZONO Susumu

†はじめに

「コルモス」（現代における宗教の役割研究会、Conference On Religion and Modern Society の略称）は二〇二一年に設立五十周年を迎えた。これを機会に、この五十年を振り返る書物をまとめようという案が浮上してきた。大谷光真会長（当時）も理事一同も時宜にかなったことと異存がなく、氣多雅子副会長を軸に編集作業が進み、それから二年余りを経て、本書の刊行に至った。

宗教者、宗教団体、宗教研究者が「現代における宗教の役割」について論じ合い、語り合うという集まりだが、一九七一年の設立時から関わって来られた方々はすでに数少なくなっている。どのように成り立ち、どのように展開しつつ現代に至っているのか、なかなか分からないというのが実情だ。経験的にご存じの方が数人おられるが、記録に残る形のものが少ない。事務局を務めていただいている研究機関はあっても、しっかりとした研究組織が長期的に取り組んできたというものではない。個々の会員の連合体というのが基本的な性格なので、記録の蓄積が難しかったのだ。

そこで編集委員会を立ち上げ、ある程度の調査や資料検討の手順を踏んで、書物をまとめようということになった。若手の研究者に基礎的な調査を手伝っていただくとともに、現在、活動に関わっている会員の方々に参加していただき、発足に至る過程から、会の趣旨（理念・目的）と特徴、取り上げられてきたテーマ、時期を追っての変遷、そして今後についてどう考えるか、といった話題を取り上げ、コルモスの歴史の概略が分かるとともに、多様な参加者の声が反映する書物にしようということで案がまとまってきた。

†コルモスの発足

第1部は「コルモス50年の歩み」と題されており、まず五十年の歴史を概観している。執筆は若い宗教学研究者である小林敬さんにお願いしている。よく資料を集め、それらに目を通していただき、長くはないが要点がよくわかる叙述をしていただいている。資料としては、研究会議ごと、あるいは年度ごとに作成された「コルモスシリーズ」があるが、これは公刊されず会員に配布されただけだった。このため、今回、その全部を集めることはできなかった。とはいえ、おおかたを集め、通覧しながらまとめられたものだ。

ここでまず確認されていることは、コルモスの四つの目的である。「宗教間対話を試み、現代社会を分析し、現代社会における宗教の役割を問い直し、現代社会が抱える諸問題と世界平和に寄与すること」と整理されている。さらに短くまとめると、(1)「対話と協力」、(2)「現代社会分析」、(3)「宗教の役割の省察」、(4)「困難への対峙と平和への寄与」となる。この目的が共有されてきたからこそ、コルモスは継続されてきたとしている。「これらの理念のもと、宗教・宗派をこえた宗教者と研究者とが一堂に会し、共に学び議論するという形をとる研究会議というのは、他に類を見ない稀有な存在である」。これは設立時にそうであったが、それが五十年、持続してきたことについて感慨をもって述べているものだ。

発足の背景にはNCC宗教研究所をはじめとする関西の宗教研究機関が起こした対話・交流の動きだった。「「内実のある宗教の神学は諸宗教との対話の中から生まれてくるもの」(土居真俊)という信念にささえられ、関西を中心とした着実な活動によって、徐々に周囲に共有されていった」ことが示されている。

「（諸）宗教の神学」というのは、キリスト教だけが真理を把持しているのではなく、諸宗教も真理を把持しているものであるとすれば、それを明らかにしていくことが、キリスト教の神学を超えて神学に求められるとするものだ。カトリック教会では一九六〇年代前半のバチカン公会議以来、こうした方向性が求められるようになっていた。日本のさまざまな宗教伝統が根ざす関西ではそもそも諸宗教が相互に交流する基盤が存在していたが、第二次世界大戦後、世界的な潮流も踏まえてそれを具体化する動きが高まってきていた。

「こうした諸宗教・宗派の垣根を超えた対話の機運の高まりが、一九七一年のコルモス設立に結実してゆくこととなった」と捉えることができる。一九七〇年には、第一回世界宗教者平和会議（ＷＣＲＰ、ＲｆＰ）が行われていた。これは世界の諸宗教から平和を目指す人々と集団が結集し、対話と具体的な行動を行う団体で、現在、ニューヨークに本部があり、世界の数多くの国々に個別組織があるが、日本委員会はそのもっとも有力なものの一つである。日本で、そして関西でコルモスが設立されたことと、こうした世界的な諸宗教の交流、協力、対話の動きが重なっていると見てよいだろう。

†コルモス会議の講演内容

続いて、五十年にわたって作成されてきた「コルモスシリーズ」から六篇を採録している。各研究会議では二名のメインスピーカー（講演者）が一時間ほどの問題提起の講演をされた。その記録である。七篇のうち四篇は一九七一年の第一回、第二回から採録している。そのうち一篇は講演そのものではなく、講演の要旨と講演後の討論を採録している。土居真俊、西谷啓治のおふたりはコルモスの創設を語るときに欠かせない存在だ。初代の西谷会長はこの時代に「宗教」を哲学的に問う代表的な宗教学者であり、採録された講演は、西谷会長の時代（一九七一年から九〇年まで）に形作られたコルモスのいわば文明哲学的な議論の特徴をよく表すものと言えるだろう。

神学と宗教哲学が専門であり、キリスト教と仏教の思想研究が土台にあるこのお二人に加えて、経験科学的宗教学、あるいは宗教社会学に造詣が深く、日本の宗教、現代の宗教の実際を研究して来られた堀一郎、森岡清美のおふたりが「現代宗教」の実際を踏まえた論述をおこなっている。これらによって、創設の時期にコルモスが目指していたものがよくわかるとともに、その後も引き継がれていくコルモスの理念と実際が具体的な論述や対話を通して感得できると思う。言葉をかえると、一九七一年の二つの研究会議がその後のコルモスの展開の大筋を定めたとも言えるだろう。

だが、コルモスにはそれ以後に重要になってきた他のさまざまな側面もある。それらのすべてを拾い上げることはできないが、ここでは自然科学者や人文社会諸分野の科学者の参加と関わるところが取り上げられている。コルモスの目的の三番目には、「諸科学の成果に照らして、宗教とは何か、宗教はいかに在るべきかを根本的に問い直すこと」とされていた。この「諸科学」を自然科学と人文社会系の諸科学に分けて見てみよう。

†自然科学・人文社会系諸科学からの学び

まず、後者だが、この側面は浄土真宗本願寺派の僧侶であるとともに大学の社会学教授でもあった大村英昭第四代会長の時代にとくに目立ってきたことだが、早い段階からある。すでに一九七三年に「宗教と教育」というテーマが、七四年には「宗教と精神医学」、「現代日本の精神構造」というテーマが掲げられている。現代人の生き方、考え方を宗教に照らし合わせながら考えようとするものであり、またその際、教育がもつ意義を省みようというものだ。

人文社会系の学者が多く招かれており、宗教社会学だけでなく心や文化に関わる諸分野の研究者の関わりが多かった。そうした側面の例として、ここでは二〇一〇年の井上順孝氏（宗教学者・國學院大学）の論考を取り上げている。井上氏は「宗教文化教育」について語っているが、日本において「宗教」を考えるとき、「文化」「教育」といった領域が重要であることがよく示されて、コルモスが取り組んできた「研究」テーマをうまく表しているように思う。

次に、前者の自然科学だが、とくに医学・生物学方面の専門家で宗教に深い関心をおもちの方々がよく参加しておられた。七六年に「〝いのち〟を考える」がテーマとされ、「分子生物学の立場から」、「微生物学の立場から」、「仏教学の立場から」と題して三人の方々の講演が行われているのがもっとも早いものだろう。筆者が頻繁に参加するようになった一九九〇年代後半には、毎回参加される科学者の会員が多かったと記憶している。生物学者の泉美治さんはそのおひとりで、現代科学の先端的な地平に基づいて自然と生命について語られるとともに、仏教の唯識思想を基盤に宗教についても独自の視点をもっておられ、踏み込んだ議論をしておられた。

宗教と科学は対立するという近代的な「常識」が新たに問い直される気運が一九八〇年代以降に広まってきたが、コルモス会議はニューエイジサイエンス（和風英語ではニューサイエンス）や科学技術倫理の重要性の増大などの動向に先立って、そのような方向性を模索してきたと言えるかもしれない。また、ホスピス運動や死生学が広まるようになる一方、脳死臓器移植をはじめとして生命倫理の問題が問われ、医療や生命科学と宗教の関わりが多方面から問われる時代に波長が合っていたとも言えるだろう。「現代社会における宗教の役割」を問うときに、宗教と自然科学との対話が重要だという認識はコルモスの一つの特徴だった。

†コルモス会議が取り組んできたテーマ

第1部の最後には、「コルモス過年度開催一覧表（世界的事件の年表付き）」を配している。それぞれの年になぜこのようなテーマが設定されたのか、なぜこのような講演者が選ばれたのか、なかなかわかりにくいものも多いと思うが、ある程度、推測がつくものもあるだろう。イラン革命、冷戦の崩壊と湾岸戦争、オウム真理教地下鉄サリン事件、九・一一同時多発テロ、東日本大震災などのうち、テーマとの関連がわかりやすいものもあり、わかりにくいものもある。

一九九八年の「宗教とボランティア」は九五年の阪神淡路大震災以来の災害等で目立つようになってきたボランティアの活動と宗教の関わりを問おうとしたものだ。宗教者によるボランティア活動もこれ以後、活発になる。度々、登場するのは、「いのち（生命）」、「死」、「家族」というテーマで、これは宗教の実践的現場に即して問題提起しようという意図と関わっている。「現代における」ということは、「生活する人々の現実に近いところで」ということをも含意する。「現代社会における宗教の役割」研究会は、自ずから「生活する人々の現実に近いところで宗教の役割」を考えるという方向に展開していったと捉えることもできる。

もう一つ言えることとは、大きな流れとして、八〇年代までは時代の出来事とテーマの関連がそれほど明確でないが、九〇年代以後、その関連が見えやすくなっているということだ。一覧表は「世界的事件の年表付き」となっており、「世界的事件」は「主な出来事」という欄に書き込まれている。その記載は八九年の「東欧革命・ベルリンの壁崩壊」以後、密になっている。二〇一一年の東日本大震災は大きな出来事でそれに関わるテーマはそれ以後数年間のテーマ設定に関わっているように思うし、ごく近年を見ると二〇二〇年、二一年は新型コロナ感染症、二〇二二年はロシアのウクライナ侵攻と統一教会問題を視野に入れたテーマ設定になっている。

✝宗教間対話・諸宗教交流の流れのなかで

これらのテーマと並行して、この五十年の間に日本における宗教間対話の活性化と深化があったこと、コルモスはその潮流に棹さすものであったこともよく見えてくることだろう。これは土居真俊「対話の神学試論」（一九七一年）の要約にもあるとおり、土居氏とＮＣＣ宗教研究所が重要な課題として取り組んできたものであった。土居氏がコルモス設立に向けての動きのなかで大きな役割を果たされたことは、「コルモス50年の歩み」にあるとおりだが、このモチベーションは西谷啓治初代会長や上田閑照第三代会長ら京都大学の宗教哲学が牽引した、日本の近代宗教思想の有力な潮流とも、「宗教の神学」を重視する日本のキリスト教神学の動向とも関わっている。

これと関わりが深いのが東西霊性交流だが、これは日本の禅宗（臨済宗、曹洞宗、黄檗宗）とヨーロッパ諸国のカトリック修道院との間で一九七九年に始められたもので、二、三年に一度ずつ行われてきている。また、南山宗教文化研究所は対話に重きを置いてきており、現在の南山大学宗教文化研究所のホームページにはロバート・キサラ学長名で「南山宗教文化研究所は設立から、日本をはじめ広くアジアの宗教を研究するとともに、宗教間対話の実施が研究所の目的や使命として定められました。実際に、仏教の諸宗派、神社神道、新宗教の教団との対話を通して、お互いに信仰を深め、共に宗教的真理に近づこうとしてきました」（二〇二一年一〇月）と記されている。南山大学宗教文化研究所の編集によるキリスト教と諸宗教の対話に関する書物がこの間に数多く出版されている。

また、立正佼成会の中央学術研究所も宗教間対話に積極的に取り組んできた機関である。同研究所は一九七一年から『中央学術研究所紀要』を刊行しているが、一九七七年の第五号にコルモス参加者でもあった神学者の竹中正夫氏の「現代における宗教間対話について」という論考が掲載されている。中央学術研究所の編で『宗教間の葛藤と協調』（佼成出版社）が刊行されるのは一九八九年だが、この書物は日本における宗教協力と宗教間対話の歴史についての初めてのまとまった研究書でもある。上記の動向や諸機関の関係者はコルモスの重要な支え手であり続けた。

さらに近年は、外国人が日本に長期在住し、出身地での宗教が日本に持ち込まれる例が増えている。多元化と対話の機会のこの新たな増大については、三木英氏が「ニューカマー宗教の伸張」として論じたものを収録している。

†コルモスの過去を振り返る

第2部の「コルモスの回顧と展望」には、まず大谷光真会長、氣多雅子と筆者のふたりの副会長、星野英紀大正大学名誉教授、櫻井治男皇學館大学名誉教授による座談会「コルモスから学んだこと」が置かれている。これは二〇二二年一一月九日に、西本願寺に隣接する大谷会長のお宅の客室で行われた語り合いの記録を文字起こしし、参加者それぞれに手を入れていただいたものである。コロナ禍のためにコルモスの研究会議がオンラインになって二年間が経過した後、わずかなメンバーではあるが久しぶりに語り合いの時をもてたことは、参加した筆者にとってもたいへんうれしい機会であった。

この座談会で浮上してきた貴重な記憶のひとつは、若き大谷会長が経験した当時の宗教界や学界の有力な方々との交流の印象や、仏教学を学ばれた大谷会長が多様な参加者がときに火花を散らしながら語り合う様子から得られた印象である。氣多副会長や筆者が参加し始めたのは中川秀恭会長の時代だが、その時代、つまり九〇年代から二〇〇〇年代前半に感じたものが大谷会長の記憶からも蘇ってくる。

七〇年代から二〇〇〇年代前半ぐらいまでは、宗教界や宗教研究の重鎮の発言が社会にとっても重い意義をもって受け止められるという感覚がまだ存在していたように思う。コルモス会議に参加する宗教者や宗教研究者にも、そのような自負があったのではなかったか。これは筆者のコンプレックスにすぎないのかもしれないが、二〇〇〇年代以降はコルモス参加者も日本の精神文化の牽引者であるというような自負をもつ度合いが少なくなったと思う。好意的な表現をすれば、「上から目線」ではなく宗教の現場に、また人々の苦難の現場に寄り添おうとする、より謙虚な姿勢でテーマに取り組むようになったのだ。

†コルモス会議の参加者・会議形態の変遷

コルモスの変化を参加者の方から見てみよう。九〇年代ぐらいまでは、京都のＮＣＣ宗教研究所や名古屋の南山宗教文化研究所の他、臨済宗、東本願寺、西本願寺、曹洞宗、浄土宗など伝統仏教の大学や研究所、皇學館大学や國學院大学のような神道系の研究機関、一燈園、天理教、金光教、大本教、立正佼成会など新宗教の研究機関がともに参加する場と感じた時期があった。また、宗教学や仏教学、神道学、神学・キリスト教学などを専門とする学者が、京都を中心に全国から参加する場でもあった。宗教研究という点では、関西と関東や他地域の研究者が関西を中心に集まる場でもあった。筆者のように東京に暮らす者にとって、コルモスに参加することは、やはり関西が日本の宗教伝統の中心であることを実感する機会ともなった。日本の宗教界や宗教研究者が全方位で参加する対話の集いという趣きがあった。

ところが、二〇〇〇年代ぐらいから、コルモス会議参加者は宗教者にしても宗教研究者にしても、理論的力強さや雄弁さ、あるいは展望の広さや洞察の深さと高邁さを示すというよりは、現場経験に照らし合わせながら多様な視点を出し合い学び合うというような姿勢に変わってきているようだ。

宗教者や宗教研究者が語り合ったり論じ合ったりする場も多様化している。教団付置研究所懇話会という集まりがスタートしたのは二〇〇二年のことである。二〇二二年の第二〇回年次大会は東京の浄土宗大本山増上寺光摂殿で「これからの社会と宗教―ＳＤＧｓの潮流の中で」と題して開催された。オブザーバー参加を含め二五の研究機関から約一〇〇人が参加したというが、教団に付置される研究所に属する宗教者＝研究者にとっては、日常的に取り組んでいる課題とのつながりがわかりやすく、参加意欲がわきやすい集まりになっているようだ。

このように宗教界の積極的な関与が目立った時代の記憶として、座談会では「分団討議」が話題になっている。参加者が三つか四つの「分団」に分かれて討議し合う時間が設けられていた。この分団討議と懇親会と記念撮影が、全員が参加する集いとして、また人間的交流を重んじる集いとしてのコルモスの記憶と結びついている。ところが諸事情があって、上田閑照会長、大村英昭会長の時代に分団討議は閉じられた。

†新たな時代へ

大村英昭第四代会長が二〇一五年に逝去された。長く事務局長として会長を支えて来られた佐々木正典氏も退任されることとなった。かわって、大谷光真第五代会長が就任され、大村会長の後を引き継ぎつつ新たな様態へとコルモスの模索の時代が始まり、さらに島薗進第六代会長へと受け継がれている。

二〇一八年度には「なぜいのちを軽んじてはいけないのか」と題して、大谷会長ご自身に講演をいただいた。死刑とともに自死・自殺、さらには安楽死も念頭にある問題設定だ。宗教者・宗教研究者の討議という枠を超えていこうという意欲を含んだ問題設定である。若者を含めて一般公衆に語りかけ、聴衆の声に耳を傾けるといった形が想定されている。

開催の形式も新たな様態が模索されている。これまで一日目に行われていた講演は、今後は一般公開して行うという形をとることとなった。限られた数の会員の相互討議を原則としてきたコルモスの、これまでの方式からの大きな転換である。同じホテルで食事と宿泊をともにするという形からの脱却ともなる。ホームページを新設し、そこに会議の内容を掲載し、多くの方々に読んでいただくことも目指すようになった。二〇一九年度の講演は同志社大学を会場として行い、多くの学生の聴講もあり、コルモス会議の新たな様態を展望させるものとなった。

ただし、二日目は限られた数の参加者の密度の濃い討議を目指すという形を受け継いでいる。かつての分団討議のように全員がグループに分かれて話し合い、その後、その内容を発表し合うグループ討議の形をとる。このように開催形式の大きな転換が試みられているが、そこへコロナ禍が訪れた。そこで、オンライン参加という参加の仕方が開かれることになった。それとともに、ホテルの空いているクリスマス後の二日間に行うという日程のパターンも変化している。これは参加者にアンケートで問うた結果を反映もしている。二〇二〇年度から二二年度にかけてはオンライン開催となっている。とはいえ、コロナ収束後は再び対面が原則となるはずだ。

✝おわりに

以上、第1部「コルモス50年の歩み」と第2部の座談会「コルモスから学んだこと」の内容に結びつけて、コルモス会議の歴史を振り返ってきた。第1部と第2部には、その他に小原克博、庭野統弘、三宅善信の三氏による「回顧と展望」、また西田多戈止、岡田真水、岡野正純、宮庄哲夫、山崎龍明、小田淑子、西川勢二、澤井義次、寶積玄承、鈴木岩弓、ポール・スワンソン、金澤豊の各氏からコラムへのご寄稿をいただいている。これらの文章から、コルモスの多様な側面が垣間見えることを願っている。

すでに多くの参加者が故人となっている。また、現存の参加者のなかでもここでご寄稿をいただいたのは一部の皆さんにすぎない。執筆していただいた方々も長い参加歴をおもちの方から最近の参加の方までさまざまだ。しかし、多様な立ち位置の方々からコルモスの諸側面を照らし出していただいている。その中には、今後の展望に関わる内容もいくつも含まれている。そして、それらを踏まえて、終章「これからの課題――コルモスの目的を問い直す」で氣多雅子副会長に本書をしめくくる論述を、そして木村清孝氏に「あとがき」をいただいている。

本書が「コルモスとは何か」の基礎的な情報を共有することに、また「コルモスが目指すもの」をあらためて問い直す素材となることを願っている。編集を担当された氣多雅子副会長、編集実務を担当して下さった小林敬さん、事務局の金澤豊さん、執筆を担当して下さったり、座談会に加わって下さった皆さまに感謝の意を表し、この序章をしめくくりたい。

第1部

コルモス50年の歩み

〈凡例〉

第1部収録講演のうち、土居、堀、西谷、森岡、泉の五氏の講演については読者の便を考慮し、以下の諸点を補った。

・文章中で重要と思われる用語等には注番号を付し、文末に説明を加えた。
・カタカナ語などの馴染みのない用語には、その傍らに日本語表現等を付した。
・原文の一部について、漢字や言葉遣いをわかりやすい形に改めた。
・原文の誤植等と判断されるものは適宜修正した。

「現代における宗教の役割研究会（コルモス）」設立の経緯と五十年のあゆみ

小林　敬
KOBAYASHI Kei

「コルモス」とは「現代における宗教の役割研究会」の略称である。設立当初から、会の名称の英訳「Conference On Religion and Modern Society」の頭文字をとって「CORMOS（コルモス）」と呼びならわしてきた。所属する宗教・宗派をこえた宗教者と研究者との対話を基調としたこの研究会議は、一九七一年（昭和四十六）に始まり、二〇二一年に創立五十周年を迎えた。本書の第1部では、コルモスの半世紀にわたる足跡を辿ってゆきたい。

†創設由来、会のあゆみについて

以下に挙げる四つの目的は、設立当初から一貫して受け継がれているコルモスの基本理念を示すものである。

(1) 諸宗教間の対話と協力の可能性、その意義及び方法を探ること。
(2) 宗教の立場から現代社会の分析と把握をすること。
(3) 諸科学の成果に照らして、宗教とは何か、宗教はいかに在るべきかを根本的に問い直すこと。
(4) 現代社会の諸問題、特に世界平和の問題を検討するなかで、宗教は何を為すべきか、また、為し得るかを問いつめること。

宗教間対話を試み、現代社会を分析し、現代社会における宗教の役割を問い直し、現代社会が抱える諸問題と世界平和に寄与すること。これらの理念のもと、宗教・宗派をこえた宗教者と研究者とが一堂に会し、共に学び議論するという形をとる研究会議というのは、他に類を見ない稀有な存在である。しかも、この会は今から半世紀以上前に始まり、その後途絶えることなく引き継がれ現在にまで至っているのである。

一 コルモス設立の経緯とその理念

コルモスの設立総会および第一回研究会議は一九七一年（昭和四十六）三月二十九日から三十日にかけて、京都御所の西隣りにあるパレスサイドホテルを会場に、一泊二日の日程で行われた。設立時に会長（当時は座長と呼んでいた）を勤めたのは、京都大学名誉教授で京都学派を代表する宗教哲学者である西谷啓治《にしたにけいじ》（一九〇〇〜九〇）であった。三月二十九日の設立総会の場で、会長・西谷の挨拶につづいて、常任理事を務めた土居真俊《どいまさとし》（一九〇七〜八八）が、コルモス設立の趣旨を説明する以下のようなスピーチを行った。

（本会の設立の）その一つの契機となったのは昨秋開かれた世界宗教者平和会議であるが[1]、あの会議において宗教者も何かやろうと思えば出来るといった一つの確信のようなものが与えられた。また同時に我々宗教家或いは宗教哲学とか宗教の教団などの研究に従事しているものの責任といったものを痛感させられた。

殊に現代というこの危機的な時代というものを的確に把握し、それに宗教人がどのように対応していくか、ということが鋭く問われていると共に、また求められているのではないだろうか。それに応えていく為にも宗教自体が厳しく反省をした自己変革をとげていくのでなければ、到底この新しい時代に世の人々に生きる方向を示し生活のエネルギーを供給するというようなことは出来ないのではないか。

教学の研究に携わるものもまた教室を出て、今の時点に立って自己の全存在をぶっつけていく、学問の成果も生きて宗教界に働き反応を呼び醒す力をもたなければならないのではないか。そういった考えの下に（本会は）発起され、こうして発足する運びとなった。

従ってこれが単なるサロン的な会議に終ってはならない。そこが本当に宗教的エネルギーを生み出し、目下の宗教界に新風を送りこむような会としていく大きな責任がある。その意味においてみなさんの御協力を得て、ここからそういった同志的な意識が大きく成長していって、この会がなくてはならない重要な会議として発展していくことを念願する次第です(2)。

当時、同志社大学神学部教授でありNCC宗教研究所（日本キリスト教協議会）所長を務めていた土居真俊は、コルモス設立の発起人であり立役者である。宗教・宗派のみならず諸学問領域をも横断する、規模の大きいこの会の設立は、土居の使命感を伴った熱意によって推し進められたと言っても過言ではなかろう。土居が実務的中心を担い、西谷を会長に、さらに久松真一（一八八九〜一九八〇）、増谷文雄（一九〇二〜八七）、石津照璽《いしづてるじ》（一九〇三〜七二）ら十七名の発起人を中心としてコルモスは発足した。一九七一年三月に開催された第一回研究会議には、報道関係者を含めて約五十名、同年十二月の第二回研究会議でもほぼ同じ数の参加者が集った。当時の宗教界・学会を代表する顔ぶれが名を連ねている。以来本会は、年に二度（三月と十二月）の研究会議を重ね、多くの宗教団体、研究所、個人研究者、宗教者らを会員にもつ、規模の大きな会となっていったのである。諸宗教および諸学問を越境する研究会議であるコルモスの設立には、それに先立つ幾つかの宗教間対話・研究のための試みが土壌として存在している。一九六〇年代後半頃から関西を中心にして生じた、コルモス設立につながる運動を、以下に少し見てみよう。

✝諸宗教間の対話の先駆的試みとコルモス設立への機運の高まり

発起人である土居真俊は同志社大学神学部の教授としてキリスト教思想史や神学を講ずる傍ら、二十年にわたってＮＣＣ宗教研究所所長を務めキリスト教と諸宗教との対話を促進した神学者である。宗教間対話の必要性に対する土居の切実な問題意識は、当時の時代背景と無関係ではない。一九六二年から一九六五年に行われた第二バチカン公会議の後、諸宗教間の対話が宗教者の喫緊の課題として共有されるに至った。そうした時代背景を自覚的に引き受け、土居は関西を中心に積極的に宗教間対話の可能性を模索する活動を行っていたのである。所長を務めるＮＣＣ宗教研究所では、他宗教（特に仏教）の経典の研究会をひらくなど、地道な活動をつづけ、宗教間対話の基盤となるべき理解を深めていた。

そうしたなか、ＮＣＣ宗教研究所が中心となって一九六八年七月に京都で発足した「宗教懇話会」の活動は、我が国における宗教間対話の先駆的試みとして重要な価値を占めるのみならず、コルモス設立に直接につながる重要な契機として記憶されるべき活動である。「宗教懇話会」は京都にある五つの宗教研究所――ＮＣＣ宗教研究所、花園大学の禅文化研究所、東本願寺の教化研究所、西本願寺の伝導院、知恩院の浄土宗学研究所――によって立ち上げられた、本格的な宗教間対話および研究の場であった。宗教・宗派の異なる各宗教研究所の所員・研究者が集って、〈互いに他宗派の教義を知ることによって自らの宗教・宗派を見直す〉という趣旨のもと、各研究所もち回りで研究会を重ねていった。第一回は平田高士（精耕。一九二四～二〇〇八）、第二回は結城令聞《ゆうきれいもん》（一九〇二～九二）、第三回は蓬茨祖運《ほうしそうん》（一九〇八～八八）、第四回は武藤一雄（一九一三～九五）が、それぞれ自らの立場（禅、浄土真宗、キリスト教）から見た人間観をテーマとして会合をもった。じつに錚々たる顔ぶれである。参加者は三十名前後という規模であったが、先に挙げた五つの研究所以外からも、京都大学、大谷大学、龍谷大学等の研究者をはじめ、一燈園、大本教などから宗教関係者が参加し、各々が自ら拠って立つ立場から発言、質疑や意見交換が交わされたという。

興味深いことに、最初の会合の頃はそれぞれ異なる立場の者どうしの間で「殆ど会話が噛み合わなかった」、それが会を重ねるごとに会話が噛み合うようになってきたという。(3) 懇話会の継続とそこでの正直な対話の中から、何かしらが学びとられてゆく感触があったことが推測される。宗教間対話の可能性と意義に対する確かな手応えを得たのであろう。

従来、諸宗教間の友好・交流をはかる活動は、いくらかは存在していたという。しかし、互いの教義を学びあい、表面的ではなくより深い、より真剣な対話を目指すという試みは殆どなされていなかった。「単なるサロン的な集い」ではない「宗教間対話」を模索すること、こうした方向性は、土居の「内実のある宗教の神学は諸宗教との対話の中から生まれてくるもの(4)」という信念にささえられ、関西を中心とした着実な活動によって、徐々に周囲に共有されていったのである(5)。

こうした諸宗教・宗派の垣根を超えた対話の機運の高まりが、一九七一年のコルモス設立に結実してゆくこととなったのである。設立当初からコルモスには仏教・キリスト教のみならず神道や新宗教からも多くの宗教関係者が参加している。賛助会員・研究会員として名を連ねているのは当時の宗教各界の代表者らで、著名な数名を取り上げることが困難なほどである。また、各大学からは当時の日本を代表する仏教学者や神学者、宗教哲学者、宗教社会学者等の研究者たちが集っている。こうした顔ぶれの一部は、本書に掲載するコルモス過年度開催一覧表にあがっている名前からも伺うことができよう。

先に引用した土居のスピーチにあったように、コルモスは設立時から「単なるサロン的な会議」に留まらない、それ以上のものを目指していたのであった。サロン的集い、友好・交流の場は、それだけで十分必要性の大きいものである。異なる立場の者同士が一所に集い友好的に語り合うこと、そのことの意義は計り知れない。しかし、コルモスの目指すのは、ただお互いが教養を学びあい諸宗教間で折り合いをつけることに留まるものではなく、現代社会というこの危機的状況で何らかの役割を果たすべきものとしての宗教の役割を模索するものである。宗教と世俗社会との関係、換言すると「現代」という問題が共通の課題として常に差し迫って問われねばならないという問題意識が共有されているのである。本会が「現代における宗教の役割研究会」である所以であり、冒頭に掲げたコルモスの基本理念としての四つの目的が示すとおりである。したがって、コルモスは設立時から一貫して「伝統を異にする諸宗教が接触対話することによって、各宗教がその上に立っている宗教的原点を究明し、そこから湧出する宗教的エネルギーを結集して、人類の平和共存と文化創造の働きに寄与するためには、宗教は何を為しうるか、また為さなければならないか、つまり「現代における宗教の役割」を追求しようとするものである」(6)のだ。

これらの課題意識の共有が、コルモスを類似する他の宗教者会議等から区別する独自の個性となっている。ある会員の言によると、著名な学者や先生方が一堂に会するコルモス研究会議には、気安さではなくある種の緊張感が伴っているという。しかし、それがコルモス固有の位置付けを端的に示しているというのだ。設立以来、コルモスはその性格と参加者の顔ぶれからして、多分にアカデミックな性質をもっている。とはいえ、交わされる議論は「議論のための議論」や「論の優劣を競う」といったこととは無縁である。共に「現代における宗教の役割」を模索する、切実で真摯な対話を目指すがゆえの一種の緊張感、それがコルモス独特の空気を作り出してきたのであろう。

二　コルモスの設立とその後の開催形態について

一九七一年の第一回研究会議は京都パレスサイドホテルで三月二十九日から三十日にかけて行われた。初回ということで設立総会を兼ねたスケジュールとなっており、会の開催方法や運営方法も未だ定まっていなかった。それにもかかわらず、この時点で既に「現代における宗教の役割研究会」という会の名称は決まり、また四つの目的も、その後半世紀以上にわたって一言一句変わらず引き継がれる形に整っていた(7)。一泊二日の日程で、問題提起を行う基調講演と参加者同士の積極的対話を中心に据えるという方針も、その後長く引き継がれる形の原型を示している。設立時に既にコルモス研究会議がその目的意識と理念とを明確にしていたことがうかがわれる。

会の名称と四つの目的を含むコルモスの「規約」は、三月二十九日の設立総会での土居のスピーチに続いて、会員による承認を得て決定された。ついで常任理事に西谷啓治、土居真俊、三宅歳雄（一九〇三～九九）、石津照璽、大石秀典《おおいししゅうてん》（一九〇三～九六）、増谷文雄、理事に結城令聞、高原美忠《たかはらよしただ》（一八九二～一九八九）、飯坂良明《いいざかよしあき》（一九二六～二〇〇三）、白柳誠一《しらやなぎせいいち》（一九二八～二〇〇九）、堀一郎《ほりいちろう》（一九一〇～七四）が名を連ねる十一名の役員も、この場で選出されている。中には残念ながら早逝された先生もおられるが、コルモスの礎を築き、その後長きにわたって会の存続と発展に尽力された先生方である。

総会に続く研究会議では、まず一人目の講演者である土居真俊による講演「対話の神学試論」が、翌日には、ちょうど三月末に東京大学宗教学科を定年退官することになっていた堀一郎の「社会変動と宗教」と題した講演が行われた。この間、夕食後などの空き時間を利用して、土居を中心に西谷啓治、長尾雅人《ながおがじん》（一九〇七～二〇〇五）、阿部正雄《あべまさお》（一九一五～二〇〇六）、堀一郎、大石秀典、玉城康四《たまきこうし》郎《ろう》（一九一五～九九）、飯坂良明、石津照璽らコルモスの中心的役割を果たす顔ぶれが、会の運営方針や開催方法について議論した記録が残っている。この場で決定された方針の多くは、その後のコルモスの方針として長く採用され受け継がれてゆくものだ。そのいくつかを列挙すると、（1）全国集会を年に二回、東西で一回ずつで行うこと、（2）それぞれ取り扱いかたは異なったとしても、共通のテーマをその年ごと（大会ごと）に定めること、（3）宗教に直接関係のないようなもの（科学技術や社会問題など）も発表してもらい、宗教の立場からそれらを受け取り直してゆくこと、（4）この研究会議の成果を広く世に共有すべく、講演内容等を出版物（あるいは冊子）にして、広く会員や各研究所・教団での研究に利用してもらうこと、などである。

（1）の年二回の全国集会であるが、七一年は初年ということもあり二度とも京都で行われた。しかし、翌年一九七二年からは毎年三月は関東で、十二月は京都でという形となった。関東の会場には神奈川県大磯にあった日本クリスチャン・アカデミーの研修施設である大磯アカデミーハウスや静岡県御殿場のＹＭＣＡ施設・東山荘が会場となり、京都のほうでは比叡山国際観光ホテルが主な会場となった。しかし年二回の全国集会は一九八七年までであり、一九八八年以降は年一回に縮小され、十二月の京都での開催のみとなった。

（2）のその年（および大会）ごとの共通テーマについては、本書に掲載したコルモス過年度開催一覧表を参照いただくとよいだろう。例年、研究会議では複数名が基調講演を行い、問題提起・話題提供をすることになっている。その際、講演者は自らが専門とするそれぞれの立場から共通のテーマに即して講演を行う。例えば、「〝いのち〟を考える」（第十一回・一九七六年）という共通テーマに対して、分子生物学の立場から、微生物学の立場から、そして仏教学の立場から、と異なるアプローチで基調講演が行われ、それらを受けて、参加者どうしの議論と対話へと向かうのである。（3）の宗教に直接関係のないようなものについても発表してもらうという方針もここに関連している。基調講演では宗教者・宗教研究者ばかりでなく、さまざまな学問分野の専門家が招かれている。医学・生物学、自然科学、政治学、経済学、文化人類学、社会学、教育学などの各界からの研究者を招いており、この視野の広さがコルモスの特色の一つとなっている。直接宗教に関わりがない種々の事象に対する確かな知見の共有は、コルモスの四つの目的の第2に掲げられていた「宗教の立場から現代社会の分析と把握をすること」に必要な要素なのである。

（4）の成果の出版および冊子化について補足しておこう。コルモスでは研究会議ごと、あるいは年度ごとに「コルモス・シリーズ」と題した冊子を作成し、会員に配布している。研究会議の成果の蓄積でもある印刷物について、土居や西谷らは研究成果の発表の場であり、成果が世に還元される通路の一つとして、ありうべき形を入念に話し合っている。機関紙である冊子印刷物が、研究者や各教団の研究グループなどによってテキストとして用いられることを理想として冊子制作を行うこととなったようである。しかしながら、この「コルモス・シリーズ」の冊子は、実際のところほとんど世に出回っておらず、会員外の目に触れることが極めて稀な状態である。今回、コルモス五十周年に際し、過去の「コルモス・シリーズ」を入手すべく各所を探したが、全号を入手することはできなかった。大学図書館などにもほとんど収蔵されておらず、研究者ですら目にすることが難しいと言わざるをえない。(8)

これは当会議が、ある意味でクローズドな性質を持つ会であることに由来している。宗教・宗派および諸学問を横断する会議としてのコルモスは、開かれた存在であるとともに、密な対話を目指すが故の一種の閉鎖性も併せ持っている。というのも、会員らは本会議が非公開の形で行われるものであるがゆえに、教団・宗派の対外的姿勢や教義内容、自らの宗教および宗教団体内での位置づけに縛られることなく、一人の宗教者として、あるいは一個人としての実直なところを吐露できるということもあるからだ。特に、対話・議論はクローズドであるが故に、換言すると「守られて」いるという補償があるが故に、成り立つ性質のものもある。特に、例年二日目に行われるパネルディスカッションとそれにつづく討論の場は、各宗教界が、実際の実践報告や活動を紹介したり、情報交換・共有したりする場にもなっている。宗教・宗派に関わらず、現代は宗教と世俗社会との断絶が大きい。また宗教・宗派内部に進歩派と保守派の断絶を抱えることも多い。他宗教・他宗派との対話のみならず、同じ宗教内部での対話や、宗教と非宗教との対話もまた求められ、必要とされている。これらの諸々の断絶に対して、実践上の知恵を出し合い、具体的な施策についても討議を交わす場ともなっているのが、二日目のパネルディスカッションおよび討論の場なのである。したがって、初日には比較的アカデミックな立場から話題提供がなされるのに対して、二日目では実際に宗教界で活動する、多様な宗教者らが登壇するプログラムとなっている。こうした具体的で実践的な知恵の出し合いの場は、公開にはそぐわない性質のものであろう。ともあれ、上記のような次第で、コルモス研究会議自体が、長らく会員外のものに対しては非公開という形をとっていた。と同時に（非常にもったいないことではあるが）成果であるところの印刷物「コルモス・シリーズ」も会員外の手には基本的には渡ることのない、稀少なものであったのである。

今回、本書には過去の「コルモス・シリーズ」のなかから、第一回および第二回研究会議での講演を掲載することとした（第一回＝土居真俊、堀一郎、第二回＝西谷啓治、森岡清美《もりおかきよみ》（一九二三～二〇二二））。ただし、第一回の土居の「対話の神学試論」に関しては、すでに法藏館より全文が出版されている[9]ことを考慮にいれ、講演内容は要約のみとし、講演後の討論を収録することとした。コルモス設立の意気込みと先達諸兄のコルモスに込められた思いを読み取っていただきたいと思ってのことである。本来コルモスは対話を基調とする研究会議である。活発に交わされる議論・討論を余すことなく収録することができないことは誠に残念であるが、そのごく一端だけでも味わっていただければ幸甚である。また、コルモスの特徴をよく示すものとして、自然科学の立場から宗教の役割について問題提起した泉 美治《いずみよしはる》（一九二一～二〇一五）の講演（第二十九回・一九八八年）、コルモスがたびたび取り上げてきた主題の一つである教育問題を扱った井上順孝《いのうえのぶたか》（一九四八〜）の講演（第五十七回・二〇一〇年〈抄録〉）、近年増加している日本における移民と宗教の問題、「ニューカマー宗教」の現状を取り上げた三木英《みきひずる》（一九五八〜）の講演（第六十四回・二〇一七年）もあわせて収録した。

三　コルモス五十年の歩み

✝一九七〇年代（第一回〜第十八回）

一九七一年（昭和四十六）三月の設立総会および第一回研究会議で定まった方針のもと、同年十二月二十七日、二十八日に比叡山国際観光ホテルを会場に第二回研究会議が行われた。この時は会長である西谷啓治と宗教社会学の泰斗・森岡清美がそれぞれの立場から宗教の（あるいは宗教教団）の「役割」を分析する講演を行っている。第一回の時と同じく一日目に一つ目の基調講演を、二日目に二つ目の基調講演を行いそれぞれ討論の時間を設けるといった形をとっていた。しかし議論・討論の時間をもっと確保してほしいという要望等をうけて、より適切な開催形態が模索された。また、講演自体は発題の意味をもつものであるから、一時間前後の簡潔なものとし、分団協議という形で、全体の討論とは異なる小規模な議論の場も確保する、といった形も提案された(10)。その結果、二年目の第四回研究会議からは、現在にまで引き継がれることになる次のような開催形態が定まってきた。すなわち、一日目、複数名の講演者によるその年の共通テーマに即した基調講演が行われ、全体討論の時間が設けられる。翌日はパネルディスカッションを行い、各宗教界から具体的な種々の実践報告等が行われ、初日以上に本会の特徴である「対話」の場としての研究会の様相を帯びる。分団協議などの小規模な議論も適宜導入する、というような形である。

その後の各研究会議での総合テーマと各回の発題者（講演者）の顔ぶれは、別頁の「過年度開催一覧表」を見ていただきたい。コルモスが掲げる「現代」の把握と分析という観点から見ると、教育問題、社会問題や自然科学の問題が、最初期から常に取り上げられていることにも注目されたい。

†一九八〇年代（第十九回〜第三十六回）

一九八〇年代後半はコルモスにとって、体制面で変化の多い時期であった。設立以来、事務局を担っていた土居は八八年に、会長を続けていた西谷も一九九〇年に逝去することになる。先立って一九八五年を境にコルモス事務局は京都烏丸下立売のＮＣＣ宗教研究所（日本聖公会ビル内）から浄土真宗本願寺派伝道院（のち教学研究所、現・総合研究所）に移され、土居は事務局長を退いた。会長も北海道大学名誉教授で当時大妻女子大学の学長でもあった神学者・中川秀恭《なかがわひでやす》（一九〇八〜二〇〇九）が西谷の後を引き継ぐこととなった。また八〇年代後半からは、京都部会の会場がそれまで最も頻繁に利用されていた比叡山国際観光ホテルから、二条城近くの京都国際ホテルに移された。そして一九八八年以降、従来年二回東西で行ってきた全国集会を年一度（十二月・京都）に縮小するということにもなったのであった。

総合テーマとして取り上げてきた主題を瞥見すると、一九七九年には情報化社会についていち早く主題化していたが、一九八二年という早い時期で来るべきコンピューター時代について機械工学の専門家を招き議論している。「現代」の把握・分析に対するコルモスの意欲が垣間見られるようである。また、しばしば取り上げられてきた家族問題や暴力について、生命科学の発展についてなども主題化されている。

✝一九九〇年代（第三十七回〜第四十六回）

一九九〇年代はコルモスのみならず、広く宗教界全体が揺れた時期でもある。九〇年代に入ると湾岸戦争も始まり、日本でさほど注意を払われてこなかったイスラームが無視できない存在として迫ってきたとも言える。コルモスでも九一年に「イスラームの死生観」を総合テーマに掲げて以来、パネルディスカッション等でも頻繁にイスラームの問題が取り上げられるようになった。また一九九五年には阪神淡路大震災に加えて、地下鉄サリン事件に代表されるオウム真理教に関わる一連の事件も起こり、「宗教の役割」はますます問い直される時代となったと言えよう。九五年の研究会議では島薗進が「日本宗教のゆくえ」、松長有慶が「新新宗教と密教」という題でそれぞれがオウム事件を受けた講演を行い、「今、宗教に問われているもの」というテーマのもとで会議が行われた。オウム事件はその後の日本における所謂「宗教不信」や「宗教アレルギー」を引き起こす、一つの大きな契機となったように思われる。「現代における宗教の役割」を問うというコルモスの趣旨は、設立二十年以上を経て古くなるどころか、ますます必要性を問われるものとなっていたと言えるだろう。

†二〇〇〇年代（第四十七回〜第五十六回）

二〇〇〇年代はコルモス三十周年記念事業とともに幕開けた。三十周年記念講演とシンポジウムの様子は東京堂出版による書物[11]として、一般の目に触れうるものとして公にされた。また、翌年（二〇〇一年）には新宗連（新日本宗教団体連合会）の結成五十周年記念行事の一環として企画された大規模なシンポジウム「二十一世紀　日本の宗教を考える」（大阪、二〇〇一年四月二十三日）の共同主催者となり、その成果もまた書籍として出版されるに至った。[12]これらの動きは、「コルモス・シリーズ」が会員のみへの配布という狭い範囲のものであったのに対して、活動の成果が広く公表されることになる、一つの新しい試みであった。残念ながら後に続くことにはならなかったが、公に開かれていなかった研究会議のあり方に一石を投ずる試みとなった。体制面の変化としては、一九九〇年以降長年会長を務めた中川秀恭から、京都大学名誉教授であり西谷啓治の薫陶をうけた上田閑照《うえだしずてる》（一九二六〜二〇一九）へと移ったが、その後二〇〇七年には大阪大学名誉教授であり当時関西学院大学教授でもあった大村英昭《おおむらえいしょう》（一九四二〜二〇一五）が新会長に就任することとなった。

†二〇一〇年代（第五十七回〜第六十六回）

二〇一一年三月十一日に発生した東日本大地震およびそれに伴って引き起こされた巨大津波や原発

事故は未だわれわれの記憶に新しいものであろう。震災および復興において、各宗教団体が実際に行った数々の活動、果たした役割は、「現代における宗教の役割」の一面を端的に指し示すものであったと言ってよかろう。コルモスでは震災の翌年、復興における地域的共同体の果たす役割を検討する会議を行っている。また、コルモス設立当初から度々議論に挙がっていた家族の問題やいのちの問題、そして救いの問題を「現代」という新たな時代の文脈において問い直す会議を開催し、日常性と結びついた宗教の役割を模索してきた。二〇一三年には、過去のコルモス・シリーズからテーマを絞って編んだ書籍『別れの文化 生と死の宗教社会学』[13]（書き下ろしも含む）が出版された。当会の雰囲気を伝える司会者によるコメントや講演後の討論も一部収録される形で出版された書籍であった。

二〇一九年は、二〇二一年のコルモス五十周年を目前にした新たな試みとして、研究会議の一日目に行われる基調講演部分を一般公開とした。開催場所も京都国際ホテルではなく、より一般公開に適した会場が模索された結果、同志社大学今出川キャンパスの大講義室が利用された。この公開講演会の記録はコルモスのホームページから、すべての人がアクセス可能な形で公開され、ダウンロードもできるようになっている。基本的に非公開で実施されてきたコルモスの殻を破る、新しい試みが始まったと言えよう。なお、二〇一五年に会長・大村英昭が逝去した後をうけて、浄土真宗本願寺派第二十四世門主・大谷光真《おおたにこうしん》（一九四五〜）が新たに会長に就任し二〇二一年度まで務めた。

†二〇二〇年代〜（第六十七回〜）、これからのコルモス

前年から始まった一部公開化という試みを含め、設立五十周年を二〇二一年に迎え、コルモスは時代に即した新たな活動を大いに展開しようと意気込んだところであった。しかしながら、周知のように二〇二〇年三月は新型コロナウイルスの世界的流行とともに幕を開けることとなり、五十周年を記念する盛大な行事などは催すべくもなかったのは残念なことである。しかし、今こうしてこれまでの半世紀におよぶコルモスの活動を不十分ながら振り返るような出版物を世に問い、本会議の設立に尽力した先生方の志を辿ってみることによって、次の五十年に向けてのコルモスの役割を問い直す良い機会が得られたのではなかろうか。二〇二三年度からは会長が島薗進（東京大学名誉教授）に代わり、新たなスタートを迎えつつある。

五十周年を期に、コルモスは今、少しずつ変化を試みようとしている時期でもある。研究会議のうちの一部を一般公開化したこともその一環である。また、京都での研究会議は例年十二月二十七日・二十八日頃という年末に行われていたことから、時期的に出席が困難な関係者が多くいた。そうした事情を鑑みて設立以来年末に行われていた京都での会議を三月開催に改めたことも、一つの変化である。感染症の流行を受けて、二〇二〇年度・二〇二一年度・二〇二二年度の研究会議はオンライン・ハイブリッド形式で行われた。共通テーマはそれぞれ「新たな感染症の時代と宗教」（二〇二〇年度）、「グローバルな災厄と宗教」（二〇二一年度）、「宗教と政治——新たな公共空間形成のために」（二〇二二年度）である。

世の中では新型コロナウイルスの世界的流行と、それによって引き起こされた分断と急激な生活様式の変化、ロシアのウクライナ侵攻によって始まった戦争、安倍元総理大臣の銃撃事件に端を発する宗教団体への不信など、文字通り「現代における宗教の役割」が問い直されざるをえない社会状況である。今から五十年以上前に、大きな志をもって設立された現代における宗教の役割研究会・コルモスが、設立以来の四つの理念のもと、今後果たすべき役割は大きいはずだ。

注

（1）一九七〇年十月十六日から二十一日にかけて、京都で第一回世界宗教者平和会議（ＷＣＲＰ）が開催され、三十九カ国から三百名以上の宗教者が集った。このＷＣＲＰ京都大会に先立ち、国外と国内の宗教学者・研究者が参加してコンサルテーションが開かれた。このコンサルテーションに参加していた研究者らが、コルモスの設立の発起人となっている。

（2）浄土真宗本願寺派総合研究所内コルモス事務局所蔵資料ファイル「コルモスⅠ」より（ただし仮名遣いを改めるなどした）。

（3）高地時夫「「宗教懇親会」について」『宗研ニュース №３』ＮＣＣ宗教研究所、一九六九年一月、六頁。

（4）古屋安雄「書評「キリスト教と仏教――土居真俊宗教論集」土居真俊、「親鸞とキリスト教――土居真俊対話集」土居真俊」『日本の神学』（三〇）、日本基督教学会一九九一年九月、一四二頁。

（5）一九七〇年二月に発足した「七〇年代の宗教の在り方研究会」も、コルモス設立に際して中心的役割を果たした研究会である。これは三宅歳雄《みやけとしお》（金光教）の支援のもと、キリスト教と他宗教の若手が中心となって活動した研究会である。宗教懇話会で中心的役割を果たした京都の各宗教研究所と「七〇年代の宗教の在り方研究会」、さらにオリエンス宗教研究所や上智大学の国際宗教研究所が、コルモス設立時の維持団体として名前が上がっている。

（6）土居真俊「序言」『コルモス・シリーズ第二集』現代における宗教の役割研究会編、一九七二年、一頁。

（7）設立総会に先立ち、同年一月三十一日午後に東京プリンスホテルで、発起人らによる準備会議が行われた。その準備会議の場で会の名称や規約について議論が交わされた記録がある。規約は大石秀典が原案を提示し、準備会議において交わされた意見を考慮にいれて三月二十九日の設立総会の際に再提示したものが採択され、今日に至っている。（浄土真宗本願寺派総合研究所内　コルモス事務局所蔵資料ファイル「コルモスⅠ」参照。）

（8）前掲注（6）。

（9）土居真俊『親鸞とキリスト教　土居真俊対話集』法藏館、一九九〇年、一～三九頁に収録。

（10）浄土真宗本願寺派総合研究所内コルモス事務局所蔵資料ファイル「コルモスⅡ」より、「事務会（一九七一年十二月二十八日午後三時～）報告書」参照。

（11）コルモス（現代における宗教の役割研究会）大谷光真・中川秀恭『現代における宗教の役割』東京堂出版、二〇〇二年。

（12）石井研士・養老孟司他『宗教と人間の未来　シンポジウム「二十一世紀　日本の宗教を考える」記録集』白馬社、二〇〇一年。

（13）大村英昭・井上俊編『別れの文化　生と死の宗教社会学』書肆クラルテ、二〇一三年。

対話の神学試論

土居真俊
Doi Masatoshi

土居真俊（どい　まさとし）

一九〇七年十月二十四日～一九八八年十二月七日。愛媛県生まれ。神学博士（ハートフォード神学校）。同志社大学神学部卒業後、シカゴ神学校、ハートフォード神学校に学ぶ。帰国後、同志社大学にて教鞭を取る傍ら、同大学の宗教部長の職にあって学内の宗教活動を担った。一九六三年および一九六四年には、WCC（世界教会協議会）の代表オブザーバーとして、また教会一致推進事務局ゲストとして、ローマで行われた第二バチカン公会議に出席。エキュメニカル運動の推進者として国内外で活躍した。日本基督教団の委員やNCC（日本基督教協議会）宗教研究所の所長を務め、キリスト教と諸宗教の対話の促進に尽力。一九七三年紫綬褒章、一九七九年勲三等瑞宝章。コルモス研究会設立にあたって中心的役割を果たしただけでなく、その後長きにわたって事務局長として本研究会の実務的中心を担った。

＊＊＊

第一回の研究会議の口火を切った土居真俊の講演「対話の神学試論」は、その講演全文と討論、および玉城康四郎による「対話の神学試論に関するコメント」が『親鸞とキリスト教　土居真俊対話集』（法藏館、一九九〇年）に収録されている。本書には、以下に講演内容の簡単な要約を付し、コルモスの方針にも関わる諸宗教間対話の方向性などが議論されている討論のみを収録することとした。

【要約】

もとはキリスト教内部における諸教派の一致と協力を意味するエキュメニズムは、今日ではキリスト教内部のみならず、キリスト教と諸宗教間の対話と協力をも包含した教会一致促進運動を意味するようになっている。「対話の神学試論」において土居は、「キリスト教的発想という誤解を蒙る恐れ」があることを十分承知した上で、あえてこのエキュメニズムの視点から、諸宗教間の対話と協力の問題に接近を試みようとする。二十世紀に本格化したエキュメニカル・ムーブメントの実際の展開が、発足当初のコルモス研究会のその後の活動に示唆を与えうるであろうとの意図からである。現代におけるエキュメニカル・ムーブメントは二十世紀初頭（一九一〇年）にエディンバラで開催された世界宣教会議を契機に本格化し、種々の経緯を経て展開した。大きな転換点になるのは一九六二〜六五年に行われた第二バチカン公会議において、ローマ・カトリック教会がエキュメニカル運動を推進する立場へと歴史的転換をはかったことである。以来、「他宗教と対話し協力するという開かれた姿勢」はキリスト教世界全体の方向性として共有されるに至るのである。本論において土居は、そうしたエキュメニカル・ムーブメントの具体的な経緯と展開、その基本的な立場を紹介し、こうした「諸宗教間の対話」の運動が実際に顕在化し、要請されるに至っている現代の時代的要請を説いている。

現代という時代は「対話の時代」と呼んでもよいような宗教間対話のムードが世界に広がっているのであるが、その「対話」を真に実り豊かなものとするためには、「方法論上の問題」が検討されねばならない。しかし、対話のための共通の地盤を設定することは決して容易ではない。諸宗教間の一致と相違とを明確にしつつも対話の成り立つ出発点を探る必要がある。土居は、宗教哲学は内面的・普遍的構造を探ることによって、人間存在に共通の存在論的地平において諸宗教の一致点を見出すことに寄与しうるであろうと指摘する。しかし同時に、諸宗教間の対話の当事者となりうるのは、単なる研究者・学者ではなくあくまで信仰者であるということを強調する。「諸宗教間の対話は信仰者と信仰者の対話でなければならない」、「信仰をかけた対話」においてこそ「宗教の自己変革が起り、宗教的真理の新しい次元が発見され、宗教的エネルギーの爆発が起り、諸宗教間協力の可能性が開けてくることが期待され得る」というのである。対話の当事者たちが、それぞれ自己の信仰の中から確信をもって語ることなしには、宗教間対話は成立しない。しかし同時に、対話の当事者は自身の信仰における教理的立場から歩み出て、共通の場に出て、語り、相手の言葉を聴き、時に相手の批判に屈しねばならない。「自己批判の能力をもった者のみが対話に入る能力をもつのであり、自己の信仰に徹した者のみが自己を批判する自由を獲得する」というのである。こうした立場に、土居は「各自の信仰に忠実でありつつ、そこから共通の広場に歩み出て、共に語り、協力すること」の可能性、換言すれば諸宗教間の対話が成り立つ可能性を見いだし、本コルモス研究会の今後の可能性を模索しつつ対話を呼びかけようとするのである。

【討論】

飯坂良明　初めのところで諸宗教間の対話の可能性という問題は、深く原理的、宗教哲学的な次元に属するということを言われ、その後で歴史的な経過を話された中で、教理的或は原理的な事柄よりも比較的具体的な行動において一致する可能性が多い、ということを繰り返し言われたが、先生御自身はその原理的な一致という面と具体的な行動面における一致という二つの面のどちらの立場をおとりになるのか。

土居　理論的な面における一致の可能性、或は根本的な行動においての掘り下げをこれからしていかねばならないと思うが、それが為されなければ宗教的協力は出来ない、というものでもないと思う。けれども単に人道主義というような立場から諸宗教が一緒にやろうじゃないか、ということだけでは本当に諸宗教間の協力ということには達しないのではないか。宗教的エネルギーというものは各人がもっている宗教信仰の中から出てくるもので、それがコンバージ《収斂》することによって人道主義以上に根強いものが生れてくる、そういうものでなければ特に宗教的対話とか協力という意味はなくなるのではないか、と思う。しかし、それが出来上るまで行動は出来ない、ということではなくて、やはり両面を互いに実験しつつ理論づけていく共同作業が必要なのじゃないか。

飯坂　そうするとやはり今後の課題としては、どちらかというよりは、創造的な関係をより深めていくということが必要である、というふうに理解してよろしいか。

土居　そのように考えていただいてよろしい。

熊澤義宣　諸宗教間の対話といっても、対話というのはすぐれて人格的実存的な概念だと思う。その意味では諸宗教間と便宜上は申しても、これはやはり信仰をもっている具体的な人格と人格との出会いというものと翻訳できるのではないか。出会いという言葉はキリスト教の方でよく使われるが、対話というとよく「話し合い」というふうにルーズに使われている。しかし単に普通に話し合うということではなくて、或るものを対話たらしめるための条件というものは、極めて人格的実存的なものがあるように思う。或はまた人間と人間との間の存在論的な関係というようなものがあると思う。

お話を伺っていて、例えば対話というものは自己完結性からは出てこない、そこには対話によって絶えず自己がおびやかされるというようなリスクを伴いながら、しかもその対話を通じて何かプロダクティブ《生産的》なものが、自己変革とか何か変化が出てくるようなものがなければならない、というふうに伺ったが、そういった意味でより広く出会いという概念を結びつけて考えてよろしいか。

更に対話ということをダイアローグ（対話）というとどうしてもロゴス（論理・言葉）が一つ入ってくると思うが、その場合ディアだからロゴスで突き刺す[1]というか、その場合のロゴスというものをどのように理解したらよいか。つまりそうした意味で対話という言葉を厳密に規定しようとするとどういうことになるか。

土居　人によってはダイアローグ（対話）は生きている人間の対話だという言い方をする人もあるが、私は信仰というものは教団を担っているという背景があると思う。教団を離れて単に自己の実存を語るというのではなくて、やはり伝統的な教団を担っていて、その中に自分も育っているという面があるので、そういう意味では必ずしも自分の個人性というものをはっきりさせなくてもいいのではないか。教団を背景にして語ってはならないといっても、やはり限界があるのではないか。

ロゴスというものは対話の媒介物としてなければならないもので、ロゴスは共通の物ではあるけれども、信仰にはロゴス以上のものがある。ロゴスにならないものがある。そのロゴスにならないものは何らかの形、シンボル的な形で表現することになるわけで、そこで共同の礼拝というところまでいかんと分らんというような意見も出てくる。とにかくそういうロゴスの次元に止まり得ないものがあると思う。

玉城康四郎　キリスト教について十分の理解はないが、お話を伺って私の理解した限りでは異った見解というものは感じない。全く同感であり、いろいろ暗示を得ることができた。

問題はそこから先のことであると思うが、お話は各宗教の最大公約数を共通の場とするという考え方を最も外形的な方の一つの極として、それを批判されながらだんだん内側に向って話を進められた。そうして宗教学的な面で共通の性格を求めていくということから更に終りになって、結局は信仰者と信仰者の対話でなくてはならない、というところに話の筋が向ったように思うが、私はこれについても全く同感である。

しかしそういった言葉は多目的である。で、ティリッヒとかそういったものの言葉で共通の場を表すのではなくて、具体的にキリスト教の信仰者と仏教に生きている者とがどこに共通の場を求めていくか、ということが問題になってくると思う。私の個人的なことを申上げると、キリスト教徒の対話の中で私が最も満足できるのは聖書の中の共観福音書である。イエスの様々の発想・教え・行動等が説かれてあるが、仏教の中で育った者にはいろいろ異質なものを感じはするが、信仰そのものの問題になると、その対話の中ではっきりと共通の信仰の場というものを感じることが出来る。先程感得[2]という言葉を使われたが、仏教では感応道交[3]というような言葉を使う。その感得する、その感というものが私は言葉としては最後のものであって、実際に感じ合うということをどれだけ対話の中で共感し合うか。つまり根本共感という点を対話の中でどんどん強めていくということによって自ら宗教の対話でなければ得られない根本共感というものが得られるのであって、そこから互いに教義の一致とか或は相異とかがはじめて胸襟を開いて起ってくるのではないか、という感じがする。

そこで言葉としてしかなり得ないのが大変不自由であるけれども、例えば不安ということが根本共感では安らかさということに変ってくる。或は疑いということが疑いがはれているという境地に変ってくる。或は閉じられた世界が開かれた世界に変ってくる。闇というものが光に変ってくる。そういった境地の何の限定もない果てしなさというものをお互いに共感することによって私は宗教の中にこそ最も堅い結束が生れてくるように思う。お互いに信じ合う、信頼し合うということは、そういった第一義諦(4)の根本共感の中ではじめてできるのではないか。

こういった点が現在の各宗教間の対話の中ではまだ十分に行われていないように思うので、そういった点を強くし、あつくしていくことによって、そこからいろいろの問題が生れ発展していくのではないかと思う。

土居 お説の通りで、私共がロゴスにのせる範囲或はシンボライズしうる範囲というものは極めて限定されたものである。むしろそういう名にならないような、老子の道徳教の中には道には名がない、ということが書かれていますが、名をつければ限定されたものになるわけで名のない世界に生命がある。そういう世界で宗教が感得し合う、そういう世界があると思う。

しかしいきなりそこにとびこむ、ということはなかなか難しい。そこに至る道すじとして各宗教の伝統的な道が備えられている。その伝統的な道に通じてしまえば、つまり達人の境地に入ればそういう定義されない共通の世界にも入りうる、と言えるのではないか。今の段階でははじめから入っていくワクもかなぐりすてて、ということはちょっと難しい。やはり入り口の試練を通って、禅には禅の入り方がある、真宗には真宗の入り方がある。それを通って行きついた先は何とも名状し得ないものがあるかも知れない。しかし私たちの段階ではそういったものを感知するといった状態じゃないかと思う。

玉城 それはやはり自分の捧持《ほうじ》している具体的な宗教信仰を通さなければそこへいくことは不可能で

ある。人生にはそういう信仰というものを捧持していかねばならない。しかしまたそれを捧持していけばいくほど、そうしたものに執われないものになってはじめて自ら捧持する信仰・宗教というものの目的を達成する、というものがある。その全く執われないというものと、具体的に一つのものを信仰捧持していくということとは決して矛盾するものではなくて、信仰の内容としては切り離せないものではないかと思う。

阿部正雄　お話の内容はキリスト教内でのエキュメニズムの意味とか、その発展が諸宗教間の対話というものにあるアナロジー《類似性》を提供していろいろサジェスト《示唆》するというものだったと思うが、それで我々仏教の方の者には、キリスト教が推進しているエキュメニカル・ムーヴメントというものが、キリスト教を超えたものとして多く学ぶところがあり、お話はそういうところに立ちながら諸宗教間の対話の可能性ということに進まれたので教えられるところが多かった。

その後の方に言われた、例えばキリスト教の啓示にしても、それを受けとる主観面においてはそれぞれの人が歴史的・社会的に限定されているから相異があるけれども、啓示自体の客観面においては何ら相異はない筈だ、というと、そういうことは確かに言えると思うが、その事とアナロジカルに考えて諸宗教間の対話というときに、例えばキリスト教の啓示と仏教の涅槃とか悟りというものについてどちらも客観的には通ずる面がある。けれども主観的にというか、例えばキリスト教という歴史的宗教が形成され、仏教という歴史的宗教が形成されたという、そういった意味での主観的面では違いがあるのではないか。そういう歴史的・社会的に限定された面を超えてそれ自身のもつ客観性の面にまで入っていって、そこから無尽蔵のものを対話を通して明らかにしていく必要がある、というそこに一番ポイントがあると思うが、そのことについては全く同感である。

ただ問題はキリスト教なり仏教なり、或宗教内部での啓示とか悟りとかそういったもののもつ客観性というものと、諸宗教間にわたった場合の汲みつくせないもののもつ客観性というものとは同列に考えられるのか、そこになお一つの次元の相異というものを認めなければならないのかどうか。つまり無尽蔵に汲みつくせないものが、キリスト教においては啓示の客観面においても一つの歴史的なゲシュタルト《体制》をもってきている。仏教においても涅槃なら涅槃という客観的なものがそういう一つの歴史的なゲシュタルトをもっている。その次元での対話なり根本共感というものと、特定宗教の中での個人の主観面に対する客観面というものとが同列に言えるのか、或は次元が違うというふうに考えるか。違うとすればそこに出てくる固有の問題をどのように我々の対話という場にもちこんでいくことが出来るか、そういった点についてお考えをきかせていただきたい。

土居　そういうところを今私達は掘り下げようとしているのだと思う。先程言ったような究極的なものが存在するかしないか、超越の世界があるかないか、というようなことはここでは重要な問題ではない。むしろ人間の実存が究極的なものを感得しうる存在である、というところに問題の焦点がある。これは神の死の神学などを踏まえての考えである。そこへいくと神学は人間学になるという可能性もある。仏教が悟りと考えているものと、キリスト教が啓示と考えているものが、実際には同じことを違った角度からみたにすぎないじゃないか、というようなものが出てくるかも知れない。今私共が掘り下げようとするのはそういう方向であって、オーソドックスのキリスト教から言えば異端と言われるものかも知れないが、私はまあそういう方向で考えている。

阿部　私の考えを簡単に言えば、そういう汲みつくせないものというところにおいては全く変らないものがあるに違いないと思う。ただそれが感得されるというとき、キリスト教の立場で感得される時はやはりキリスト教的な生命というものがゲシュタルトとして成り立っていると思う。仏教の涅槃というのもやはり生きた生命として成り立つ形をとって感得されていると思う。その限りにおいては或特定宗教の中で信仰をもつときに、主観面・客観面といってもそれは生きた一つの生命であり、分離することの出来ないものの中に主観面と客観面が一緒に流れている。それがキリスト教ならキリスト教という宗教自体に一つの生命体系としてある。仏教なら仏教、イスラム教ならイスラム教、各宗教にある教義は一つの生きた生命体であり、そこに一面において汲みつくせないものにおいては相通ずる面というものがあるが、同時に他面それが生命体としてはもう一つに通じない違ったものがあるのではないか。

玉城　形をとってくるということは勿論あると思うが、キリスト教の信仰が形をとってくる、仏教が形をとってくる、ということ。しかしその形を追跡していけばだんだん形が消えていくということを私はイエスの信仰の中に感じる。そこではじめて、私はイエスとの対話の中に疑いようのない共通の広場というよりはむしろ本当に一つのものを感ずることができる。形をとってみるとやはりそこにどんな答えをしてもお互いに違うものがある。そこをもう一つ追跡していって、形の消えたところではじめてそれぞれの形を本当に認め合うというふうな心境の本来の意味での友情というふうなものが出てくるのではないだろうか。

西谷啓治　そういった問題を、これから研究の対象としていっていただいたらいいんじゃないかと思う。

ただ私の感じとしては今玉城君が言われた感じ方が比較的仏教的な感じ方ではないかと思う。仏教の側からはそういう無相の相に立って、というようなことになるが、キリスト教の方ではどのように受けとられるか、というような問題があると思う。

更に個人的な感想をつけ加えて言えば、先程のお話にあったキリスト教の神と人との対話、神からの呼びかけとそれに対する応答というような、それが根幹だということをいろいろ例をあげてお話になった、そして言葉というものがキリスト教では非常に重要だ、というお話などもあった。それは私も確かにそうだと思うが、仏教の方ではむしろ言葉というものを超えた、というところに重点をおいてきているように思う。

しかしまた言葉を超えるといっても、やはり言葉をつかっているし、従って現代においては言葉のもっている根本的な重要さというものを、言葉のないところからもう一度考えなおすということが必要かも知れない。仏教では真言という言い方もあるが、言葉というものをもう一度考え直すということがあってもいいんじゃないか。

キリスト教の方で、例えば神と人との対話ということで先程も話があったが、ロゴスを超えたところではじめて対話が対話になるんじゃないか、ということは私も全くそう思う。それからキリスト教でいう聖霊[5]ということが一つの大きな問題になるのではないか。聖霊ということは、何かやはり神と人とにつながって、その神から人へと聖霊が通じてくる。その聖霊とは何か。ロゴスで論議し問答するが、聖霊ということになるとそういう言葉を超えた、もっと直接に生命が伝わるというか、生命の充実というようなものが、もっと大変強いように思う。キリスト教の場合、神学などで聖霊というものがどういうものか知らないが、ミスティシズム《神秘主義》の方などではそれを強調しているのではないか。しかしミスティシズムは比較的傍系になっているようであり、現代はそういったものがもう少し重要なことになってくるのではないか。

言葉を超えた直接の生命というようなこと、対話の問題とか、出会い、神と人との出会い、人と人との出会いでも、話し合うということでも、その基礎がやはり言葉を超えたところで、先程感得ということが言われていたが、そういうこともやはりみなからみ合っているような感じがする。

注

（1）ダイアローグ（対話）の語源はギリシア語のディア（διά）＋ロゴス（λόγος）だが、ギリシア語の接頭辞ディア（διά）には、空間的に「貫いて」「通り抜けて」といったニュアンスがある。

（2）土居の本論中の以下のような言及を受けている。「対話（dialogue）はDialektikの一形態であって、イスラエルの歴史は神と予言者との対話を契機として展開してきた。〈中略〉聖書における対話は人間の実存理解ということが出発点になっているけれども、そこでは究極の立場からの問いかけに対して人間が答えるという形をとる。人間の人間との対話の場合にも究極者へのアッピールが行われ、究極者が介入してくる。その場合、究極的な立場からの語りかけは、人間の条件づけられた判断に対して、無制約的（unconditional）な強制力をもつのであるが、人間のそれに対する応答は何時でも実存的に条件づけられているゆえに相対的であるという自覚がある。この辺に哲学的対話と神学的対話との相違があるのかも知れない。今日の思想的状況において考える場合、超越の世界が存在するかどうか、究極者が存在するかどうかということを先行させて考えるのではなく、人間が相対的実存の只中において、究極性の意識をもち、無制約要請を感得し得る存在であるという点に重点を置いて考えるときに問題解決への緒口が見出せるのではないか。」土居真俊「対話の神学試論」『親鸞とキリスト教　土居真俊対話集』法藏館、一九九〇年、二二一―二三頁。

（3）仏教用語で、衆生の感（衆生が仏心を感じること）と仏の応（仏力がそれに応じること）とが互いに相通じ、相交わることを「感応道交」という。

（4）仏教用語で、世俗諦（世間的・通俗的真実）に対して、勝義諦（仏法における最勝・最高の真実）を第一義諦という。第一義諦においてはあらゆるものが空であるとされる。

（5）キリスト教の神観における神の三つの位格（父・子・聖霊）のうち、第三の位格。現臨して働きかける、創造者である神の霊を指す。キリスト教神学において、父なる神（創造者）と子なる神（イエス・キリスト）と聖霊なる神とは、唯一なる神の三つの位格であるとする三位一体の教義が広く共有されている。

社会変動と宗教

堀一郎
HORI Ichiro

堀一郎（ほり　いちろう）

一九一〇年三月十九日～一九七四年八月十日。文学博士（東京大学）。東京帝国大学文学部印度哲学科卒業後、大学院退学。二松学舎専門学校教授、文部省国民精神文化研究所助手を経て、戦後東北大学教授、東京大学宗教学科教授、シカゴ大学客員教授、成城大学教授、國學院大学兼任教授を歴任。東京大学名誉教授。柳田國男に師事し、民俗学的方法と成果を踏まえて、一般の民衆の宗教現象を分析する「宗教民俗学」の領野を拓くと同時に、日本におけるミルチャ・エリアーデの紹介者でもあった。著書『民族信仰』（毎日出版文化賞）、『我が国民間信仰史の研究』（日本学士院賞）など多数。『堀一郎著作集』（全八巻、未来社）がある。

＊　＊　＊

ここに収録する堀一郎「社会変動と宗教」は、一九七一年の第一回コルモス研究会の二日目に行われた講演である。堀はコルモス研究会の発起人の一人でもあり、第一回研究会議において関東側を代表して本講演を行った。ここでは、一九七四年に早逝することとなった堀の晩年の関心の一つである宗教と社会変動の問題が取り上げられている。晩年の堀はハワイに設立された「宗教と社会変動研究所」の日本での研究委員会のリーダーを務め、現代社会における宗教の意味と役割の問題に精力的に取り組んでいたという(1)。本講演の中で触れられる現代社会のあり方に伴った「擬・宗教的」諸現象や新しい宗教形態（新宗教等）への関心は、「現代における宗教の役割」を問う研究会であるコルモスにおいて、設立当初から多くの会員に共有されていた関心事の一つである。講演後の討議では「擬宗教」と「宗教」の区別をいかにつけうるのかといった議論や、そうした「擬宗教」との対話は可能であるのかといった鋭い討議が、前日の土居真俊の講演の内容も踏まえて繰り広げられた。

なお、本稿は堀の没後に平凡社より出版された遺稿集『聖と俗の葛藤』（平凡社、一九七五年、平凡社ライブラリー、一九九三年）にも収録されている。

一

一九三六年、チャールズ・S・チャップリンが作製したモダン・タイムス（Modern Times）は、現代文明の技術革命とそれに伴う人間疎外の傾向に対する痛烈な批判として、大きな反響をよんだ。第一次大戦と第二次大戦との間の資本主義と社会主義との相剋、弱小民族、非抑圧民族との間におこった民族自決的、民族主義的メシアニズムの勃興という緊迫した事態のなかに、マルク・シャガールなどによって制作されたシュール・レアリズム絵画の流れが人々の関心をよびはじめ、さらにはストラビンスキーの「火の鳥」や「春の祭典」に代表されるフィービスム（野獣派）の音楽が台頭した。そして文学の世界には、エウジェーン・イオネスコの『瀕死の王』（一九六二年）に代表されるアンチ・テアトル（反演劇）派、ジェームス・ジョイスの『ユリシーズ』（一九二二年）に代表される芸術至上主義的な文学変革の運動があった。

文学芸術の世界におけるこうした一連の新しい傾向と運動が何を意味しているのか。旧い秩序、古典絵画や古典音楽やロマンにしたしんできた人々には、それは規格はずれの不協和音の連続であり、作者の恣意的な色彩のたたきつけとしか思われず、あまりの奔放さと退屈とからしばしば「常識」者の顰蹙を買いさえもする。しかしそれがたんに個々の作家の個人的な新機軸、異常性といったもの以上の何かを人々に訴えている。つまり問題はこうした「教祖」の新機軸、異常性を現代に意味あるものとして受けとろうとする人々の心理なのだ。個性の破壊を叫ぶ「十二音音楽」、「偶然性の音楽」に示される一種のカオティックな指向は、他方で黒人音楽の流行とともに、西欧的合理主義と技術革命による脱工業化社会の人間の運命を予想したうめきであり、悲歌ともうけとれよう。

他方すでに六十年以前、フロイト（Sigmund Freud）はかの『トーテムとタブー』（一九一三年）の乱暴きわまりない仮説、すなわち原初的殺人としての父親殺し、そしてその反復と記念の祝祭としてのトーテム饗宴と、神を昇挙された肉体をもつ父親の姿とするエディップス・コンプレックス（Oedipus Complex）の説は、文化人類学者のすべての批判と反論をのりこえて、それ以後三世代にわたる小福音書の一つとなった。ミルチャ・エリアーデ（Mircea Eliade）はこのブームについて次のようにのべている。

こうした気違いじみた仮説が、この世紀の主要な人類学者によってなされたあらゆる批判にもかかわらず、正しい科学的な学説として歓呼をもって迎えられたのは、ひじょうに意味のあることである。精神分析学が、それ以前の心理学に対して勝利を納めたことや、その他多くの理由から、それは一つの流行となり、一九二〇年以後、フロイト流のイデオロギーは全面的に認められるようになった。この roman noir frénétique ともいうべき『トーテムとタブー』の信じがたいばかりの成功の意義についてては、一冊の魅惑的な書物を書くこともできる。現代の精神分析学の道具と方法とを使って、われわれは現代西欧のインテリたちの悲劇的な秘密を暴露することさえでき

るのだ。[原注1]

二

ポール・ティリッヒ（Paul Tillich）は『キリスト教と世界諸宗教の出会い』[原注2]のなかで、リベラル・ヒューマニズム、ファシズム及びコミュニズムを擬宗教（Quasi-religions）としてとりあげ、これが極度に世俗化してゆく現代社会において宗教の代償的機能をはたそうとしている点を指摘した。彼は一九六五年の最後の公開講演「組織神学者にとっての宗教学の意義」[原注3]のなかでも、聖と俗の問題にむすびつけて再びとりあげ、「世俗的なるもの」（seculer）はそれ自体では自立し得ないから、聖なるものによる支配に対して戦っている限り、正当性をもち得るとしても、空虚化した世俗性は擬宗教の餌食とならざるを得ず、擬宗教は宗教の中の魔的要素と同じく抑圧的傾向をもつとともに、今世紀にわれわれが身にしみて体験したように、真の宗教的伝統のもつ深みと豊かさに欠けるゆえに、宗教以上に悪しきものである、と批判した。[原注4]

カール・マンハイムも指摘するように、がんらいイデオロギーは社会心理学的には中世的・青年的なユートピア的熱情よりも、近代的・都市的・老成的な感動をよびおこすべき性格のものである。しかしそれは個別主義的・セクト的・ナショナリズム的な傾向と結合することによって、古代的・農村的・少年的なオルギッシュ《狂騒的》な激情をかき立て、かたくなに他人の信条と生存を否定し敵視する不寛容性を示すあしき宗教化、もしくは宗教の代償的役割をはたしつつある。

近代精神は理性主義と主知主義によって、人間を宗教的束縛から解放し、自由と歴史の創意を神の手から人間の手にとりもどしたといわれる。しかし現代人のほこる自由と歴史形成の主体性は、相反するイデオロギー的擬宗教国家の、ひとにぎりの独裁君主の手のうちにある。大韓民国ではコミュニストは悪人、背徳者の代名詞であり、朝鮮人民共和国ではリベラル・ヒューマニズムは米帝国主義と同義語である。南・北ヴェトナムにおいて、東・西ドイツにおいて、中共と台湾において、同一民族の間のイデオロギー的断絶と憎悪は、中世の宗教戦争を、そして聖地恢復の十字軍の煽動者たちの姿を想起させる。イスラエルとアラブ連合、ヒンドゥイズムとイスラムのインドパキスタンなどには、よりあらわな宗教的対立の条件が、イデオロギーの対立に先行しているように見える。

三

いずれも民主主義を唱えつつ、しかも真向から対立するイデオロギーの擬宗教化に対して、ミルトン・インガー（J. Milton Yinger）は別の角度から擬宗教の存在を指摘している。

彼は現代の狭くなった地球上の相互依存性はますます増大の傾向をたどり、中共指導者の決定はアイオアの農村の子供にも影響を及ぼし、米国議会の行動はエジプトの動向に影響するとし、人類は今や重大な転換点に来た。よいにつけ悪いにつけ、政治・経済・情報・軍事に、われわれはすべて一つに結びつけられようとしている。この限りでは人類は一つの総合世界の構造を建設しつつあるといえようが、しかしこの世界構造内に安心して住めるような適切な文化体系も社会化の手つづきも展開されてはいないのだ。宗教が重要な役割を演じ得るか否かは、まさにこの点にかかっている。しかし主要な現存の諸宗教が、その確立された制度に跼蹐《きょくせき》している限り、われわれが存在する状況に適した方法で人間の宗教生活を再構成するのに活気ある役割をになえるとは思えない、とし、成立教会に対する分派的プロテストや、現代の土壌から萌え出た宗教的改良や、近代社会に発展した擬宗教(quasi-religions)のいくつかの綜合から、新しい「超越信仰」、新しい儀礼儀式、新しい宗教構造が起こってくることになろう。もしこれらが起こらなかったとしたら、この世界はめちゃめちゃになってしまうだろう、と論じている。[原注5]

現代の非聖化された社会において、インガーがとくに注目している擬宗教の最も重要なものとしてマルキシズム、フロイト主義、及び実証主義をとりあげ、そこにはかりに宗教運動という自覚はなくとも、少なくとも個人的イデオロギーと哲学体系として一つに結びあわそうとする強力な努力があり、多くの世俗的思想家の作品は神学者や改良派の宗教指導者の著述と同じ傾向の努力が払われている。これらの代表として、それぞれに大きな相違はあるが四人の人々をあげることができる。ジャン・ポゥル・サルトル、アルベール・カミュ、ヘルベルト・マルクーゼ、エリッヒ・フロムである、としている。

インガーの評価によると、マルクーゼは体制打破に必要な怒りを持ち、現代の諸問題に敏感だが、その思想はその「教派的《セクタリア》」ユートピアニズムにもかかわらず、創造的というよりは否定的である。彼の作品は新しい社会の建築家というよりは、来るべき革命の先駆者であったルソーを想い起こさせる。フロムは宗教的意味でもっともはっきりした預言者だが、とくに後期の作品では制度的、個人的生活の「健全性」（sanity）の速成という、いくぶん楽天的な傾向を辿っている。サルトルとカミュは恐ろしく暗い二〇世紀中期に直面し、ここに一筋の光を見出そうとしたが、それはただ一つの光線にすぎない。たぶん深刻なペシミズム《悲観主義》は現代人の宗教にとって必然的な現実的基調なのであろう。マルクーゼやフロムの楽天的イデオロギーは、その体制秩序へのするどい批判にもかかわらず人間状況の恐るべき不快さを覆おうとしている、とのべている。

彼はさらにジュリアン・ハックスレー、ティヤール・ド・シャルダン、及び少し前のジョン・デューイといった人々をも加えて、これらの人々は、その思想上の差異にもかかわらず、不正・苦悩・無知の重圧に対する関心という点で一つになり得る。誰も一つの宗教の教祖としてふさわしい志願者とも思えないが、何人かの現代の神学的業績や宗教的指導者の活動とならんで、世界の本質的再建への条件は熟しつつあるように受けとれるのだ。高度に相互連関させられつつある世界、非聖化され、悩める現代社会にあらわれつつある自然主義信仰の小預言者と評価できる。〔原注6〕

四

インガーはさらに現代の青年運動に対しても、そのニヒリスティックでアノミック[2]な性格にもかかわらず、その要素のいくつかには聖なる思想と性格を追求しようとしている点を評価している。青年たちは今やこのがんじがらめの相互依存形態の開幕期に人間の上にのしかかっている新しい究極的問題に敏感であり、われわれのもっとも献身すべき注意を喚起しているからである。かりに現代の青年が一つの光輝ある宗教を展開し得なかったとしても別に驚くこともあわてることもしないだろう。驚かないのは宗教形成の仕事は生得的でこの上もなく困難なものであるからだし、あわてないのは、彼らの多くは少なくともその探究への第一歩をふみ出しているからである。

ヒッピー、マリファナ、ＬＳＤの現象は、学生運動とは裏腹の関係にありながら、それに現代の脱工業化による社会変動とあらゆる地球上の人間をがんじがらめにする政治・経済・軍事・情報などの相互依存体制への一つのリスポンスである点で根をひとつにする。

他方十九世紀から二十世紀にわたって、アフリカに、南北アメリカに、東南アジアに、オセアニアに、久しい白人の植民地政策・絶滅（genocide）、隔離（segregation）、そして「白人オンリー」（ＮＶＢ＝Net Vir Blankes）の利己的な抑圧から多くの部族主義的・民主主義的メシア運動が展開してきたことも注目に値する。ヴィットリオ・ランタナリの『抑圧されたものの宗教――近代のメシア的宗教の研究』[原注7]はその鳥瞰的論考であり、彼はこのなかで、キリスト教伝道のもたらした三位一体や終末的メシア思想が、皮肉にも土着人の伝統的信仰と習合して、新しい救世主来臨と終末待望の新宗教運動や分派活動がおこり、やがてこれがパン・アメリカニズム、パン・インディアン運動へと展開しつつあることに注目している。

ランタナリの著書はヴェルブロスキーやラバールなどの手痛い批判をうけたが、そのラバール（Weston La Barre）は一九七一年二月のCurrent Anthropology. Vol.12, No.1に“Materials for A History of Studies of Crisis Cults: A Bibliographic Essay” pp.3–44と題する長文の論文を発表し、その原因説を（1）政治的、（2）軍事的、（3）経済的、（4）メシアニズム説、（5）カリスマ説、（6）アッカルチュレーション（変容）説、（7）心理的ストレス説、その他に分類した。

「危機宗教」の発現とその驚異的な流行が、とくに一九世紀末から第一次・第二次大戦を経て現代に展開したことは、それぞれの民族のネイティヴィスティックな自覚とともに、旧秩序による世界、西欧文明と白人の優越性のもとに固定化したかに見えた世界の根本的変革への胎動の一つとしてうけとるべきであろう。そこにはまだ夢のようなユートピアニズムや、他力的なメシア来臨と被抑圧民の救済という旧約的メシアニズムの段階の運動が多いとはいえ、これが民衆の民族意識をかき立て、世界地図をみずからの手で塗りかえようとする起爆剤の役割の一部を担うであろうことは予見できる。

五

スモッグ公害発祥の地ロスアンゼルスは、またアメリカ合衆国の大小の新分派、新会派の勃興地であることも見のがせない。いささか旧著に属するがクラーク（Elmer T. Clark）の Small Sects in America, New York 1949 によると、第二次大戦直後の北米は、ソヴェト連邦と対立する世界のおせっかいな救世主を以て自任し、それにふさわしい巨大な経済力と軍事力を誇示した時代であったにもかかわらず、すでに人種問題や政治・経済・文化の上の多くのひずみの蔭に鬱積していた民衆の不満・挫折・危機意識に基づく体制の断層の上に、実に三〇〇にのぼる新興小教派が展開した。クラークはこれを五つのカテゴリーに分類し、（1）Pessimistic or Adventist Sects－Seventh Day Adventists や Watch Tower（Jehova's Witnesses）、（2）Perfectionist or Subjectivist Sects――メソジスト系諸分派やクェーカー教派、たとえば Church of Nazarene や Evangelical United Brethren Church など、（3）Charismatic or Pentecostal Sects－Latter Rain Movement や Pentecostal Holiness Church など、（4）Communistic Sects――シェーカース、House of David, Church of God and Saints of Christ など、（5）Legalistic or Objectivist Sects－Black Jews, Reformed Episcopal Church, Anti-mission Baptists の小会派や Dunkers, Church of Christ など――としている。

こうした米国の新しいキリスト教分派活動やブラック・モスレムの運動は、当然、世界のキリスト教会にも強い影響を与えたし、外国の宗教学者の関心も次第に日本の新宗教運動のあり方、機能の問題に集中してきた。一九五九年以後にはおびただしい数の日本の新宗教関係の著者や評論が発表された。とくに創価学会とそれを基盤とする公明党の華々しい政界進出が、彼らのあらたな興味の中心となったようである。

一九六五年秋のわたくしのシカゴ大学出講中、この問題に多くの質問がよせられたが、その人々の何人かには、ファッショ的《ファシズム的》な宗教政治が将来日本に出現するのではないかという一抹の疑惑が感じられた。それは他方で、戦後二十年間で荒廃と虚脱の淵から急速に立ちあがり、表面的ながらも経済的繁栄をきずき上げた、この日本人のフェニックスのような魔的エネルギーが、同じ西ドイツの復興と対比して、いかなる価値体系の上に吹き出てきたのか、という疑問ともからんでいる。

既成宗教と新宗教のあり方が、日本人の価値体系をどのように改変しつつあるのかは、われわれに提出されている一つの課題である。そしてこれに的確に答え得ることは当の日本人といえども容易ではない。ドイツのヤパノロギー《日本学》のインゲボルグ・Y・ヴェント（Ingeborg Y. Wendt）女史が、こんにち極東の経済的驚異とされ、ドイツの恐るべき競争者として立ちはだかる日本人の文化と価値体系を歴史的に探求した著書に *Die unheimlichen Japaner*, Stuttgart Berlin, Köln, Mainz 1970 と題したことは興味深い。

六

テキサス州のサザン・メソディスト大学の宗教史学教授H・ネイル・マックファーランド（H. Neil Macfarland）は一九六七年、『神々のラッシュアワー』〔原注8〕を出版した。彼の在日調査は一九五六年のことであり、成稿のため再び来日した一九六三～六四年には、すでにオフナーとストレーレン（Clark B. Offnor & Van Henry Straelen）の *Modern Japanese Religions*, Tokyo, 1963 やトムセン（Henry Thomsen）の *The New Religions in Japan*, Tokyo, 1963 が出版され、彼はこのテーマについてのスクープを逸した。しかしマックファーランドは前二著が主として教理と治療法、信仰形態などに焦点をあてているのに対して、新宗教の歴史的・文化的な根をほりおこすことと、こうした宗教運動の実際の、また潜在する社会機能を見出すことに主たる関心をもっている。

彼は日本の新宗教運動の特殊性と普遍性とに着目し、その多くはアメリカ・インディアンの間に起こったゴースト・ダンス教やメラネシアのカーゴ・カルトのような、メシア的ないしは千年王国的宗教運動と比較し得るものであるとしている。多くの人類学者の報告や分析から、こうした宗教には顕著な発展の類似のパターンがあり、それには少なくとも五つの要素が存している。すなわち、（1）侵入する文化によって激化された社会的危機、（2）カリスマ的指導者、（3）黙示的なしるし、（4）エクスタティックな行動、（5）混淆的な教理である。

また日本の新宗教はいわゆる「高等」宗教が優勢である社会にも同質の仲間をもっている。例えば合衆国のペンテコスタル諸教派や店前教会（storefront churches）やブラック・モスレムのような宗教集団、ヴェトナムのカオ・ダイ教、フィリピンのイグレジア・ディ・クリストといったものがそれに当たろうが、未開宗教を特徴づけているいくつかの要素は、こうした運動にもあらわに見られる。これらもまた危機宗教であり、とくに社会的に下積みとなって生きている人々を引きつけており、彼らにとっては通常の抗議や希望のもてる努力のチャンネルが、その無力さと現代社会の複雑性によって妨げられているところにその原因がある。こうした宗教集団にはふつう強力な指導者があり、この指導者は新しい啓示をうけたと称し、あたらしい神話を形成し、新しい力を公言し、新しい集団を創設する。［原注9］

マックファーランドが日本の新宗教に異常に関心をもつようになった動機は、彼が来日直後に天理教本部と、そこから十キロほどはなれた法隆寺を見学したことにある。一九三八年に中山美伎《みき》によって創唱された天理教は、日本の新宗教運動の最も早いものの一つであり、且つ紆余曲折を経つつも、こんにち規模の大きさ、すべての新宗教教団への影響力の点で代表的な教団であり、法隆寺は千三百年以上の伝統をほこる最古の仏教寺院である。天理教の教祖殿と神殿とを中心に、それをとりまく「おやさとやかた」の大建築、大学・図書館・参考館（民族博物館）・病院・プールなどの施設、外人の眼には異様なハッピ・コートを身につけてヒノキシンに奉仕する信者たち、リズミカルな礼拝様式、そうした新宗教のもつ強烈なヴァイタリティに打たれた彼は、法隆寺を訪ねて、その静寂さと清らかさに打たれつつも、それは宗教施設というよりは国宝博物館にしかすぎず、いわゆる信者でない観光客に切符を売り、はさみを入れ、絵葉書や写真やお守りの売店にすわっている僧侶の姿から、およそ宗教のヴァイタリティと名づくべき何物も感じ得られなかった。この極度に対照的な一日の経験は、彼には強烈な印象として残った。

新宗教のすべてが栄えているわけでもなく、すべての旧宗教が衰退しているわけでもないが、この経験は現代日本の宗教生活の重要な様相の一つを端的に示すものとしてうけとられる。そこに流動する民衆の欲求への関連性を欠いて、そのヴァイタリティを喪失しつつある伝統的教団と、こうした現実欲求の充足をそれぞれの特殊な伝道としてうけとめようとしている新宗教との差が感じられる。〔原注10〕

先にも紹介したミルトン・インガーは、『社会学から見る宗教』〔原注11〕の第一部で、「都市社会における宗教」と、「宗教と社会変動」の問題をとりあつかっている。彼は宗教と社会変動の問題を論ずるにあたって、五つの見解が可能であるとした。その一つは、宗教と社会問題とは全く次元の異なる領域にかかわるものであり、両者の間には何ら関連性はないとする見解であり、第二は社会の経済発展、知識の増大、技術変革による変化は、必ず宗教そのものの変化を引きおこさざるを得ないとする見解である。第三は宗教制度と宗教的価値とは社会変動の抑止力として機能するとの見解であり、第四は宗教こそが社会の変化を創始し且つ指導する役割をになうとする見解である。そして第五は宗教は複雑な相互影響下にある社会体系の一部であり、ある特定の視野、一定の時間の枠内で見る限り、宗教の展開は社会環境の根本的変動への対応《レスポンス》としてもっともよく理解し得るとの見解をあげている。

インガーはこの五つの見解を認めつつも、彼自身はその第五の見解にたち、宗教と社会の変化の相互連関性に注目し、これを社会学的に分析し、解説したいとの立場をとっている。[原注12]このインガーの立場はまたマックファーランドによって採用され、彼は日本の新宗教運動を、日本の宗教史・社会史の内部で展開した現象としてとらえ、新しい宗教運動と現代社会とのダイナミックな関係を探求することを目的とする、とのべている。

七

一九六〇年初から散発的にはじまった大学の紛争は一九六六年から六八年にかけて本格的な全国的規模のものとなった。米国の辞書に「ゼンガクレン」なる語が収録されたのもこのころであり、一九六五年にはケイオー・スタイル、ワセダ・スタイルという言葉がしばしば米国の大学生の間に聞かれたものである。他方サンフランシスコを中心としたヒッピー運動は、日本にも波及し、そのロー・ビートニックスに分類し得るようなフーテン族なるものが出現した。他方、韓国の文鮮明の唱えた世界基督教神霊教会の運動は原理運動の名のもとに早稲田大学の学生を中心にひろがりはじめ、またハリジャン運動なども一部の青年の心をとらえて、一九六七年の夏ごろにはヒッピー運動とともに日本のジャーナリズムにしばしばとりあげられるようになった。

当時はまだヴェトナム戦争はこんにちほどの末期的危機的様相は呈していなかったが、他方での反安保の激情的なイデオロギー闘争がくすぶりつづけていた。このような時点で、とくに高度の経済成長をとげつつある日米両国の青年層を中心に、多くの共鳴者を獲得してきた背後には、現代社会の体制と規範とに対する強い抵抗意識があり、積極的な反体制的な離脱運動が先行していることは注目しなければならない。

そこには現代の社会体制と彼らとの間に世代的な断絶のみならず、生活文化の価値体系を全面的に拒絶しようとする断層が存在し、それが新しい価値と、その価値を与えてくれる期待のもとに、政治的、宗教的カリスマを求めてゆれ動いていることを示している。そしてこの揺動は、一九六七年には激化の一途をたどり、東京大学、ソルボンヌ分校、そしてほとんど全世界の自由世界の先進工業国家の諸大学をふきあれた。それはまさに野獣派的不協和音にみち、シュルレアリズム的激情をたたきつけた。オルギッシュな、多面きわめてマジコ《呪術》・リリジャス《宗教》な擬宗教的イデオロギーに裏打ちされた巨大なエネルギーの噴出である。大学紛争の評価はまちまちであり、これを一種のフェスティヴァルと見る人も多いが、この闘争なる名のもとに、多くの学生が一種の生き甲斐を短期間ながら感じたという告白は、じゅうぶんにうけとめ、考えてみなければならない問題である。そこにわたくしは一種の呪術宗教的ヴァイタリティと底において通ずるあるものを感じとらざるを得ないからである。

（1） 適合（Conformity）

ロバート・マートン（Robert Merton）は社会変動期において、社会がアノミー状態[3]に陥ったとき、人々のこれに対するレスポンスを、

（2）改革（Innovation）
（3）儀礼主義（Ritualism）
（4）逃避主義（Retreatism）
（5）反抗（Rebellion）

の五つに分類し[原注13]、タルコット・パーソンズ（Talcott Parsons）は、（1）攻撃と逃避、（2）遂行と受容、の離間方向と強制方向の二つを指摘している。[原注14]

他方、クライド・クラックホーン（Clyde Kluckhohn）は、人間が社会化の過程で不可避的に遭遇せざるを得ない抑圧・挫折・欲求不満・不安によって生じる敵対衝動への適応反応として、（1）引退、（2）忍従、（3）昇華（sublimation）、（4）和解、（5）遁走の五点をあげている。[原注15]

八

日本には現在およそ六二〇の宗教教団があり、文化庁宗務課発行の『宗教年鑑』一九六九年度の統計によると、その檀信徒数の合計は日本の総人口を約七〇〇〇万人上まわるという驚くべき数字が示されている。これはしばしば外国人を驚嘆させ、また失笑させる、まさにunheimlich《異常な》な数である。それはもちろん、各教団が信者数を水増ししたり、実質のない名目的氏子数や檀家数を報告した結果であるとともに、複数の宗教にかかわりを持つ日本人の特殊性が、こうしたナンセンスともいえる宗教人口をつくり上げたのである。

他方、統計数理研究所の国民性調査委員会の調査になる『日本人の国民性』(一九七〇年、第二刷、東京)による実質的宗教人口は、年齢別・学歴別・地方別の差はあるが、平均して二五〜三五パーセントになっている。これは多くは宗教社会学者の地域住民の宗教意識調査でもだいたい二〇〜三〇パーセントになっていることと一致する(一例:芹川博通「都市化と宗教行事」、淑徳短大学報告書)。これは韓国の宗教人口が一三〜一五パーセントと報告されている[原注16]のから見るとかなり高い数字であり、実質はもっと低いと見ている人もある。

しかし、マックファーランドに強烈な印象を与えた天理教をはじめ、金光教、生長の家、世界救世教、PL教団などのほかに、創価学会、霊友会、立正佼成会、妙智會といったとくに日蓮系諸教団の、俗信徒集団の特殊形態、そしてこれらの信者たちのもつ一種の熱気ともいえる宗教的ヴァイタリティは、既成仏教の多くや神社神道の信者たちとは、きわめて対照的なあり方を示している。

マックファーランドは、終戦直後の社会の崩壊の危機的アノミー状態を、これらの新宗教が克服するのに一役買っただけでなく、これを完全に克服した現代日本で、一方ではあらゆる宗教に対する無関心さが、とくにインテリ層を中心にひろがっている他方で、新宗教運動がひじょうに重要な社会宗教的運動を形成しつつある現状を、社会の根本的変革に対する対応現象として捉えようとしている。

核革命といい、技術革命といわれる超スピードの近代工業化の過程は、過疎・過密・公害に象徴されるように、社会構造そのものと、それを支える価値体系に根本的な変革を迫っている。世界のいたるところに擬宗教化したイデオロギー大国の利己的な「折伏」(4)戦争が勃発拡大しており、人類は極度に無視され、経済大国の開発に名をかりた未開発国への侵略と生活の蹂躙とがある。

九

ヒッピーと大学紛争、三島事件と成田事件、イデオロギー運動と新宗教運動、これらは相矛盾する出来事のように見えて、じつは一つの根から引きおこされている。そしてそれはすでによく文学や芸術の世界において先駆した新しい価値と美との試行錯誤的探求にも遡ることができる。

さいきん新旧両宗教陣営の間からは、昨秋日本で催された「世界宗教者平和会議」や、またエキュメニカル・ムーブメント(5)に代表される宗教者の危機意識に立つ共同戦線結成への動きがあり、また昨年ハワイに設立されて、わたくしも日本での研究委員会を委嘱されて活動しつつある「宗教と社会変動研究所」(Institute for Religion and Social Change)などがある。しかしそこからいかなる新しい価値とヴィジョンが生み出されるか。既成教団の過去の栄光へのノスタルジアと、世界平和、人類愛、人権擁護といった、今や人々の耳にはそよ風のささやきとしかうけとれないようなスローガンで、はたしてこの激動し、変革してゆく世界情勢のなかに、あらゆる機構でがんじがらめにされた人々の宗教的ヴァイタリティをかき立てることができるであろうか。そして社会変動は今や高度工業国家のみでなく、全人類の重要な課題であり、人類は今、重大な転換点に立たされている。このがんじがらめの情報化社会のなかで、擬宗教と宗教がともにになう役割は、次第に統合されゆく世界構造のイメージであり、これに適わしい文化構造の創造でなければならないであろう。

極度に世俗化したと称される現代社会において、彷徨し模索する人類に一つの方向づけを与える使命は、宗教に課せられた至上命令であり、しかも宗教は歴史的にその役割を果たしてきた。現在の多くの調査が示すように、大多数の日本人は「宗教心は大切である」（約七二〜八〇パーセント）といい、「科学と宗教は協力し得る」（約六二パーセント）と考えている（『日本人の国民性』）。宗教が人類にとって必要な文化構造の一要素だとするならば、それはもはや歴史の垢にまみれ、硬直化した宗教であってはならないであろう。

宗教はつねに現世代のあらゆる生活状況にじゅうぶんに、且つ敏感に適応し得る柔軟性と、将来の人類のあるべき姿を熱情的に呈示し得るのでなければならない。あらゆる社会的、文化的構造内での、新しい価値体系の発足と樹立に向っての胎動は、すでにおこりつつあるように思われるのである。

原注

［1］「文化理論の流れと宗教学」、『現代の宗教学』所収、堀一郎訳、一九七〇年、二二四〜二二六頁。
［2］*Christianity and the Encounter of the World Relitions*, New York 1963.
［3］*The Significance of the History of Religions for the Systematic Theologian.*
［4］*The Future of Religions*, ed. by J. C. Brauer, New York, 1966, p.90 ; *The History of Religions. Es-*

says on *Ploblem of Understanding*, ed. by J. M. Kitagawa, Chicago, 1967 堀監訳『現代の宗教学』東京大学出版会、一九七〇年、田丸徳善訳参照。
[5] J. Milton Yinger：The Scientific Study of Relition, London 1970, “Conclusion”.
[6] Yinger：OP. Cit., p.534.
[7] Vittorio Lanternari：Religion of the Oppressed,-A Study of Modern Messianic Cults-, Eng.transl, 1965, Mentor Book.
[8] *The Ruch hour of the Gods—A Study of New Religions movements in Japan*, New York, 内藤・杉本訳、東京、一九六九年。
[9] OP. cit., pp.14–15.
[10] OP. cit., pp.XI–XIII.
[11] Sociology Looks at Religion, New York 1961.
[12] OP. cit., pp.40–41.
[13] Social Theory and Social Structure, rev. & onl. Ed. Glencoe, 1957.
[14] The Social System, Glancoe, 1951.
[15] Navaho Witchoraft, Peabody Museum Paper, 1944.
[16] Korea Religions, Vol.2, No.1, 1970. 韓国宗教問題研究所刊。

注

（1）堀一郎『聖と俗の葛藤』平凡社ライブラリー、一九九三年、三四七頁（伊藤幹治「あとがき」）参照。

（2）「アノミー（anomie）的」。「無法律状態」を意味するギリシア語 anomos に由来する概念で、十九世紀末にフランスの社会学者エミール・デュルケムらによって社会学的概念として使用された。欲求への規制が欠如することによって異常に肥大化した欲求が、慢性的な不満や苛立ちを引き起こす状態を指す。

（3）注（2）、参照。

（4）もとは仏教における教化の手段を指す語で、寛大・寛容な立場に立って相手の立場を包容する「摂受《しょうじゅ》」に対して、相手の誤りを厳しく批判し、伏することを「折伏《しゃくぶく》」と呼ぶ。ここでは、擬宗教に見立てられるイデオロギーの排他的で攻撃的あり方を指して「「折伏」戦争」という語が使われている。

（5）第1部、土居真俊「対話の神学試論」の「要約」参照。

宗教本質論からみた現代における宗教の役割

西谷啓治
NISHITANI Keiji

西谷啓治（にしたに けいじ）

一九〇〇年二月二十七日〜一九九〇年十一月二十四日。石川県生まれ。文学博士（京都帝国大学）。京都帝国大学文学部哲学科で西田幾多郎に師事。同大学教授を務めたが戦後公職追放にあい、一時辞職。復帰後復職。京都大学名誉教授。京都大学定年退官後、大谷大学教授。京都学派を代表する哲学者・宗教哲学者であると同時に、禅仏教（臨済禅）の居士でもあり、鈴木大拙によって創始された英文仏教思想誌 Eastan Buddist の編集責任を務めるなど、国内外の思想界において幅広い貢献を行った。一九七〇年勲二等瑞宝章、一九七二年西ドイツのゲーテ・インスティトゥートよりゲーテ・メダル、一九九〇年正四位、旭日重光章を授与。日本学士院会員、文化功労者。著作の多くは『西谷啓治著作集』（全二十六巻、創文社）に収録されている。石川県能登町宇出津（出生地）に「西谷啓治記念館」がある。

＊＊＊

西谷はコルモス発足時から十五年以上にわたり会長（当初は座長と呼んだ）を務め、本研究会を支えた。ここに収録する「宗教本質論からみた現代における宗教の役割」は、一九七一年十二月二十七日（月）、二十八日（火）に京都の比叡山国際観光ホテルを会場に行われた第二回研究会議における発題講演の原稿である。この第二回研究会議では、初日に西谷による講演が行われ、翌日に森岡清美による講演「宗教社会学的に見た現代における教団のあり方」が行われた。「現代における宗教の役割」を、宗教哲学の立場と宗教社会学の立場からそれぞれアプローチするという趣旨になっている。

一

現代における宗教の役割という問題は、学問以前の実際的なものであって、その問題の焦点も自ずから、現実のこの時代における現実の宗教、それが負わされている実際的な役割という処に落ち着く。この様に問題が現実的で実際的なことであるから、捉え方も大まかになってしまうことを御了承頂きたい。

そこで教義や教学の建前と実際の教団の現状との関係を抜きにして、もし教団が単に社会情勢に対処して行くことだけを考えるのでは、小手先のことで終わってしまう。例えば布教のために何が必要かというような種類の問題提起に止まるならば、現象的な問題の処理に終ってしまう。教団の緊急な問題を実際的に処理することも勿論重要なことであるが、現代における宗教の役割という問題を考えると、単に宗政上のテクニックだけでは解決し得ない程の、むしろそれを越えた深刻さをもっていると思うのである。宗教としての根本の問題が、現代の宗教上の問題の奥にあるといえる。

現代という時代は「宗教不在の時代」であり、又、現代における宗教の状況は、「現代不在の宗教」という状況であるといえよう。これは勿論、一種の極限状況に還元して、現代という時代、そこにおける宗教というものを捉えてみて言えるのであって、例えば新興諸宗教のことなど考えると、必ずしも現代が宗教不在とも言えないし、又、諸宗教が現代的課題に取り組んでいる点からみれば現代不在とも言い切れない。しかしここでは、問題を敢えて単純化して、現代という時代と現代における宗教とそれぞれの特質的な処を捉えて考えてみたいと思うのである。

そして現代における宗教の役割というものの、このような二つの面を通して、第三に「教団」の本質という問題を考えなければならないと思う。宗教的共同体としての教団は、歴史的な時代のうちに具現した宗教の現実的なかたち、いわば宗教の肉体化ともいえる。その意味での形体的な宗教の役割をあらゆる側面から考えて行かなくてはならないと思う。しかし今回はこの点は省略した。

もう一つ、諸宗教間の出会いということも、現代における宗教の役割を考える上では本質的なことだと思う。現代までは、各宗教はバラバラに各自の立場から世界、つまり世俗の世界に働きかけてきていた。そして政治・経済・文化の根本的なところでそれなりに影響力をもっていた。そこに宗教の役割があったともいえる。ところが、近代になってから、このような状況が次第に崩れ、宗教というものが世俗世界の生活から排除されてきている。それをセキュラリゼイション（世俗化）の趨勢と呼べば、現代はこの趨勢が行き着いたところともいえる。或る意味では反宗教的ともいえる時代である。西欧十八世紀の啓蒙時代には宗教批判が行われたが、現代では宗教はもはや批判の対象でもなくなっている。このような反宗教的・非宗教的な世界が現代を特色付けているといえよう。つまり「宗教不在」が、現代という時代の根本的な特色となっているのである。ところで、現代なお既存の宗教がバラバラにこの反宗教の世界に対面している。ここに問題があると思う。

歴史の動きの中で現代では、世界が一つであるということが歴史的現実になりつつある。その理由の一つは、科学的技術の進歩、それによる交通・情報の発達等によっている。又、その基礎には、思想的にいって科学の普及と結びついている。

　科学は思想の立場としては世界的な普遍性を持っている。それに対し哲学は「学」としては普遍的であるが、科学と比べると、どこの国の哲学といったように地域的・歴史的制約を帯びている。又、これが今までは哲学の力となっていた。つまり哲学は普遍的であるが具体性を持っているからである。ところが、科学は哲学と違う。科学は哲学の制約である具体性を脱している。哲学に比べれば、全き抽象性の立場であり、そういう抽象性による普遍性を持っている。

　近代科学は始めからセキュラー《非宗教的》なもの、宗教と係わりのないものとして成立してきている。そしてその近代科学が科学的技術として実際化され、それによって世界が現実的に一つの世界になってきた。世界政治・世界経済ということが言われるようになってきた。宗教からみれば本質的に「世俗的」な科学技術の力によってである。世界はこのような力によって、開かれた世界となってきたとすれば、現代の世界が宗教に無関心で、宗教がその世界から排除されつつあるのは当然である。今日の世界は、宗教との繋がりのないところで現実的に一つの世界にされつつある。

　そこで宗教の側を見てみると、それぞれの宗教は今までの伝統的な姿勢のままで、個々バラバラに世界に存在している。例えばキリスト教は、教義・教学の立場からいえば世界宗教といわれるものであるが、具体的にはヨーロッパ・アメリカといった特殊な世界を基盤にしている。仏教も教義的には人類全体を包む宗教でいながら、現実的にはインド・中国・朝鮮・日本といった特殊な世界を基盤として成立していた。それぞれ特殊化された世界のうちで世界宗教としての普遍性を主張してきた。それが今までの長い間の状況である。

しかし、現代はそのようなことではもう済まないところまできている。現代という時代では、ヨーロッパもアメリカもアジアもすべて世界の一部でしかない。しかもその世界では、さっきいったように、世界が一つだということは宗教とは切り離されたような形で成立しつつある。現代における宗教の役割というものは、一つの世界として開かれた、しかも世俗化という形で開かれた、そういう現代の世界で問われなければならない。

キリスト教・仏教といわず諸宗教は、今日、現代におけるこのような同一世界という場に押し出され、そこで期せずして互いに出会っている。そしてそこに、諸宗教の出会いとか対話とかいう問題が発生している。そこで、宗教の側から見れば、今日の問題は、すべての宗教が共同の相手に、つまり現代の非宗教的な世界、科学や技術の支配する世俗化された世界に、対処して行かねばならない。諸宗教にとって、それは共通の課題である。相手が同一で、対決の場も同一である。つまり一つの世界になった現代の世界である。そこで当然諸宗教は一緒になって現代という時代の問題と対決しなくてはならないことになっている。

そういう状況のもとで、もし宗教相互の間に対話が困難であるということなら、そのような宗教は現代の宗教として根本的に問題があると思う。互いの対話ができないという宗教の姿勢そのものが、「現代不在」という宗教のあり方である。それは、現代の非宗教的傾向を、不信仰を増すだけのものである。いわば自己自身への裏切りである。

今日、どの宗教も相互間の対話の可能性を、自らの宗教性の根本から持たなければならない。ここに現代における宗教の課題がある。対話の可能性とは、教団相互の実際的な問題であるのみならず、それぞれの教団自身の教義や教学の問題、教団としての本質の問題として現れているのである。哲学的にいえば、相互主体性（Intersubjectivity）に関する問題といえる。

二

さて、ここで宗教と科学の問題を、それぞれの建前、特色というか、両者の本質的な違いを考えながら、科学が支配的である現代に宗教はどうあるべきか、つまり両者がそこで相反発し合うところを今少し展開してみたい。

宗教の特質を私は、絶対的なもの（the absolute）に係わる立場として、科学の立場は絶対ということと異って、無限のもの（the infinite）――これも有限なものを越えた立場ではあるが――に立脚する立場だという見方で考えてみたい。

先ず、宗教は安心立命の立場である。その場合、「安心」という問題における心というのは、知・情・意を含めた一個の全体的な存在として人間を指すものである。その心にはまた自覚という意味が籠っているから、「安心」とは、知・情・意の全体を含んだ一個の存在としての自覚において人間が不安を持たないようなあり方ということになる。反対に不安とは、疑い・苦・障礙というもので、これも人間の全人的なあり方に係わる。そういう不安の無くなった人間の存在自覚が「安心」というものである。障りとは、まだ心に暗い処をもっていることで、自分が自分自身に明らかになっていないという意味である。つまり心の透明さの問題である。

そこで心の自覚・心が心自身に明らかであって、暗いままの部分がなく、内的な清浄があるという場合、それが基礎づけられている明らかさかどうかが問題である。つまり、心の明らかさがそれのGrund（基礎、理由、根拠）を含んであらわれているかどうかということである。根拠を含んでいるといったのは、証明、証拠が含まれているということ、仏教的にいえば「証」という性格が含まれているということである。自覚の明らかさが、根拠を含んであらわれているということは、自覚の明証性が仏とか神とかいう「絶対的なもの」を証するという意味にもなっているということである。根拠をもった明らかさというのは、宗教上ではよく光のシンボルで示される。心が心の根底から光に貫ぬかれたことをさす。その場合の根拠というのは、超越的という性格をもつので、つまり超越的な根拠の上に心が、人間という存在が、安立することができるということである。これが「証」ということとして現れてくる。つまり自分の内にこれが自覚性をもって現われて、自分が納得できたということになる。この納得した、得心がいったということには確信、不疑ということが含まれ、その確信が自覚性を含んだ、知を含んだ確信で、知としての確かさをもった確信である。これが重要な点である。

それでまた、この自覚性ということが「知」という性格を含んでいるといえる。この場合の知ということは西洋では良心、Conscience, Gewissen, συνείδησις などとして、Science, Wissen, επιστήμη は知で、Con-, Ge-, συν- は総括的ということで、つまり、総括的、全体的な「知る」ということを指す。全体としての人間の自覚を現わしているような知である。自知、自覚知である。これは信と知が一つになっているといってもよい。この場合、知が光である、光が知であるともいわれる。宗教的な知は、例えば神から与えられた恩寵の光とか無量光、仏の光明とかいうようにも言われる。広く絶対性という性格をもった知のことである。

例えばキェルケゴールにもこの点ははっきりと出ていると思う。『死に至る病』で、自己というものが「それに自ら関係する関係」であるとして、そこに「自己」が「精神」あるいは「心」であるという意味があるという。そしてその「関係」は更に、それを定立（setzen）した根底（Grund）への関係において、つまり、自己の存在の根底である神への関係において、透明でなければならないという。根底への関係が透明であるとは、根底からの光が障りなしに神と人間の関係を貫通していることである。逆にいえば、人間の存在からその存在根拠であるものまでのつながりに結ぼれがないということである。神と人との関係、あるいは係わり合いが、光の通る道になっている。まっすぐ見通せる正しい道になっている、ということである。そういう透明性に対して、キェルケゴールは、自己の存在が存在の根底（あるいは根拠）への関係において結ぼれを作り、関係を透明でないものにすることを、歪められた関係 “Missverhältnis” といっている。これが「絶望」だが、そういう結ぼれがなくなって初めて Grund への関係が透明になるのである。また彼は『おそれとおののき』のなかで、宗教的実存を単独者が絶対的なものに対して絶対的に関係することと規定している。絶対者に対する相対的な関係ではなくて絶対的関係である。ここに仏教でいう「安心」がある。この宗教的実存が「信」といわれるが、それは神の光が通った透明な関係といった立場であり、知性を超えた存在自覚という意味をもっているのである。

こういう安心ということがまた立命ということである。立命とは自分の生に対する絶対的肯定の立場といえる。「命」ということばは、いのち、生命という意味と同時に、命令の「命」であって、何か自分の根拠になっているものからの方向付けが、あちら側からなされているということである。それは自分の側で、例えば天命とか運命とかいうように、「命」として受けとられる。一言でいえば、自己の生が絶対的ないのちとして立つ、建立される。あるいは現成してくるということである。そういう「安心立命」は、どの宗教にもいつも含まれているものだと思う。

そこに一般に宗教の目的があるとして、我々はその場合に問題になる人間存在の「根底」(Grund)という問題をとりあげてみなくてはならない。宗教における基本的態度としての求道とは、この根拠——ティリッヒがGround of beingといっている場合のGround——に行きつく道を求めることに他ならないが、しかもそれは宗教的な求めとして、自分の存在の根底が同時に凡《あら》ゆる人間存在の(人類全体の、あるいは広く衆生全体の)根底でなければならない。宗教的な求めはそういうGrundからそういうGrundへ向って、方向づけられていなくてはならない。存在の根源へ帰ること、それが求道なのである。安心立命ということでも、自分自身の存在だけの肯定では真の安心でも立命でもない。

自己自身の存在の根源であるだけでなく、同時に凡ゆる人間、凡ゆる存在、世界万有の全体の根源であるような、そういう絶対的根源に向って方向づけられ、そこへ帰るのである。

そういうことだから、安心立命における自覚・自知ということは、元に戻る、存在の本源に帰る、故郷に帰るという性格をもっている。安心立命を求める宗教的要求ということも、時間・空間を超えた元へ帰るという要求である。そうでないと宗教的ということは言えない。宗教では、絶対的なものから方向づけられた人間がそこへ帰る、そこへの道を求め行く、ということが軸とならねばならない。それが生の軸になって生が絶対的に肯定され、「信仰」とか「信」とかが成立する。宗教はこのように時間・空間を超えた処で、何時の時代の何処の人間にも無差別に生起する方向づけと呼応するものであるから、その意味では、本質的に新しいというものはない。現れた現象としては時や処に従って絶えず新しいものは出てくるであろう。また、出て来なければならない。しかし永遠に変らないものへの方向づけを踏まえた処に宗教というものの役割もあるのであって、従って宗教的要求が満たされたとか、宗教的な問いが答えられたとかいう場合には、それは永遠の満足、永遠の解答ということでなければならない。つまり時空の世界に現われうる一切の要求や問いが、根本のところですべて答えられた、究極的・本質的にはすべて一挙に、once for all に、答えられたということがなければならない。現在はもとより将来にも起こり得るあらゆる可能的な問いに対して、根本的に答えが与えられたということである。自分には、根本的にいえば、もはや、求めるものは何もない、もはや疑問とすべきものは何もない、ということである。宗教的安心というのは、そういうことであろう。そこでは、自分と世界万有に関する一切の事が、一切の事の根源に帰されて、その根源の処で凡べてに関して凡べてが答えられる。一切が落着する。落ち着くべき処に落ち着いた、決着がつけられたということで、それが心の落着でもある。安心立命である。それが宗教的解決といわれるものである。

私が先に「絶対的な」と立場をいったのは、このように宗教的な解決の場のことである。キェルケゴールの「絶対的なものに絶対的に係わる」という言い方も、すべてが解決されて求めるものがもはや何もないという状況、宗教的実存の状況を表わそうとしたものといえる。彼はそういう状況にある人間を「信仰の騎士」と呼んだのである。それに対して、科学の世界ではどうであろうか。その世界における人間の状況は、非常に違ったものであると思うので、次にこのことを考えてみたい。

三

科学の立場を宗教的立場との対比という見地から考えれば、科学的知性が目指しているものは、心ではなく外界の事物である。本来の意味での心は自覚性を含み、自己（self）という主体的なあり方のもので、本来的には客体化されえないものである。科学的知の立場では、そういう主体的なもの自体（subjectivity as such）は対象とはしないし、又することは出来ない。もし科学の立場からこれを問題にしようとする時は、いつも客体化された形にして捉えるのである。科学ではむしろ外の世界での現象や事物が主として問題とされ、意識の世界を問題にする心理学にしても、客観的ないわゆる「心理現象」として問題にするだけである。しかし科学の知も、このような客体としての事物や現象をそれの根底から問う、そこに与えられる答えは、根拠とか理由とかへ遡って明らかにする、「あかし」するという性格、証拠とか証明とかいう性格をもってくる。科学的知も事物や現象の存在をそれの根底、根拠、あるいは理由から明らかにするもの、その根底から透明にするものである。外の世界の事物が根本から明らかにされるその知は、人間が自然に与えられている、自然的な光（lumen naturale）である。この「光」が科学的な知である。

その場合問題となるのは、その事物や現象の Grund が、宗教の場合のように超越性という性格ももってはならないということである。世界に存在する事物の根源は、どこまでも自然の世界に即してのみ見られ捉えられるものでなければならない。世界内在的な Grund でなければならない。同じく知といっても、宗教における知との根本的な違いがそこにある。存在の Grund が世界内在的ということは、科学の見る世界が、人間の知性にとって底まで透けて見え得る筈のもの、人間の知に対して本質的に透明なものだということである。つまり本質的に認識可能なものでなければならないということである。世界には、科学的な知の前に本質的に隠されたもの、本質的に認識不可能なものはあり得ない。世界の背後に超越的で神秘的なものがあってはならない。科学知という立場の本質にはこのような要請が含まれている。科学は世界を、合理的な法則性に支配される構造をもち、しかもそれが数学的な記述に還元されるというような基礎的性格をもつものとして捉える。現象と法則との関係は、そこでは正しく計量され得るものとして証明され、世界は根底から「認識」される。科学知の光によって明らかにされ、透明にされる。

だから世界には、本質上知り得ないものは何もない。しかし「求める」ということからすれば、未知のもの、求めるべきものはどこまでも限りなく残されている。科学においては、未知なものは果てしなく続く。すべてが残りなく透明にされ、知が完結したという「終り」の意識というものは、科学知には本来含まれていない。科学知という立場の本質にそういう性格がある。科学知には、絶対的に知り得ないもの、神秘的で超越的なものは何一つないが、しかしまた無限に未知のものは残るということである。それは無限な探究の立場である。宗教を「絶対」の立場とすれば科学は「無限」の立場である。

いま一つ、科学で問題となるのは、社会科学の立場である。そこでは、「一回かぎり」の事実という歴史的な世界で、その世界の法則性が問われる。しかし、自然科学のように実験はできないから、それに代わるものを、社会科学は「実践」という試行の形で求める。その試行はいつも科学的「認識」に裏付けられている。

人間の事柄は歴史的事実であるから法則の認識に従っての「実践」というものは目的的となる。社会科学的に見た目的とは、歴史が必然的に到達する目的である。昔は歴史の至るべき目標が「ユートピア」という空想の形で理解されてきた。しかし近代の社会科学は、空想ではなくて歴史の「理念」例えばマルクスの「自由の王国」[1]などとして求められている。歴史はそこでは「進歩」という見地で見られる。歴史は社会科学的認識によって歴史的必然として根拠づけられた理念に向って必然的に進歩する。科学的な知を通して人間は、その理念を実践的に実現する無限の活動力、つまり認識活動において把握された「真理」に向ってどこまでも進む実現活動の力が、自分のうちに動くとの信念をもち、その信念が彼の安心立命の道となる。このようになると、社会科学的な立場から、究極的な目的を実現するという宗教的な立場に似た立場がでてくる。科学知の立場が社会実践と結びついてイデオロギー的になり、根拠づけられた認識としての確実性を主張することになり、イデオロギー的に信念をもってきて科学の立場が宗教的性格をおびてくるとみられるのである。

結論的にいうと、科学は未知なものに果てしなく直面する立場であり、それが科学の立場の長所である。科学はその未知なものをどこまでも既知化して行く。そういう無限性に立っている。しかるに宗教には本質的に未知なものは何もない。宗教は一挙に絶対をつかむ。現象的に未知のものがどんなに出てきても、宗教ではそれら一切の帰着点はわかっている。

科学では既知のものの外にあくまで未知なものが残る。人間が、未知なものを「未知なもの」としてはっきり意識できるようになったのは科学のお蔭である。人間の社会的な実践という面からいえば、人間として当然実現すべき筈なのに未だ実現されていないものを、はっきり「未だ実現されていないもの」として意識し、それをあくまでも実現してゆこうとする態度の出現である。ここに、社会科学上の「歴史的必然」とか「進歩」とかいう社会科学的な概念のもつ大きな意味がある。ただしかし、そのことは「進歩主義」の立場をそのまま認めるということではない。科学的な進歩主義には、宗教のもつ「絶対」への関心は忘失されている。

しかし他方では現代の宗教は、このように科学のあくまでも未知なるものに直面してそれを知ろうとする態度や、あるいは未実現なるものをあくまで実現しようとする態度に対する関心を忘失している。その間に大きなギャップがある。もし伝統的な宗教がそうであるならば、現代の宗教の役割はそこから考えられてくるであろう。今いったような「知」、科学に現われているような「知」の立場が、つまり、未知なるものや未実現のものに向って、相対世界の事柄のなかで、あくまで自己を貫いて行くという態度が、今一度宗教の立場で生かされなければならないであろう。そしてそういう態度が宗教の立場から生かされるという以上、科学的な「知」を擬似宗教的に絶対化するという誤り、及びその誤りから生ずる弊害を直して行くことになるであろう。またそれが現代という時代が現代の宗教に課している課題でもあると思われる。

注

(1) カール・マルクス『資本論』第三巻において提示される、必要性によって要請される労働から解放された理想的あり方を指す。

宗教社会学的に見た現代における教団のあり方

森岡清美
MORIOKA Kiyomi

森岡清美（もりおか　きよみ）

一九二三年十月二十八日～二〇二二年一月九日。三重県生まれ。文学博士（東京教育大学）。東京文理科大学（のちの東京教育大学）哲学科卒業後、同大学研究科を経て教鞭を取る。東京教育大学、成城大学名誉教授。日本社会学会会長などを歴任し、宗教社会学への貢献により紫綬褒章（一九九〇年）および勲三等瑞宝章（一九九五年）。博士号取得論文を兼ねた著書『真宗教団と「家」制度』（日本宗教学会姉崎記念賞受賞）など、著書多数。

＊＊＊

本書に収録する森岡清美「宗教社会学的に見た現代における教団のあり方」は、先に収録した西谷啓治「宗教本質論からみた現代における宗教の役割」と対をなすもので、一九七一年の第二回研究会議において初日の西谷の発題講演の翌日に行われた講演の原稿である。西谷が自身の講演の冒頭で「今回はこの点は省略した」と述べる「形体的な宗教の役割」、すなわち「教団」の本質についての議論を、ここで森岡が受け持ち、社会学的手法で取り上げている。森岡は宗教社会学の立場から、自身が調査してきた「現代社会」における教団の実情を報告し、日本の戦後の都市化傾向において実際の寺院や新宗教団体といった教団がどのような「あり方」をしているか、またはどのようなあり方が可能であるのかを検討している。本講演が行われたのは一九七一年であり、既に半世紀を経たことにより記された調査内容自体は古くなっていよう。しかし、戦後の都市化傾向における宗教教団のあり方の変化を可視化する視点は、現在においてもかかわらず有意義なものであろうと思われる。

一　はしがき

与えられた課題は、この研究会の名称に掲げられている「現代における宗教の役割」を、宗教社会学から、とりわけ私が長年関心をもってきた宗教制度の社会学（sociology of religious institution）あるいは宗教団体の社会学（sociology of the church）の立場から論ぜよ、というに等しいものと理解して、私が切り込みやすい角度から考察してみたい。宗教社会学には科学としての宗教社会学と、H・R・ニーバーなどの神学としての宗教社会学とがあり、後者の側からの接近の方が今回の参会者の関心にあう話題を提供しうると思われるが、私の専門が前者であるため、どのくらい西谷啓治先生の示唆に富む講演に接続しうるか、甚だ心もとない次第である。また、「現代における」というのは、現代日本における、というほどの限定であり、せいぜい高度産業社会における、ということで、インドやパキスタンなど現代のさまざまな社会を含めた一般論ではないことも、併せてご承知おきいただきたい。

さて、「現代における宗教の役割」の議論としては、本年（一九七一年）七月『中央公論』臨時増刊号（特集日本の宗教）に掲載された飯坂良明氏の力作「七十年代宗教状況とその課題」に尽くされた感があり、それ以上に精微な分析は私の能力を超えると言わざるをえない。そこで、役割の議論を展開するよりは、二、三の教団の現状をとりあげ、その現状が宗教の役割に関する一般的理解に照らして、役割を果たしうるような条件を備えているかどうか、を問うことに考察の緒を見出したい。

資料は広くさまざまな教団から得たいと思ったが、結局利用可能、かつ比較可能なものはきわめて乏しく、最近センサス的な宗教調査を実施した禅系の大教団A(昭和四十年)と浄土系の大教団B(昭和四十四年)に限らざるをえなかった。仏教系を代表しうる屈指の大教団を例にとったことにより、調査項目の中に挙げられた側面については仏教系諸教団の現状を類推しうるが、仏教系でも新しい教団や仏教系以外の教団には言及できないという憾みがある。また、ここに考察対象となる教団の側面は、私の観点によって限定される前に、教団側の調査がどのような項目を含んでいるかによって規定されていることも、念のためおことわりしておきたい。

(1) (2)

二　仏教教団の現状

ここで「教団」というのは、教義と儀式と組織の三点について自己完結的である、あるいは自己完結性を主張する、宗教団体である。信仰者の共同体、教法の行われる場、あるいは僧伽とよばれるのも、右の定義を満足する限りで教団であり、信仰者の共同体とよぶには躊躇せざるをえない宗教団体でも、右の定義を満足すれば教団に含められる。このような教団の活動には、宗教活動およびこれに関係する活動と、これらの諸活動を組織し管理する活動があり、組織・管理の活動は教団自体に属するが、宗教活動自身はむしろ地区地区の会堂において担われる。これが包括宗教法人と被包括法人の区別に相当する区別である。このような法律用語を適用できないところでも、会堂を中心とした単

(3)

位団体と、これを包括する上位団体との区別は有益であるといえる。

†寺院の分布

教団の現状は会堂の分布から点検するのがよい。仏教教団では会堂の分布とは寺院の分布にほかならない。まず教団Aでは、農業地帯に六一%、これを含めて農林漁業の地帯に八四%の寺院が立地している。教団Bにはこれと直接に比較しうる統計がないが、寺院周辺の人口の増減を問う項目があるのでそれを参考までに見ると、寺院の三八%が人口不変地区、三三%が減少地区に立地している。人口減少もしくは不変地区というのは大体において農山漁村とみてよいとすれば、七一%がそうした地区に立地していることになる。ここに、農山村偏在というべき事実がうかがわれよう。

偏在の事実は、国勢調査からみた市部群部別人口分布と比較するとき、疑う余地のないものとなる。一九二〇年（大正九）には市郡の人口比が一八対八二であったのが、一九六五年（昭和四十）には六八対三二に逆転している。もっとも、この逆転は戦後の市町村合併のため名目的に市部人口が増大したことにもよるので、実質的な都市地域である人口集中地区（人口五千人以上の市街地）の人口をとれば、一九六五年で人口集中地区の人口は実に四八%を占める。この二つの数字から、現代日本の人口の約六割は都市に集住すると考えてよい。ところが、都市に位置する寺院は僅か二～三割に過ぎないのである。

一九二〇年の市部人口比が約二割であった時代にも、寺院は農山村に偏在したが、人口の分布と比較すれば偏在とはいえない。時代を遡れば、むしろいく分都市に傾斜していたとさえ考えてよい。なぜなら、建設地として町か村かを選びうる場合には、周辺村落から人々が集まりやすい町を選んだとみてよいからである。ところが今日では甚だしい農山村偏在が現出した。これはいうまでもなく、農山村人口の離村、都市集中のためである。

寺院の農山村偏在は、新興系教団の会員分布が都市に偏るのと比較するとき、さらに明らかとなろう。教団Cでは、東京都に会員の三〇%、東京都に隣接する都市を含めると三九%、さらにこれに名古屋、大阪、神戸、北九州といった大都市を加えると四四%に達するのが、一例である。

寺院の農山村偏在は、一部の農山村において寺院が過密になっている反面、都市布教が極度に手薄になっていることを示すものであるが、その含蓄はこれに止まらない。何世紀もの間、寺院の活動対象そして活動環境は農山村社会、あるいは農山村的社会であった。この環境の中で育ち、また継承されてきた寺院側の役割認知もまた役割遂行の方式も、都市的社会環境に対して対応しうるように再編成される契機を十分にもたなかった、ということがあり、このことの方が重要であろうと考えられる。なぜなら、寺院の僻地過密、大都市過疎への対策は寺院再配置の問題に還元しうるが、寺院の再配置は必ずしも伝統的布教方式の改変に結びつかず、かえってこれを再編強化することになりかねない。他方、後者が改変されたならば前者は自ら解決に向うものと思念されるからである。

†住職の属性

仏教教団における宗教活動の担い手であり、リーダーであり、また中心となるのは、いうまでもなく住職である。住職の属性のうちつぎのものがとくに注目される。

(1) 高年齢　五十歳以上の住職が教団Aで五九%、教団Bで六二%、約六割を制している。

(2) 高学歴　大学卒以上の学歴をもつ住職が教団Aで二五%（宗門大学卒は一〇%）、Bでは四一%（宗門大学卒は三〇%）。聖職者としても比較的高学歴といえる。

(3) 寺院出身率　寺院出身の住職は教団Aで六〇%、Bで八七%。なお住職後継者の実子率は、教団Aで八二%（ほかに養子一一%）、Bで七九%（ほかに家族一二%、養子七%）と一層高い。したがって、在家からの補充率は著しく低い。

(4) 寺務外就業率　寺務のみに従事する住職は教団Aで五四%、Bで五九%。寺務外に兼業あるいは専業として就労する者Aで四四%、Bで三八%となり、寺務就業率は高い。

以上の属性組合わせから、寺務外就業によって開かれた眼と、高学歴による新しい事態への柔軟な対応性、さらに高年齢者の豊富な経験と寺院出身者の宗教的熱意によって、都市的環境に適合した布教へと方向を転回する住職のあることが期待される。しかし右の自己改革のための諸能力あるいは潜在力は逆に拘束となるのが、圧倒的多数における傾向ではないだろうか。すなわち、寺務外就業によって自坊の宗教活動に投入しうる時間と精力はきびしく限られ、寺院出身であるため伝承した布教方法を踏襲するだけに傾き、さらに高年齢は事態の動脈硬化を一層悪化させるといえよう。

†寺院活動

常民の間における寺院は、その出現の始めから先祖祭りの場であった。布教の第一線を担うとの名目はあり、そのような努力もなしとしないが、これはむしろ皮層であって、本質はむしろ先祖祭りの場というところに求めなければならないことは、竹田聴洲氏が近著『民俗仏教と祖先信仰』（東京大学出版会、一九七一年）の中で詳述するところである。そこで、年回法要葬儀といった葬祭活動、および実際には先祖祭りと結びついた法要儀式の執行が中心を占めてきた。

この寺院活動は従来の日本人の宗教的欲求に深く根ざしたもので、中世から近世近代を通して寺院制度の変遷にも拘わらず維持されてきたが、これを中軸としながら明治中期以降新たな分化も見られる。分化とは、伝統的な寺院活動から生み出され、戦前ではキリスト教、戦後では新興宗教の模範に学びつつ新たな装いのもとに編成されたものであり、ここに教団が新しい要素を吸収しうる幅と程度の一端が示されている。端的にいえば、檀徒参加の教化団体、および新しい布教方式を含む教化活動がそれである。そこで、教化団体の組織率と教化活動率を見よう。

教化団体としては（表1）、教団Aでは仏教婦人会（一四％）、詠歌講（一二％）、BS・GS・子供会（一〇％）、壮年・老人会（九％）などがあり、教団Bでは仏教婦人会（六二％）、老人会（一八％）、日曜学校（一四％）、壮年会（一〇％）、仏教青年会（九％）などがある。教団Bの方が格段に組織率が高いが、キリスト教系や新興宗教の教団に比べれば低いことはいうまでもない。

教化活動としては（表2）、教団Aでは文書伝道（二五％）、掲示伝道（二一％）、講師による説教（二一％）、定期説教（八％）、視聴覚伝道（七％）、個人訪問伝道（五％）など、教団Bでは文書伝道（四八％）、定例布教（四六％）、視聴覚伝道（二四％）、個人訪問伝道（四一％）、宗教文化講座（一三％）、家庭人生相談（二〇％）と前者に比してはるかに活動率が高い。個人訪問伝道といっても実は月忌詣りのことかと思われるが、ともかく教団Bは伝統的に教化活動の旺盛な教団として知られている。

表1　教化団体組織率

教化団体	教団A	教団B	
（調査年次）	1965	1969	1964
仏教婦人会	14	62	66
詠歌講	12	—	—
老人会	9	18	25
壮年会		10	
仏教青年会	2	9	13
日曜学校	2	14	19
BS・GS・子供会	10	4	7

表2　教化活動率

教化活動	教団A	教団B	
（調査年次）	1965	1969	1964
文書伝道	25	48	43
掲示伝道	21	—	—
講師による説教	21	46	44
定期説教	8		
視聴覚伝道	7	24	28
個人訪問伝道	5	41	39
宗教文化講座	1	13	12
家庭人生相談	—	20	20

教団Bでは一九六四年（昭和三十九）から六九年までの五年間に伝統的な法要儀式の執行率が僅か低下気味であるのに、新しい形の教化活動率が同じ期間にやや上昇気味であるのは、社会の変化に対応する努力の現われとも評することができよう。しかし五年間に二％内外の伸びでは、伸長か停滞かを今後の動向を見ないで速断するのはひかえるべきであろう。

これらの教団では、葬祭活動を中心とす

る伝統的な布教方法を主として、これに多少新しい工夫を付加しているにすぎない、といってよい現況である。教団Bは既成仏教界では最も先進的と考えられるが、それでもなお伝統的な方式の枠を破ることはきわめて困難だと思われる。他の仏教教団はなおさらのことである。その結果、社会が変化すればするほど、社会と寺院、教団のズレが大きくなるといえよう。この点をつぎに検討してみたい。

三　社会の都市化

†村落社会と寺院

寺院活動の原型は村落社会の中でつくられた。寺院がその原型から脱却できないでいるのに、社会は都市的社会になっている。そこにズレがあるのである。

村落社会とは、人々が第一次産業に企業としてでなく、いわゆる生業として、生活様式として従事する社会である、と規定しておく。

村落社会の基礎的単位は農業経営の主体である家と、農業経営を集合的に支える地域家連合つまりコミュニティである。人は家に属することによってコミュニティに所属する。寺院は家に最終的な足場を置き、その各種の連合体によって支えられる集合氏寺として、関係家系の先祖供養を担当した。

村落社会は束縛の多い社会である。土地が経済活動の基礎であるため、土地に縛りつけられている。したがって労働力の移動も著しくない。よし個人は移転しても、少なくとも家は世代を超えて同一のコミュニティに存続する。そこで家と家との関係も固定的となる。そのために地域集団の規制が強く作用し、慣習が人々を結びつけると共に拘束する。また、人々は互いに小さい時からよく知っており、全人格的ないわゆる第一次関係にあるため、相互監察が徹底し、非難や嘲笑などインフォーマルなサンクション《制裁》が強い社会統制力を発揮する。こうして村落社会は束縛の多い社会となる。

束縛は主に人の外的行動を規制する。もし外的行動が村落社会の規範から逸脱すると、それは恥とされる。ルース・ベネディクトは『菊と刀』において日本文化の特質を西洋のそれに対比して恥の文化といったが、恥の文化の社会的基盤は村落社会にあった。村落でなくとも、流動性に乏しく、家とコミュニティが基礎であるような社会は、村落社会と同じ原理によって支えられ、そこでの人の行動は伝統を背後に背負う家と地域集団によって拘束されている。

他面、村落社会は安定した社会である。人の移動性の乏しいことも安定の一要因であるが、生産が一年周期であり、主な行動が年中行事として組織されていることも安定をもたらす。さらに、人が家と地域集団の規制の中で、あまりこれから逸脱しない行動をとっている限り、家と地域集団は彼に安定を与えてくれる。家の内側の協力と、家と家の間の協力によって、財貨とサービスの面で安定が保証されているのである。もちろん生産性は高くないから、保証される経済的安定のレベルは決して高くないが、最小限の安定は保証されていたといえよう。さらに思想的にも安定していた。というのは、家とコミュニティが家内安全、村中平和、義理等の公認の思想をもっており、これを自分の思想とする限り、容易に他人と意志の疎通をなし、全体の中に在る安定感をもつことができたからである。このように、村落社会は拘束的であったが、この拘束に服する人には安定を約束した。それは生態学的安定から経済的さらに思想的安定までの幅広い安定であった。

寺院は、このような村落社会の機能的一環をなし制度体として存立し来った。村落社会の単位である家の、先祖祭を中心とした宗教的要請にこたえて、葬式・年忌・月忌などを執行し、またコミュニティの年内行事と深く結びついた年中法要のスケジュールをもっていた。特別のことばに表明されていないけれども、寺院は村落生活の拘束に宗教的サンクションを与え、また思想的安定の宗教的な支柱をなしたとみてよい。

†都市社会と人間

日本の封建時代のマチは村落郡のようなもので、性格の上では村落社会の特長を示していた。ところが、資本主義の勃興によって農村から労働力が夥しく流入し、産業都市が出現すると共に、これまでにない特色をもった都市社会が姿を現した。

村落社会は、親族や近隣などの第一次的絆（およびその拡大）によって結ばれ、人の社会的地位と役割は所属する家とその家の中での地位によってきまった。一言でいえば、帰属主義（ascription）の支配する社会であった。これに対して、都市社会は個人的な能力・知識・技能・経験など業績主義（achievement）の支配する社会であって、帰属主義を支える第一次的絆は著しく衰弱している。

村落社会が住民に与えた束縛と安定は、第一次的絆から発するものであった。ところが、第一次的絆が弱化すると、束縛は去って自由がもたらされ、人は独立的存在となる。独立的存在としての個人が、その出自によってではなく、何をするか何をすることができるかという個人的資質にもとづいて評価されるのである。村落の都市化ということは、村落の市街地化、あるいは従業人口における第二次第三次産業従事者率の増大を意味することが多いが、また第一次的絆の弱化をさしていうこともある。この第三の意味の都市化は第一・第二の意味と結びついて出現するが、相対的に独立でもありうる。第三の意味で都市化すれば、たとえ外観は村落でも性格が都市的になっているのである。

都市社会が約束する自由と独立は、村落から都市に転入した若年者について最も鮮かに現れる。しかし、この自由は積極的な内容のあるものではなく、束縛の欠如感という無内容な消極的なものにすぎない。村落社会の束縛は、伝統とか集団とかの個人に外在する外的権威が個人に加えるものであった。親方地主とか本家は自由であり、その専制的支配によって子方、小作人、分家に束縛が生じているのではない。誰もが伝統あるいは先祖、または集団によって束縛されている。これを伝統志向(tradition-direction)あるいはそれと結びついた集団志向(group-direction)といってもよい。都市社会での自由・独立とは、伝統志向も集団志向もその場を失ったことによる自由である。

個人主義に理想による個人主義(individualism by ideal)と欠損による個人主義(individualism by default)があるとM・J・レヴィはいうが、村落から都市へ転入した青年がもつ自由、独立は、欠損による個人主義といってもよい。また、D・リースマンは伝統志向の社会的性格のつぎに内部志向(inner-direction)のそれがくるというけれども、日本の場合、内部志向が伝統志向にとって代っているわけではない。つまり、伝統という外的権威が拘束力をもたないために他律的に生じた自由であり、独立である。外的権威が後退した代りに、内的権威が確立し、これに依って自由と独立が成立している、というわけではないのである。

自由・独立は束縛からの解放である。いままでのうるさい世間の眼、伝統の重み、コミュニティの掟の煩わしさからの解放は、まさに謳歌すべきものであろう。しかし、自由と独立の維持にはコストがかかる。それを支払える人と支払えない人がいる。コストを支払えるか支払えないかによって、自由と独立の意味が大きく異なってくる。この点を少し説明しておきたい。

自由であることは一面からいえば不安定であることである。また独立はそのまま孤立に通じる。自由と独立を手に入れた人においてもし内的権威が確立しておれば、自由に伴う不安定に耐えることができるし、独立の一面である孤立にも堪えてゆくことができる。これが自由と独立の維持費である。ところが内的権威が確立していないと、このコストを支払うことができない。コストが払えなければ、自由に伴う不安定は不安をもたらし、独立の反面の孤立は孤独感を刺激する。こうして、自由と独立を享受しているはずなのに、不安と孤独感にさいなまれることになる。自由と孤立は重荷となるのである。

四　都市社会における宗教

†「自由からの逃走」

自由と独立が重荷となった人は、ここにおいて安定と帰属（束縛）を求め、新しいコミュニティを見出そうとする。しかし、親族とか近隣とかの第一次的絆は都市社会ではすでに衰弱しており、これを復活させることはできない。それでも家庭はあるので、家庭によって安定感と帰属を回復しようとする。これがマイホーム主義とよばれるものだろう。マイホームのない人、あってもそこに安定感も帰属感も見出せない人やこれにあきたらない人は、第二次的なコミュニティを求める。それは心理集団（psyche-group）とよばれる小集団であったり、あるいはこれを細胞としてもつ団体である。根っこの会、全学連集派などそれであろう。同窓会は第一次的コミュニティにとって代った第二次的コミュニティである。県人会は第一次コミュニティの上に乗った第二次的コミュニティといえよう。大きい安定感を与えてくれる団体ほど帰属性が強く、したがって内的外的拘束力が大きい。宗教団体も一つの第二次的コミュニティである。

村落社会における宗教団体、とくに寺院は、第一次的コミュニティに依存して存立し、第一次的コミュニティの宗教的要求にこたえ、第一次的コミュニティに宗教的サンクションを与えた。そのようなものが自ら第二次的コミュニティになるには、第一次的コミュニティにたっぷりとつかっている状態から一度脱却する必要がある。第一次的コミュニティからの脱却を可能にする契機は、教学の原点に立ち帰るところに成立する。家の宗教から個人の宗教への方向を目ざす仏教教団での改革運動にその努力が認められよう。しかし、寺院の圧倒的多数がなお村落社会的状況の中にある現状では、この改革の道はきわめて険しいといわざるをえない。

Ｅ・フロムは、不安と孤独感から逃れるために第二次的コミュニティを求め、これに加わることは、服従すべき集団とリーダーを求めることであり、自由からの逃走であるとみた。彼がナチズム征覇の理由を追求して、第一次大戦後のワイマール憲法に保証された自由をもて余したドイツ下層中産階級が、自由から逃れて支配と服従を求めたことにこれを見出したことは有名である。彼は、「……からの自由」という消極的な自由から進んで、「……への自由」という積極的な自由を求めることを主唱した。これこそが独立であっても孤独ではない道、自我の統一を犠牲にすることなしに孤独と不安を克服する道であるとし、その具体的な道は、相手を自発的に肯定する愛、および創造としての仕事である、と説いている。この口吻からすれば、宗教団体に第二次的コミュニティを求めることは自由からの逃走の一形態であり、積極的な自由を求めることを妨げる、という否定的な評価を与えられかねないのである。

†「橋渡しの機能」

第二次的コミュニティが自由からの逃走の場であり、積極的な自由を追求する妨げになるという指摘が肯綮に中ると思われるのは、そのコミュニティが服従の喜び、支配の満足感を与える場合であって、強い統制力をもつ革命的な学生集団、反社会的集団、非行集団はその最たるものである。しかし、個人の創造性を刺激し、人格の自律性を培うようなコミュニティであれば、かえってフロムのいう愛と創造的な仕事とに人を向わせうるのではないかと思われる。いわば消極的自由から積極的自由へと橋渡しする機能を果たす第二次的コミュニティもありうるのである。しかし、第一次コミュニティに足場をおいた教団では、この機能を果たすことは覚付かない。かえって、第一次的コミュニティからの人々の離脱を遅らせることになりかねない。

フロムは、第二次的コミュニティの性格が権威主義的でない場合でも、これに対して右で述べた橋渡しの機能を期待していない。むしろ、そこでは指導者の権威的統制の代りに主だった仲間の暗示、つまり匿名の権威が強く作用して、めいめい他人に受け入れられそうな考え方、感じ方、さらに意思のもち方さえ、自己を喪失した自動人形になる可能性の方を強調しているように思われる。要するに、服従すべき新しい外的権威を与えるか、そうでなければ匿名の権威と名づくべきものによって機械的に画一化させるか、何れかへ傾斜する可能性の方が大きく、積極的な自由を確立する橋渡しになるなど、容易なことではないというのである。

教団の「橋渡し機能（bridging function）」を重視したのは、J・M・インガーである。自分の社会のより強力な部分により、あるいは軍事的もしくは産業的に進んだ他の社会によって踏みにじられ、なけなしの権利さえ剝奪された人種的文化的少数民族の中から、セクトやカルトが出現することに注目したインガーは、新しい宗教運動はこのような文化的ショックに対する一つの反応形態であるという。伝統的な生活様式の諸前提はすでに破壊されてこれを復興するよしもなく、他方、新しくもち込まれた生活様式の全面的受容は可能でもまた許されてもいないといった過度的中間的な文化状況にある少数者が、新しい生活様式に徐々に移行するのを、宗教運動は助けるのである。宗教運動は古い秩序への絆を破壊して新しい秩序へ移るのを容易にし、また新しい生活状況にとって障害となりうる集団結合を打破すると共に、新しい統一性を練り上げる。しかも、権利を失った個人や集団にコントロールと尊厳の意識を維持させながら、新しい生活様式へ移るのを助ける。もし宗教運動がなかったらどんな世俗的代案がありえたかを一考することによって、この機能が判明しようという。

インガーはブラック・モスレムなどアメリカ黒人の宗教運動を主に念頭に置いているようであるが、白人でも農村から都市へ移動した者には妥当すると考えているようであり、黒人問題に相当するものがない日本でも、人口の都市集中による夥しい不安定層の存在はアメリカと共通の現象とみている。この点は彼が来日して行った講演の中での言及によっても明らかである。

都市社会では人は人格としては扱われない。ある量の労働力、ある質の技能、ある種類の欲求、ある量の購買力等として、つまり一種の物としてしか扱われない。一箇の人格として扱われない以上、人格の尊厳も何もない。ここに非人間化、非人格化が起こる。しかし、高いレベルの技能をもち、また豊かな購買力をもつ者には、その面だけで取扱われたとしても、人間的な満足をうる道はいくらも残されている。しかし、村落からの流入人口はふつう技能水準も購買力も低い。彼らにとって非人間化、非人格化の文化的ショックがとりわけ大きいのは当然である。ところで宗教運動は人間の究極的な関心にかかわって起ってくる。人間の究極的な関心を取上げることは、それがどれほど特殊的であるかに見えても、さきに述べた心理集団はおおむねしかりである。（これに対して作業集団（socio-group）は人間を一面的にその有用性、機能に即して捉える。）こうして、都市流入人口は多かれ少なかれ心理集団に吸引され、彼らの一部が宗教団体において人格の回復を求めるのである。彼らは宗教団体においてコントロールと尊厳のセンスを回復して、新しい都市環境への適応を助けられるのである。

インガーの所説に強く影響されて『神々のラッシュアワー』を書いたH・N・マックファーランドは、橋渡しの役割を「社会的に恵まれない人々（socially disadvantaged）のための気密室」の役割といいかえ、新旧文化の接点にある人々に対する役割として巧みにつぎのように要約していることは、周知の通りであろう。——終戦後、何百万という人々が二つの日本のディレンマに直面した。どこで生活すべきか。どこで生活できるのか。社会的に不遇な人々は新しい近代的日本に住むようにはできていないし、同時に、古くて伝統的な日本はもはや独自の存在ではなくなっている。こうした無数の日本人に、新興宗教はどうにもならぬ困惑から救う方法を提供しているように思われる。新興宗教の世界の中で、人は資格の有無にかかわらず、古くて伝統的な世界のもつ確かさと慰安とをうると同時に、新しくて近代的な世界のもつ興奮をも経験できるのだ。これは、まわりの圧力が急激に変化する場合に、気密室に入って、慣れるように圧力を少しずつ変えてゆき、最後に異なった環境の中に出ていってちゃんと働けるようになるのに似ている、と。

村落的環境から都市的環境へ、また伝統的環境から近代的環境へ移行する人々を、既成の仏教教団はどのように助けたか、また助けうるか。由来、仏教教団は此岸から彼岸への橋渡し機能を一連の葬祭儀礼によって担当してきたが、生身の人間の方は安定した静態的社会に存在するものとみたためか、その橋渡し機能がこれまで欠落していたように思われる。教団にせよ寺院にせよ、この機能を担いうるためには、それ自らが近代的都市的環境の一部となっていなければならない。第二次的コミュニティになっていなければならないが、実はそうではなかった。これでは橋渡しの機能が果たせないのも無理はない。

†「使命シンボルの探究」

橋渡しの機能を果たすものは、社会的に不遇な人々を新しい生活様式に安定裡に移行させたら、それで用ずみのはずである。すなわち、宗教はいらなくなり、宗教団体から離脱する人々が多数現れるはずである。いくらこの機能が潜在的であるにせよ、宗教はこなたの岸から向うの岸へ人を運ぶ渡し船であるなら向う岸に着いても乗客が下船しなければおかしいことになる。マックファーランドも、気密室は永久の住居として設計されていない、と述べている。ところが、戦後四半世紀をへて安定を迎えた今日、新興宗教人口が著しく減少したということを聞かない。少なくとも、新たな加入者がある一方で夥しい脱落者がいて、全体として減少に向わねばならないのに、新興宗教人口は依然として増えつつあるように思われるのである。

これには三つの理由が推定される。一つは、戦後社会の変化が現在に至るも速やかであるために気密室を必要とする人が絶えない、ということである。一九六八年（昭和四十三）の統計数理研究所による宗教調査の結果、人間の不安はふえたと思うのが六三％で、減ったと思う一七％に比して断然高率であったことが、この推測を支える一資料といえよう。不安がふえたと思う人が圧倒的に多いことは、なお気密室を必要とする人々が多いことを示しているからである。第二に、橋渡しには文化的橋渡しと宗教的橋渡しがあり、文化的橋渡しが成就しても、これを機縁として宗教的橋渡しが実現した人にとって、橋渡し機能を深めまた後から来る人々のために橋渡しの役割を担う形で宗教的橋渡しは続行される。つまり、橋渡し機能は必ず終りに至るものでない、ということである。

第三は、橋渡しの機能のほかに有力な機能があることである。その機能とは、マックファーランドがP・ティリッヒの要約をまねていった「使命シンボルの探究」であろう。宗教は人に使命シンボル、努力目標を提供してきたが、ことに文化的ショックから人々を守る橋渡しの機能が達成されると、重点は使命シンボルの探究へ移る。教団の価値志向いかんにより、使命シンボルはナショナリズムに結びつくこともあり、あるいはナショナリズムを超えた世界平和などであることもある。

使命シンボルが橋渡しの機能に代って出現するというよりは、むしろ相関連して出現するというべきふしがある。アノミー論から変動期の宗教の役割を捉えるなら、そういうことになる。

アノミーとは、E・デュルケムによれば社会や集団における相対的なノームレス《無規範》の状態であり、価値体系の葛藤、衰弱—解体による社会や集団の混乱状態である。アノミー状態[4]では伝統的な使命シンボルが光彩を失い、さりとて新しい時代のシンボルもまだ東の空に出現していない。そこに使命シンボルをもたらすのが、政治運動であり、社会運動であり、また宗教運動である。何れも大衆思想運動として共通したものをもっている。

敗戦による社会と文化の激変は、独占段階の天皇制原理と結びついた「悠久の大義」とか「大東亜共栄圏」等の使命シンボルを一夜にして瓦解させた。その反動として、これに続く全社会的な規模のアノミー状況のなかで、スケールの大きい使命シンボルは人々の信頼と帰依をかちとる力を失っていた。この時期には、各教団は比較的身近な使命シンボルを立てている。例えば、

・円応教　信者訓戒（昭和二十三）

心と身をもって社会教化のためにつくそう。

・西山浄土宗　我らの信条（昭和二十四）

我等は仏のみ光をうけて人の世の光とならん。

・霊友会教団　正行（昭和二十五）

……常に報恩感謝の精神で何事も誠心誠意を以てあたることにいたしましょう。

・仏所護念会教団　教行（昭和二十五）

本部の教に随順し法華経の真髄を把握し在家に於ける実践と広宣流布に精進すること。

・妙智會教団　正行（昭和二十五）

み教を守り、人格完成につとめましょう。

・妙道会教団　三大誓願（昭和二十七）

我等誓って、大法を宣布し思想を善導し奉る。

など多くの例を挙げることができよう。このように、橋渡しの機能が中心であったと思われる時代にすでに使命シンボルの提供がみられる。これによって新しい価値を示し、あるいは伝統的な価値に新たな照明を投げ、アノミー状況の中で方向感覚を喪失している信徒に行く手を照らしたのである。もちろん、こうした使命シンボルは単に教団綱領として掲げられただけでは、信徒の生活を方向づける力をもたない。教団が信徒に対して橋渡しの機能を有効に果たしうるとき、信徒を使命シンボルに強力に動員することができるのであろう。また逆に、使命シンボルのために信徒を動員できるときには、橋渡しの機能もまた有効に作動するということができよう。

一九六二年（昭和三十七）に始まった真宗大谷派の同朋会運動を嚆矢として、既成仏教教団に信仰復興、教団復興（改革）運動があいついで起こったことは、周知の事実である。これらの運動には、新興教団では大体橋渡しの機能を果たして重点が使命シンボルの提供に願ってきた時点において、既成教団なりの使命シンボルの模索であったといえる面がある。真宗同朋会の宣言ともいうべき文章に、「人類に捧げる教団である」といい、また「世界中の人間の真の幸福を開かんとする運動である」といっているのは、この運動の使命を端的にいい現したものである（『真宗』昭和三十七年十二月、巻頭）。天台宗の「一隅を照す運動」、真言宗の「つくし会運動」は、名称それ自体に使命シンボルを掲げている。

昭和三十年代の後半から、各教団がその一層の発展のためであると、信仰復興のためであるとに論なく、使命シンボルの探究に重点を移行させてきたように観察されるのは、三十年代前半に始まった日本経済の超高度成長に伴う国民生活の高度化と密接な関連があるように思われる。これについてつぎのような資料がある。さきにふれた統計数理研究所の宗教調査によれば、人間は幸福になってきたかどうかという問いに対して、六〇％は幸福になってきたと答え、不幸になってきたとする一三％をはるかに凌駕している。しかしこの幸福感は不安がふえてきたという感じと結びつくと考えるべき、表面的物質的な幸福であろう。経済的に苦しい時代には確かにあった生活の張りが、生活が楽になったためにかえってなくなるとか、休む暇もない忙しさから解放されて余暇ができたけれども、今度は退屈に苦しむとか、生活の高度化は生き甲斐、生きることの有意味感の喪失と結びついている。ここに生きる目標、生きる方向づけ、使命シンボルが探究されるのである。他方、橋渡しの機能は戦後十数年間で大体果たされたといえようし、なおこの機能は重要であるにせよ、国民生活の高度化はむしろ使命シンボル提供機能を大ならしめているのである。

五　むすび

今日、どの教団でも七十年代の使命シンボルを探求し、また提供している。しかしそれがどのくらい牽引力をもつかは、その教団が橋渡しの機能を効果的に果たした程度、あるいは果たしうる程度に依存すると思われる。そして、橋渡しの機能の効率は、教団がどのくらい都市社会に方向づけられているか、あるいは方向づけなおされているかによると考えられる。この方向づけは、日本の近代社会のなかで、ことに現代社会の中で成立発展してきた教団の場合比較的容易であるといえるが、中世から近世にかけて形成され、制度化された既成仏教教団の場合、とくに困難が大きいことは多言を要しない。

都市社会的方向づけとは、聖職者による儀式中心の教団から一般信徒の広汎な参加を含む教団への転身であり、制度的な家の宗教から自覚的な一人一人の宗教への転身であり、さらに葬式法要中心の教団から信仰実践の教団への転身である。この三つの側面は密接に関連しあっている。ここ十年来の既成仏教教団における使命シンボルの探究は、右に述べた意味での都市社会的方向づけの努力をその内容としていた。既成仏教教団の自己改革の苦汁は、現代社会における教団の在り方、すなわち現状と在るべき姿の双方をよく映し出している、ということができよう。

（一九七一年十二月二十八日）

参考文献

Erich Fromm, *Escape from Freedom*, 1941. 日高六郎訳『自由からの逃走』創元新社、昭和二十六年。
H. Neill Mcfarland, *The Rush Hour of the Gods*, 1967. 内藤豊・杉本武之訳『神々のラッシュアワー』社会思想社、昭和四十四年。
Marion J. Levy, Jr, *The Family Revolution in Modern China*, 1949.
David Riesman, *The Lonely Crowd*, 1950.
松野純孝編「現代宗教界における生活規律集」『宗教時報』二二号、昭和四十四年。

統計数理研究所『第2日本人の国民性』至誠堂、昭和四十五年。
J. Milton Yinger, *Sociology Looks at Religion*, 1961.
曹洞宗宗務庁『昭和四十年曹洞宗総合調査報告書』昭和四十一年。
浄土真宗本願寺派『宗報』八八号（第三回宗勢基本調査特集）昭和四十六年。
立正佼成会『佼成年鑑、一九七一年版』昭和四十六年。
注

（1）特定の集団全体を対象に行われる実態調査。国勢調査のように、特定の時点での大規模で多方面にわたる調査を、特定集団に対する全数調査として一定期間ごとに継続して行う統計調査。
（2）「教団A」は曹洞宗、「教団B」は浄土真宗本願寺派。また、後に出てくる「教団C」は立正佼成会を指す。立正佼成会に関しては、宗政調査的なセンサスではなく、「佼成年鑑」に依ったとのことである。
（3）宗教法人法における宗教法人の分類で、神社、寺院、教会などを傘下にもつ教団を「包括宗教法人」、その傘下にある神社、寺院、教会などの宗教法人を「被包括宗教法人」と呼ぶ。
（4）第1部、堀一郎「社会変動と宗教」の注（2）参照。

自然科学者から宗教者に望むもの

泉　美治
IZUMI Yoshiharu

泉美治（いずみ　よしはる）

一九二一年～二〇一五年十二月十三日。神戸市生まれ。理学博士。大阪薬学専門学校卒業後、武田化学薬品（現和光純薬工業）株式会社、日の出製薬株式会社を経て、大阪大学理学部、大阪大学蛋白質研究所助手、助教授を経て、同研究所所長。大阪大学名誉教授。触媒学会会長、財団法人国際化学研究会理事、財団法人関西地区大学セミナーハウス理事等を歴任。生命科学を担う有機化学研究者であると同時に、仏教（特に唯識）を自らの自然観の基礎哲学として研究を行い、長くコルモス研究会の理事を務めた。有機合成化学、触媒化学を専門とする科学者の著作・学術論文のほか、科学的価値観と仏教的価値観を問う著作『科学者の説く仏教とその哲学』（学術出版センター、一九九二年）や『科学者が説く倫理喪失時代の哲学――仏教の唯識に学ぶ』（学術出版センター、二〇〇四年）などがある。

＊＊＊

本書に収録した「一自然科学者から宗教者に望むもの」は、一九八五年に「現代社会の変動と宗教の役割」という共通テーマのもとに行われた発題講演である。泉は一九九三年にも「技術時代における宗教の役割」と題した講演も行っている。現代における宗教の役割を問うにあたって、科学という問題を無視できないという視点は、コルモス設立当初から共有されていた。泉のような科学者として宗教の役割を問う研究者の参加は、コルモスの特徴的な性格を示していると言ってよいだろう。

先ほど宇都宮（徳馬）先生のお話がございまして、その後で私のような若輩がお話をするというのは、大変に気が引けるのでございます。先日この講演のご依頼がありまして、はたして満足なことが申し上げられるかどうか心配をして参ったのでございます。今日は、自然科学をやってまいりまして、定年をむかえた私が日ごろ宗教にご関係のある皆さんにお話をしたいと考えていることをお話させていただきまして、ご批判を賜れば幸いかと思っております。

自然科学はご承知のように、神の栄光を讃える行為として、或いは万物の支配を神から任された人類の営みの一つとしてキリスト教文明の中に発達をしてきたものでございます。東洋で本格的に自然科学に首を突っ込み、寄与している国は日本、我が国だけでございます。しかしその歴史は大変に浅いものでして、日本が積極的に近代科学技術に寄与しかけたのは、第二次世界大戦以後、ひょっとすると昭和三十年から四十年にかけたころであろうかと思います。それまでは世界的にはマイナーな存在でありまして、自然科学を介して国際社会との接触は少なかったのではないでしょうか。

ガリレイの時代にあったような対立が、自然科学と宗教との間に起こったこともありましたが、全体的にみてキリスト教的考えに立った、即物的「愛」の行使に、自然科学と技術は積極的に参画をしてきたことは確かであります。しかし最近になって生命科学や電子、情報科学が進歩し、神様だけが関与することができると考えられていました領域にまで手を直接突っ込むようになったと科学は考えられるようになりました。このために人間の尊厳性がなくなりつつあるのではないか、と一般に危機感を与え、宗教家の皆さんにもご心配をおかけしているのでございます。私が今日お話を承ったのもその辺にあるのではないかと思っているのでございます。

私がこの会議の一員として加えていただきまして数回出席し、皆さんのお話を承り、素直に感じておりますことを申しますと、一般の方が一つの面では現代社会における科学技術について、その寄与を過小評価されているのではないかということです。また他の一面ではビックリするほど過大評価され、相反する両面の受け取り方をされているように思うのでございます。

過小評価されている卑近な農業公害に例をとって申し上げますと、無農薬農業や自然農法に帰らなければならないとか、自然食を食べようというような意見が出てまいります。しかしこのような考えには、空中窒素を固定し、それによってつくられたアンモニアや尿素が農業生産の中でどれだけ大きな寄与をしているかという勘定が入っていないのでございます。仮に空中窒素の固定を停めまして、単に自然農法に帰りますと、トウモロコシでは現在の約三分の一の収穫高に、米で一・五分の一ないし二分の一の収穫高に下がってしまいます。麦も同様でございます。アンモニアや尿素の供給が十分にありましても、現在アフリカの食糧危機が起こっているのでございます。もし自然農法を今取り入れますと、これはもうたちどころに、ひょっとすると私たちの足元にまで飢餓という問題が押し寄せてくる現実であります。

殺虫剤や除草剤に例を取りましても同様であります。殺虫剤を使わない場合、これまた農業生産高数％が失われるでしょう。特に南方諸国においては虫害が特に大きい影響を収穫高に与えています。

このようなことを考えますと、殺虫剤を使わないということは、大変なことでございます。除草剤につきましても同様でございます。これがなくなりますと、昔のように米作りで草取りをしなければなりません。ちょうど今の季節ですと二番草を取らなければなりません。除草剤のある今でさえ肉体労働が激しく、農業生産に従事することが敬遠されがちですのに、除草剤なしではたして農業をする人がいるでしょうか。農業をしていない人にとっては非常に良い議論かもしれませんが、農民の皆さんには過酷な労働を強いる結果をまねくことになります。これらは卑近な例に過ぎませんが、近代の科学技術を離れた農業は一見理想的に見えましても、日本全体あるいは世界全体という規模では、もはや成り立たないのでございます。

しかしながら公害が出ましても、自然科学あるいは科学技術はそれを逐一解決していることも事実でございます。DDTもBHCも現在では使われなくなっています。にもかかわらず、シラミもメイ虫も発生していません。それはより優れた殺虫剤が開発されているからです。これは自然科学あるいは科学技術の努力の結果にほかなりません。欠点が出た場合、直ちに解決の道をみつけるフィードバックがかかる能力をそれらは持っていることを知っていただきたいのです。水俣病が出ました当時は世界中で日本ほど公害のひどい国はなかったのですが、現在では世界で最も公害の少ない、公害処理技術の最も進んだ国になっているのでございます。例えば現在ヨーロッパで大変問題になっています酸性雨は、硫黄を含んだ石油や石炭を燃やしますと出る亜硫酸ガスが空気中で硫酸となり、それを吸収した雨が降ることによって起こる現象でございます。湖や池の水が硫酸酸性となり、魚も住めなくなる公害で、所によりますと、炭酸カルシュウムを池に放り込んで中和をしなければならないような現状でございます。日本の場合は石油の脱硫精製技術が大変に進歩し、徹底していましてそのようなことはほとんど起こっていません。石油ストーブを燃やしましてもＰＰＭオーダーの亜硫酸ガスが出ているにすぎないのです。その出た亜硫酸ガスも石油ストーブの上についている触媒と中和剤の網の目をくぐる間に、ほとんど取られるようになっているのです。皆さんのご家庭で石油ストーブの害が出ていないことを通じて日本の公害防除技術の一端を身近に知っていただけるものと思います。

医薬、電子情報工学にしましても私たちが知らないすみずみまで生活に浸み込んでいまして、そのうえに人類は生きているのです。アフリカの農村といえども科学技術の船の一隅の生活をしているのです。これを無視すると、より多くの人が餓死するというような悲劇が起こることを覚悟しなければならないのです。良かれ悪かれ、この現実を冷静に受け止めたうえでの議論をしなければならないのでございます。

しかしながら、この物質文明を築いた科学技術がこの延長線上を無限に辿っていけるかと言うと、それは決して楽観できるものではありません。窒素肥料に例をとりますと、開発国におきましては、与えた肥料の量と農業収穫高の関係はもはや直線関係にあるのではなく、飽和点に達していまして、これ以上に肥料をやりましても生産量の増加は望めなくなっています。たとえ最近話題になっている遺伝子操作や細胞融合の技術を使いまして、多収穫の品種ができましても、人口が増え続ける限り、それもある期間食糧が満ち足りるにすぎません。どれだけ科学が進歩致しましても、収穫量は耕地面積の関数であることを変えることはできないのでございます。科学技術によって余裕を作り得るこの貴重な時代に、クリティカルな状態の訪れるのを未然に防ぐ道を考えなければならないと思うのでございます。

世界人口が増える以上、常に食糧問題が起こるのでございますが、人口問題は思想、宗教と密接に関係するのでございます。物資が豊かな社会におきましては、個人の幸福や生命の尊重に関する考えは個人のレベル、国家あるいは世界のレベルあるいは種のレベルにおいて互いに矛盾することなく一致するのでございます。しかしながら余裕がなくなってきますと一致しなくなります。

例えば人口に関係したことについてお話致しますと、今年（一九八五年）、日本は世界一長寿国になりまして、男は七十歳、女は八十歳に達しているのでございます。寿命が伸びるということは、個人にとりましてはまことにめでたいことなのでございますが、社会にとりましては稼働人口に対する被扶養人口の比率が大きくなることは明らかなことでございます。これに端を発しまして食糧の問題、医療の問題等が社会的に起こってまいります。資源や技術や社会資本に余裕のある間におきましては、幸福や人命の尊重と言う言葉に、何に対してという規定はいらないのです。すなわちそれが個人に対してか、世界の人類に対してか、あるいは種に対してかという規定は必要ではなく、曖昧模糊としていてもよかったのです。しかし資源の開拓において、科学技術の能力において、あるいは社会資本において限界がまいりますと、それらは一致しなくなるのでございます。

世界的食糧危機がまいりましても、もし文明国の人びとが肉食を止めるとしますと、大きな余裕ができてまいります。飼料に消費されている穀物は九分の一の肉になるのですから、飼料を食糧に回しますと九倍の人を養うことができるのです。豆やトウモロコシをアメリカ人も日本人も食べまして、牛も豚も鶏も飼わないことに致しますと、食糧は極めて豊富にあるのでございます。個人の幸福あるいは個人の人命の尊重ということが立場によって意味が異なってくるのでございます。そのようなことが議論の上になかなか出てこないのが現代世相の一つの特徴ではないでしょうか。このようなことにつきまして、思想家や宗教家の皆さんに改めて考えていただきたいと思うのでございます。

飢餓や疫病に、漠然とした、そして感情的な愛の行使は、時に飢餓の再生産や新たな悲しみの生産をアフリカや低開発国にもたらす危険性があるのでございます。すでにそれは始まっているのです。もし現状のままで進みますと、当面の危機を救うために科学や科学技術はますます不本意ながら非自然的な方法に頼らざるをえないことになりましょう。とにも角にも科学技術は社会の物質的要求を充たさなければならない使命を負わされているのでございます。

個の生命の尊厳性と種の生命について、少し触れさせていただきたいと思います。例えば人工保育が広く行われるようになりまして、自然の条件下では生きる能力のない生命が現在では成長することができるようになっています。個の立場に立ちますと大変に結構なことでございます。しかし一方では家族計画なるものによって、生きる権利と能力のある胎児が抹殺されていることも事実であります。いわゆる逆淘汰という現象が人間の社会にのみすでに起こっているのです。人類はこの非自然的行為によって将来滅びるのではないかとさえ心配されています。種の生命にとっては非常に深刻な問題でございます。このような問題についても、個の生命の尊厳性を認める限界等につきまして解答が得られれば、自然科学はおのずから研究の限界を設けるであろうと考える次第でございます。

話題を変えまして、自然科学や科学技術が皆さんによってその能力を過大評価されていることについてお話したいと思います。生命科学や情報科学が進歩いたしまして、神の領域である生命の本質にまで人間が手を入れたという大変ショッキングな印象を受けておられることを、大島先生や須田先生が講演された時に知りました。自然科学や科学技術に携わっている一部の人が不用意に、興味本位にあるいは売名的に過大なことを言っていることも事実でございまして、専門外の皆さんのご心配に輪を掛けているのではないかと思うのでございます。ある程度有名な方が生命機械論的なことを話されますと、「もしかしたら人間が生命を作るようになるし、生命を操作するようになるのではないか」という危惧が抱かれるのも無理からぬことと存じます。

二、三の例を引きましてそのようなことが人間の手でなしうるのかどうかについてお話を致したいと思います。遺伝子操作と申しますと、生命そのものを操作するような印象を与えるようでありますが、ちがうのでございます。Aの生物の持っている遺伝子の一部をBの生物に移しまして、Aの生物の持っている能力の一部をBの生物にも持たせるという技術でございます。しかも遺伝子を切ったり接いだりするのも、鋏や糊あるいは塩酸や苛性ソーダのような化学薬品で行うのではなく、すべて酵素の力をかりまして操作を行うのでございます。すなわち生物の力をかりまして操作を行うのでございます。そして生きている生物の身体を借りない限り、遺伝子操作によって得られました新しい遺伝子の情報を、現象あるいは物質として取り出すことはできないのです。遺伝子操作というものは生命現象の一部を人間がうまく利用して作りあげた新しい技術なのでございます。

細胞融合は岡田善雄先生が発見された大変に有名な技術でありますが、これにしましても全く根も葉もないところから生き物を作るのではございません。交配という技術では同じ種類の生物、例えばライオンとトラからレオポンという新しい生物を作っていたのですが、細胞融合という新しい技術はちがった種類の生物の細胞の合の子を作れるようにしたのです。

細胞融合にしろ遺伝子操作にしろ、それらの技術でできた生き物も、生き物として自然からの淘汰という厳しい制約を受けていることを忘れてはなりません。そんな極端なことは恐らくできないと思いますが、もし鼠と象の合の子ができましても、その制約を受けるのでございます。現在地球上に住んでいる生物がこの淘汰を受けて、現在の地球環境に最も適した能力を持つ生物であるという前提から考えますと、こういう生き物はとても生きていけないということであります。なかなかそのような夢物語はできないでしょう。そういう生物を人工的に非常に管理された環境の中で生かすことができましても、それはもはや本来の生物とはいえないでしょう。科学者は皆さんが思っておられるほど不自然なことをやっているわけではありませんし、また不自然なことが通るほど自然環境は甘いものではないと思うのでございます。

「ポマト」という、トマトとポテトの合の子ができておりますが、それにしましても、ただポテトの能力の一部を捨てて、トマトの能力の一部を入れたにすぎません。あくまでできたものは両者の能力を足して二で割った能力しか持っていないわけで、人間が新しく作った能力は少しもその中に入っていないのです。

遺伝子操作とか細胞融合とか新しい言葉で表現しますと大変ショッキングなできごとのように思いますが、人類が行ってきた農業や畜産の長い歴史を辿ってみますと、それに近いことをして、現在に至っているのです。狼を改良してチワワのような犬を作ってみたり、原種の米からササニシキを作っているのです。食卓の上のグルタミン酸ソーダは、ドブの中にいるような菌の中から分離された菌の力を借りてつくっています。この菌は酢酸からグルタミン酸を作るのですが、採ってきた野生の菌に紫外線や放射線を当てまして、都合のよい突然変異が起こるのを気長に待ってできました広い意味での遺伝子操作をうまく使って工業がなりたっているのです。遺伝子操作は昔から行われているのでございます。

皆さんに大変に誤解を受けていることについてもう一つお話したいと思います。それは遺伝子の情報がすべて読まれましたら、生命現象あるいはもっと進んで生命まで解ってしまうのではないかという誤解でございます。高名なお方が実際におっしゃっていることがございますが、蛋白質の側から考えますと、ナンセンスな意見ではないかと思うのでございます。これは、生き物の体をビデオにたとえますと、よくご理解願えるのではないかと思います。ビデオにとって、カセットテープは遺伝子に当ります。ビデオやテレビのセットは体に当たりまして、蛋白質でございます。ビデオカセットは、高邁な宗教行事の実況が入っていようと、ポルノが入っていようと情報がちがうだけで、磁気テープであることにおいては全く同じであります。そして情報はすべて磁力として入っております。テープに記録された磁気の強さを端から端まで読み取りましても、それが宗教のものかポルノのものかは解りません。それらはビデオやテレビのセットにかけまして、初めて画像として、あるは音声として出てくるのでございます。これと同じように、生命現象全体から見ますと、遺伝子情報の解読はごく限られた一部の解読にすぎないのでございます。

ビデオカセットの材質がどれも同じであるように、どのような情報が入っている遺伝子も物質としては同じ物質でございます。しかし蛋白質の場合、テレビセットが針金、抵抗、コンデンサー、ブラウン管、ケース等々実に多様な部分品からできていて、材質においても、機能においてもそれらは全く異なった物質で共通性を見いだすことが困難でありますように、その種類、機能においても想像もつかないほど多様でございます。私たちの歯も骨も重要な部分は蛋白質でできていますし、目玉の水晶体も蛋白質からできているのです。

テレビのセットでは何千もの部分品が何千かの接点でつながっており、一つでも故障を起こすか、一ヶ所でも外れるとテレビは機能しません。これの何倍も何十倍も、いや比較にならないほど複雑に蛋白質が寄り合って生命現象を担っているのでございます。その一つが故障を起こしましても病気になるか、ひょっとすると命を落とさねばならないほど生命は微妙なものなのでございます。

それだけではありません、蛋白質の一つ一つがただ機能しているだけでは生命現象は営まれないのです。瞬間瞬間に私を生かす方向にそれらの機能が集約された時に、はじめて私が生きるという現象が起こるのでございます。こう考えますと、すべての機能がある目的のために集約すること、いや集約されることが「生命」そのものではないでしょうか。仏教的表現をとれば、「縁」ということが「生命」そのものではないでしょうか。

遺伝子の情報はいずれすべて読まれる時がくるかもしれません。しかし、それが生命現象の解明に直接つながるとは考えられませんし、まして生命の本質を解明することにはなりません。蛋白質の側から見ますと、それは大変なことではございます。しかし蛋白質の構造や機能がすべて解明され、生命現象が説明される日が何十年先にくるかもしれません。それは論理的に可能でございます。しかし、なぜそれらの機能が集約されているか、あるいは集約しているかということを知ることはできないでしょう。すなわち存在する生命が営む生命現象は自然科学の研究対象でありますが、存在以前すなわち「生命」は自然科学研究の対象外の問題であろうかと私は考えているのでございます。おそらく情報科学の分野でも同じではないかと思います。いくらコンピューターが進歩致しましても、人があるが故にコンピューターがあるのでございます。これは須田先生の領分ですので、後ほどお話願えると思いますが、コンピューターも生命の介在なしに存在はないのでございます。

このように考えますと、自然科学がどのように発達致しましても、宗教の価値は少しも下がるものではございません。宗教の重要性を認識させるために、布教にますます勤めていただくようお願いする次第でございます。

最後に門外漢の私から宗門の皆さんに勝手なお願いが一つございます。自然科学や科学技術が進歩し、ますます専門分化してまいりますと、隣の人のやっていることを具に理解することがたいへん困難になってきます。ましてその成果の社会的影響や、未来予測を第三者がすることが困難になっているのでございます。それだけに研究者や技術者一人一人の社会に対して、人間に対して、あるいは生き物に対しての自覚が求められているのでございます。それは一人一人の良心に負うものでございまして、それを支えるのは宗教以外の何者でもないと思うのでございます。

ところが、こんなことを申しますとえらい怒られるかもしれませんが、現実の宗教は用いられている言葉が宗教界にだけ通用するものが多いのでございます。従いまして、若い人は宗教教義に接するまでに、自分と宗教との隔たりの大きさを痛感して、近寄らなくなっているのではないかと思うのでございます。私が仏教と接するようになりましたきっかけを振り返りましてもそうでございました。最初は菩薩だとか如来だとかいわれましても、なかなか若い者には抵抗がございました。ある程度解ってきますと、その言葉の必要性や意味を理解することができるのでございますが、取っ付きのところで皆回れ右をしてしまうのが現実でございます。

また大変勝手なことを申しますが、仏教の場合釈迦の申された真理は現在なお新しく、まちがいないことは言うまでもありません。しかしいろいろの経典はそれぞれの時代に方便として一番適した言葉で、一番要求されていることにポイントを置いて解かれているのではないでしょうか。それがそれぞれの宗派の教義の根幹として今日に至っているのでございます。当然のことながら数百年あるいはそれ以上昔の方便をそのまま使っているのでございます。ここに若干の疑問を私は持っているのでございます。これだけ科学技術が進歩し、教育が普及し、経済も文化も大変に変わった時代にふさわしい、科学時代の経典とも言うべきものを宗派を超えて作ることはできないものでしょうか。先ほどの西谷先生のお話ではないですが、一つ次元の上がった、世界的な視野に立っての宗教というようなものができないものでしょうか。それをまず基礎に置いて、若い人びとに宗教の意義について理解を求め、それから各宗派それぞれの経典に回帰することが出来ないものでしょうか。

自然科学に携わっている人びとや、技術に携わっている人びとは才能や力量を数字として毎日毎日評価されているのでございます。従いまして、自分の力の限界をイヤと言うほど知らされ、人間として反省する機会を非常に多く持っているのが自然科学者や技術者であろうかと思うのでございます。非常に多くの人びとが切実な問題として積極的に宗教を理解したいと考えていると思います。現代に生きる経典でも作っていただきましたならば、そのような人びとに宗教への道を開くチャンスを与えるのではないでしょうか。

大変勝手なことばかりを申しましたことをお許し下さいますようお願い致します。時間もオーバー気味になりましたので、これで終わらせていただきます。

宗教文化教育の現状と課題

井上順孝
INOUE Nobutaka

井上順孝（いのうえ　のぶたか）

一九四八年鹿児島県生まれ。博士（宗教学）。東京大学大学院博士課程中退後、同学助手、國學院大学神道文化学部教授、同学日本文化研究所所長・研究開発推進機構機構長等を歴任。國學院大学名誉教授、宗教情報リサーチセンター長、宗教文化教育推進センター長、アメリカ芸術科学アカデミー外国人名誉会員。「宗教と社会」学会会長、日本宗教学会会長を歴任。専門は宗教社会学及び認知宗教学で、現代宗教の動向の調査・研究および宗教教育の問題に長く取り組み、「宗教文化教育」という発想のもと認定資格「宗教文化士」制度を創設するなど、数多くの研究プロジェクトを推進してきた。編著書は『新宗教事典』（共編著、弘文堂、一九九〇年）、『教派神道の形成』（弘文堂、一九九一年）、『図解雑学　宗教』（ナツメ社、二〇〇一年）、『宗教社会学のすすめ』（丸善、二〇〇二年）、『神道入門――日本人にとって神とは何か』（平凡社、二〇〇六年）、『本当にわかる宗教学』（日本実業出版社、二〇一一年）、『神道の近代――変貌し、拡がりゆく神々』（春秋社、二〇二一年）など、一般啓蒙書から専門書、事典類まで多数にのぼる。

＊＊＊

「教育」の問題も、コルモス研究会において最初期から常に取り上げられてきた中心的問題の一つである。ここに収録する井上順孝「宗教文化教育の現状と課題」は二〇一〇年に行われた第五十七回コルモス研究会議での基調講演を本書収録用に短縮したものである。

ご紹介にあずかりました井上順孝と申します。

「宗教文化教育の現状と課題」ということですが、ちょうど来年度（二〇一一年度）から「宗教文化士」という制度も始まりますので、そういう時期にあわせて、こういうお話をする機会を与えていただいたことは、非常にありがたいと思っております。

私が宗教教育の問題に取り組みましたのはちょうど二十年前です。改めて感じるのは、宗教を研究する、あるいは教育するときのネットワークの大切さです。現状がどうであり、これからどんなことに取り組んでいかなければならないのか、また、私がなぜ宗教文化教育のアイデアに至ったかを、お話しします。

二十年前の一九九〇年に、編者の一人として関わった『新宗教事典』（弘文堂）が刊行されました。その頃、今の日本で宗教はどのように学校で教えられているのかについて、急に関心が強まりました。そこで國學院大学日本文化研究所で宗教教育のプロジェクトを開始しました。

まず現状を知らなければと、宗教系学校の調査を開始しました。北は北海道から南は沖縄まで主に中高の学校を訪問し、どんな宗教的な儀礼をやっているのか、どんな授業をやっているのか、あるいは生徒たちはそれをどう受け止めているのか、などを調べました。

宗教系の学校でどんな教材を使って、宗教に関する教育が行われているのかを知るため、すべての宗教系学校を対象にアンケート調査を実施しました。使っている教材を提供してもらえた学校もあります。

宗教の授業を見学したりしました。授業内容は比較的単調になる傾向がありますが、宗教儀礼というのが生徒たちにはとても心に残るのだと実感いたしました。生徒たちの意見を広く聞く機会が欲しかったのですが、中高で生徒へのアンケート調査するのは難しくて断念しました。

そこで、宗教学の授業を受けている大学生などを対象に意識調査をすれば、間接的ではあるけれども、今の中高での教育の状況がわかるのではと考えました。九二年に三十二の大学での授業の場を利用してもらい、四千人規模の大がかりなアンケート調査をやりました。

二期六年間、国内での調査をやった後、マレーシアやドイツなどとの国際比較も考えましたが、国ごとの事情の違いはあまりに大きく、日本と似ている韓国との比較に焦点を絞ることにしました。

日本にはキリスト教系の学校が多いのですが、これには明治以来の歴史が関係しています。仏教系の学校というのは、当初僧侶の後継者を育てるという近世からの伝統があり、一般の人の教育に関心が弱かった。その間にキリスト教は一般の人を育てる教育方法を持ち込んで、影響を与えました。それで仏教系が反省し、明治中期頃から女子教育に力を入れるようになります。神道系の学校が少ないのは「神社は宗教ではない」とした戦前の宗教行政が関係しています。

幸いだったのは、九三年に「宗教と社会」学会ができまして、九二年にやった調査を、学会と協力して継続的に行うというチャンスに恵まれたことです。「宗教と社会」学会に宗教意識調査プロジェクトを立ち上げ、日本文化研究所の宗教教育のプロジェクトと合同で、アンケート調査を継続しています。

なかなか興味深いデータが出てきております。一回だけだと説得性が乏しいかもしれませんが、何回も行いましたし、四千人から六千人、一番多いときは一万人を超す回答者をえました。それだけの量を集めると、ランダム調査ではなくても、はっきり見えてくるものがあります。

毎回「あなたは信仰を持っているか」と聞いています。大学の中には宗教系とそうでない学校がありますので、両者を比較しました。「非宗教系」とあるのは宗教系を除いた一般の私立と国公立の大学です。「全体」だと少し変化が大きいですが、これは創価大学と天理大学の学生の回答者数の影響です。両大学の回答者が多いときは信仰を持つ人の割合が上がります（グラフ省略）。

非宗教系を見ますと、比較的安定しています。ところが、二〇〇一年頃から少しずつ上がる傾向になりました。二〇一〇年に初めて、七％台に達しました。ひょっとしたら、信仰を持つ学生が増えているのかもしれません。若者は宗教離れしているという言い方がよくされますが、たいていは印象論です。

宗教への関心も聞いています。二〇〇〇年ぐらいから関心ある人も増えてきまして、信仰を持っている人と合わせると過半数に達した。つまり宗教への関心自体はどうやら若い世代で若干増えているようです。

仏教関係者や神道関係者には、神棚や仏壇は家にあるかという質問の結果は、あまり嬉しくない数字かもしれません。一人暮らしの学生もいますから、その場合、実家のを答えてもらっているのですが、十三年間の推移で、仏壇はなだらかに減っています。神棚は、仏壇より急激に減っています。

学生が、家にあっても知らない可能性もありますので、正確とは言えないのですが、同じ内容の問いを同じ形式で聞いているわけですから、そこでの数値の変化とみると、十三年前に四六％だったのが、今三二％ということは、一〇ポイント以上落ちている。これはあきらかに実際に神棚をもつ家が減っていると考えざるを得ない。

それに対して、身近な人の写真を飾るというのは、多少数値の変化はありますが、神棚や仏壇に比べると、変化はずっと少なくなります。

宗教教育のプロジェクトを実施している間に例のオウム真理教事件が起こりました。これが我々の研究にとっても一つの節目になって、最初の六年で終わらなくて、日韓比較をやりながらもう六年続けることになります。結局十二年間やることになったのは、一つは、このオウム事件の後、社会全体で宗教教育に関する関心が一挙に高まったことが関係します。

宗教教育のプロジェクトで明らかになったことを、以下に四点ほどにまとめておきます。

第一は、社会が必ずしも「宗教」を肯定的にみていないこと。宗教というのは教団のイメージとか、縛るイメージが強いのが分かります。特定の価値観を持っていて、それを押しつけてくる人たちといったイメージです。宗教教育を考えるというときには、この社会のイメージは大変やっかいな問題になります。宗教という言葉が出た途端に、ちょっと警戒が高まります。

教育の場だけでなく、就職のときにもよく聞く話があります。私は神道文化学部の教員ですが、学生には神社関係者が多いです。就職の面接のとき、宗教ではなくて、神道ということを出してもよくない雰囲気になることがあるという経験を持つ学生もいます。

この現状を抜きにして、宗教は素晴らしいという理念で社会に立ち向かおうとしても、平行線のままで終わりかねません。何かいい方法を見つけないと、社会のイメージも変わらないだろう。これは後で言う宗教文化という言葉を私が考えた、一つの大きな理由でもあります。文化をつけるだけで、全く雰囲気がかわってきます。

二番目は、宗教系の学校においては、自分たちに関係する宗教以外についての教育法は、ほとんど確立されていないことです。私たちの調査結果を最初にまとめた『宗教教育資料集』（すずき出版、一九九三年）には、小学校から大学まで九百あまりの宗教系学校のデータが集められています。

宗教系の学校で教師に面談調査すると、どうもほかの宗教のことは教えたがらない教師が多いと感じました。教えないほうがいいと思っている教師や、教えたほうがいいかもしれないけれども、自分は知らないという教師もいました。

名古屋のある高校に行ったときの印象的な例を一つお話しします。オウム事件が起こるちょっと前ぐらいでした。生徒たちの間で、オウム真理教のことが話題になって、ある生徒が「あれは何でしょうか」と教師に聞きに行った。教師から「いや、あれは邪教ですから、知る必要はありません」と言われたというのです。

よく言えば、「君子危うきに近寄らず」という態度だと思います。これは間違っているとは言えないのですけれども、しかし、そういう態度だけで今の社会状況に対処できるのかです。

調査中に高校の先生方から、広く宗教について教えられる教科書をつくってもらえないかと言われたこともあります。それも考慮して二〇〇一年に『図解雑学　宗教』（ナツメ社）を刊行しました。宗教系の学校における宗教教育の対象に関する偏りというのは、予想以上に大きかったのです。キリスト教系の学校へいくと、キリスト教以外は知らない。神道と仏教の違いがわからないという状態が、教師たちにあったりする。仏教系の学校でも、教師の個人的努力で、かなり広く教えている例もありましたが、それは少数派です。大体お釈迦様の話から自分の宗派の話にきて、それ以外はあまり関心を持たないという形が非常に多いです。今の日本社会における宗教を理解しようとしたときに、それでいいのかという疑問を強く抱きました。

学校で観察した実際の儀礼の中にはなかなか感動的なものもありました。たとえ毎週の宗教の授業は退屈でも、年数回の座禅の体験とか、ミサへ出席した体験とか、そういうものが広く心に残って、宗教情操が培われるのだということも感じました。宗教というものは人間にとっては大事なものだという感覚を身につける人もいるので、儀礼の経験はその意味で非常に意義があると思います。

ただし、これが宗教情操教育の問題になりますと、後で申しますけれども、大変綱渡り的なところもあり、一歩間違うと、逆に反感を招くような結果にもなります。情操教育では、何よりも教える人が非常に重要になります。いくら立派なことを言っても、その先生の行為がそれと反するものであった場合には、かえって不信感を招く。

「情操教育が必要だ」とはよく言いますけれども、実際にやる段になったら、これほど慎重を要する教育はないということを、私は強調したいのです。

三番目に、情操教育がやっかいな理由として、戦後の教育と戦前の教育の関係が挙げられます。戦前と戦後の宗教教育はいろんな点で違いますが、断絶しているわけではない。いくつかは戦前なされたことを踏まえてやっているわけです。特に宗教情操の問題になりますと、国家神道という言葉が否応なく出てきます。戦前の宗教教育の歴史に目をやると、一つの重要なキーワードになってくるわけで、端的にいえば国からの押しつけの情操になることへの警戒です。

そのことをどう考え、整理するかを考えた上で、次の具体的な方策を出すと、そういう手順を取らざるを得ないテーマです。

最後の四番目に、時代を認識することの必要性です。この十数年の日本の社会の変化は、私も追いつくことができないと感じています。今の時代に育っている小学生、中学生、高校生、大学生たちが、社会にあふれている情報というものを、どんなふうに整理し自分のものにしているかは、想像できない面もあります。

ツイッターがはやっているとか、ブログが急に増えたとか、ミクシィに一人で五十も百もはいっている人がいるらしいといったことは、知識としては知っておりますが、そのような日々を送っている人たちが、結果的に、まわりにある情報をどんなふうに整理して、どんな価値観に結びつけていくかは、十分とらえきれません。

我々は言うなれば「プレ情報時代」に生きてきたわけです。とはいえ、プレ情報時代に培ったそれなりの情報の整理の仕方が、全く役に立たなくなったとは思っておりません。むしろ両方の交流の中に、新しい情報の整理の仕方というのが必要になります。

オウム真理教事件が九五年に起きました。アメリカでは一九七八年の人民寺院事件が人々をカルト問題に注目させましたが、日本ではオウム事件が契機となります。

私は、九一年秋にカメラマンと二人でオウム真理教の本部があった富士宮に行き、麻原彰晃とも面談しました。九七年にはサティアンが壊される場にも臨みました。

オウム事件が日本社会に衝撃を与えたのは確かですが、最近では多少風化しているように感じます。今の学生にオウム事件を聞きますと、さすがに知ってはいるけれども、リアリティが乏しい。

最近ではまたテレビの霊能者番組が花盛りになって、オウム以前に戻ったかの如くです。九五年に地下鉄サリン事件が起こった直後は、きれいになくなりました。それ以前、毎週のようにあった宜保愛子とかいろんな人の霊能者番組、超能力者番組が消え去りました。ところが二〇〇〇年代にはいる頃、だんだん増えて、今、九〇年代前半とほぼ同じような状況になってきたと感じます。

先ほどデータをお示ししましたように、宗教自体は、学生でも結構信じている人や関心を持っている人が少しずつ増えている。けれども、宗教系ではない学校だと、少なからぬ学生が、宗教を学ぶんだ、教わるんだとなると、少し後ずさりしてしまう。私は宗教に関係のない大学で、いくつか非常勤をやっております。そうすると、一年の講義が終わるころに学生が言うんです。「実は宗教学をとるとまずいと思ったんですけど」と前置きし、とった後、「むしろ聞いてよかったと思いました」と告白するわけです。

宗教学者とか宗教家にとっての宗教イメージと、一般の人にとってのイメージの落差がある。この落差をどうするかです。

二十一世紀にはいり教育基本法改正問題が起こり、宗教教育についても、少し改正がありました。「宗教に関する一般的な教養」の尊重が加えられました。この改正に関しては、私自身も審議会のヒアリングに一回出ました。改正の評価はいろいろあるとは思うのですが、私としてはこの改正の趣旨というものを、宗教関係者とか宗教研究者は、より好ましい方向に解釈するすべについてを考えています。この基本法の精神に沿ったもので、かつ公立学校の教育においても可能な宗教教育として、どのようなものがありうるかを積極的に提示していく必要が生まれます。

そこでいよいよ宗教文化教育というテーマに入っていきたいと思います。

宗教文化教育が今までの宗教教育に関する議論と、どこが違うかということを最初に簡単に示しておきます。宗教教育は従来大きく三つのタイプに分けられてきました。宗派教育、宗教情操教育、知識教育です。宗教系の学校であるならば、三つとも行ってかまいません。一方、公立の学校ですと、宗派教育はできませんが、知識教育は問題ない。ところが、情操教育に関しては賛否両論がある。大変やっかいな議論が繰り返されております。

さきほど戦前のことを申しましたが、もう一つ別の面の議論もあります。それは宗教情操に関して、一般的な宗教情操があるかないかという議論です。特定の宗教を踏まえない一般の宗教情操が可能かです。推進しようとする人たちは、そうしたものがあると主張されるわけですが、それは非常に難しいと感じております。

よく命の尊厳とか、自然への畏敬とか、そうした例を出して、特定の宗教によらない一般的な宗教情操だとされます。けれども、それは具体的に考えないから言えることではないでしょうか。その命、人間だけのことですか、動物の命も入れているんですか。

人間だけを考えても、死刑は、あるいはジハードはどうなのか。命一つとっても、一般的なくくりというのは、私個人は整理するのは無理と考えています。総論は成り立っても、各論になれば、やはりそれぞれの宗教の考えということです。たとえばジャイナ教徒であればすべてが命だから、虫も踏みつぶさないようにします。僧侶は虫を吸い込まないようにマスクをして歩きます。それぞれの宗教における命の見方について教えることはできますが、すべてに共通する命についての宗教的な情操となるとどうでしょう。命は大事であるという一般的な言い方のほかに、具体的にどのように教えられるのでしょうか。

宗教情操の問題は、具体的にやるとなると、相当激しい議論が繰り返されますし、解決もつきそうにないというのはあります。これも宗教文化教育を考えた一つの理由であります。

他方、知識教育というと何か受験の知識のようなイメージが支配的です。本来、知というものは、仏教でも知というのは非常に大事にしているわけです。本来の意味の知、正しく見極めるということは大変重要なことです。

ですので、宗教に関しても、いろんな生徒を対象にするわけですから、それを考慮しなければならない。つまり無宗教者もいる、キリスト教徒もいる、仏教徒もいる、非常にスピリチュアルなことが好きだ、いろんな人がいる。さまざまな価値観をもった人たちを対象に宗教について話すときには、やはり知識を出発点、手がかりにするのが適切と思います。

ただ、それだけでは足りないところがあるので、必要に応じて、情操的な面も加味すればいい。具体的なやり方は試行錯誤的にならざるを得ない。教育というのは、別にきれいに体系が整ってというものではなくて、どこかに必ず境界線が明確にできないところが出てきます。情操面を少しとり入れようとするときも、どの程度がいいのかを、具体的場面で考えるしかない。そうしたときのいわば足場が宗教文化教育です。

最初のころは、異文化宗教の理解を強調したほうがいいというような意見も出ました。知識を深め、異なった宗教文化を理解する態度を養うための教育、これならば社会的にも恐らく抵抗が少ないからです。

この点も根拠なしに言っているわけではありません。先ほどのアンケート調査で、九六年から九九年までは、「高校までにもっと宗教についての知識教育を教えるべきだ」と思うかどうかという設問がありました。そうしましたら、「そう思う」という人が一割ちょっと、「どちらかといえばそう思う」を合わせても三割程度でした。

二〇〇五年には少しだけ質問を変えました。「宗教」の部分を「世界の宗教」としたのです。そうしましたら、数値がグッと上がりました。言葉は、とっても大事だと思いました。「宗教を教える」と「世界の宗教を教える」とでは、受ける印象が違うことが分かります。「世界の宗教」と加えたことで、何か特定のものを押しつけられるという雰囲気が、ぱっとなくなる。

二〇〇七年にはさらに、「日本や世界の宗教文化についての基礎的な知識を学んだほうがいい」と変えました。「世界の宗教文化」とし、また少しやわらかな問い方にしたところ、肯定的な答えが八割少々になりました。

興味深いのは、この問いを、宗教系の学校と非宗教系の学校を比べますと、非宗教系の学校のほうが宗教系の学校より、肯定的な割合が高い。これは検討すべき点です。これが先ほどの、宗教系学校では自分たちの宗教だけ教えればいいという姿勢が影響している可能性があります。

宗教文化教育を推進するために、「宗教文化士」という制度をつくることにしました。大正大学の星野英紀教授を代表とした文部省の科研費を「大学における宗教文化教育の実質化を図るシステム構築」というテーマで、二〇〇八年度から三年間実施しました。

そのときに、一体学生が本当に関心があるか、ニーズがあるか知るべきと考え、最初の年に調査を行いました。三十八の大学で、約五千名に回答してもらいました。このときに、宗教文化士の概要について説明し、大学で一定の単位を取り、最終試験に合格した場合に、宗教文化士の資格を与えるという計画があるが、あなたはこの資格を取りたいと思うかを聞きました。結果は、一四・五%が取りたい、四二・九%が条件によっては取りたいと思うと回答しました。肯定的な評価が過半数を占めました。宗教の授業をとっていたり関心がある学生でしょうから、その点は差し引くべきですが、それでも正直言って、予想よりも多かったです。

宗教文化に関する講義として、どんなものに関心あるかも聞きました。日本の伝統的宗教のしきたりを聞きたいが四五％。新宗教はあんまり関心がなくて三割未満。キリスト教も三割くらい。暮らしの中の仏教はあんまり高くはなく二七％。ムスリムに関する話も低い。文学とか文化に与えた影響というのは結構あって、過半数です。意外に高かったのが、神話です。約六割です。生き方なんかも関心がある。差がけっこうありますが、平均して三十数％ぐらいが関心を持っている。

今まで宗教学者は学生が何を聞きたいかを、あまり統計的に調べてこなかったのではないかと感じました。自分の専門に従って話して、あなた方はそれを理解しなさいよという立場が支配的だったのではないか。彼らは何を知りたがっているのか、何だったら関心を持つのか、そういうことにもっと配慮しないといけない。

私は、今のような時代、宗教教育に限らず、教育自体が非常に難しいと感じております。親、地域社会、学校がこれまで果たしてきた機能はかなり弱まっています。かわって浮上してきたのが、マスメディアの影響です。九〇年代半ば以降、テレビをしのぐようにインターネットが参画してきて、見る間に大変な影響力を及ぼしています。そういう中で教育をやるということはどういうことなのか、よくよく考えるべき時代になりました。

授業をやっていても、スマホを持っている学生がいて、講義の話をチェックしたりします。教員の発言がすぐチェックできる状況にあります。これは単なるツールの問題で済まなくて、知のあり方、知識を集めてそれを練り上げていくというプロセスが、ここ十年あまりの間に非常に変わってきたと思います。

では教育関係者は何ができるか。個人的にはかなり限界を感じるので、研究者、教育者がネットワークを緊密にしたらどうかと考えました。

我々には、研究に関してはネットワークのつくり方には蓄積があります。学会や研究会があります。いろんな研究プロジェクトがあります。さらにはこういう形で宗教家と研究者が議論する場があり、これが大きな意味を持ってきた。つまり研究者と宗教界との交流に関してはインフラがある。しかし、教育に関してはどうでしょうか。学生たちは何を考えているのか。何を求めているのか。そのことを協力してさがす努力をしてきたのでしょうか。

これが宗教文化教育を、宗教文化士という形でシステム構築しようと思ったもう一つの理由で、教員たちが協力する仕組みをつくれないものかであります。

研究では一人が、あるいは少数が、独自のスタンスや方法で、どんどんやっていく、それでもいいわけです。けれども今は五割の人が大学にいく時代です。非常に優れた学生から、ようやく大学に入って、アルファベットも満足に読めないような学生もいます。これも一つの現実です。大学が大衆化している。その中で、しかし彼らは情報ツールにだけは長けている。そういうときに、教員だけが今までのやり方でいいのだろうか。

さらに、グローバル化による影響を考えなければなりません。ここまで国外から来たもので身近な宗教といえば、キリスト教とか仏教でした。今は各国の多様な近代宗教が到来しています。統一教会は、韓国では学校も持っております。タイのタンマガーイは日本にも信者がいます。変わったところでは、ラエリアン・ムーブメントというのがあり、日本で数千人の若者がメンバーになっていると言われています。ヨーロッパのいくつかの国ではセクトとみなされているサイエントロジーも活動しています。

少し前までは、遠い宗教であったイスラム教ですが、とりわけ二十一世紀にはいり、日本各地にモスクが増えました。神戸モスクは一番古いモスクですが、去年福岡にできたモスクは結構広くて、留学生などが来るという話でした。どんどん増えて、百を超すのもそんな遠くないだろうと言われています。

五年前にムハンマド風刺画事件が起こりました。ムハンマドに爆弾をつけた絵や、ニカブや殉教を皮肉った絵などが掲載されました。意趣返しのように、翌年イランの新聞がホロコースト風刺画というのを掲載しました。一位になったのはパレスチナに作られた壁に、アウシュビッツ収容所の絵が描かれているものでした。

日本でこのような事態が起こるのは避けたいです。そのための一つの方策として、お互いの宗教文化の基礎的なことを知るということが必要です。

私は、このところ年に三~四回ほど警察大学校に行って、宗教社会学の講義をやっています。そうしたおりに、イスラム教の話もします。「毎週金曜日午後に建物に中東や東南アジアの人が集まっているとしても、あやしいと思わないでください。それは熱心なムスリムたちが集団礼拝にやってきている可能性が高いです」などと具体例を話します。

宗教を学んだ人にとっては、ムスリムは金曜日モスクに集まって集団礼拝をするというのは基礎的知識です。その知識があるとないとで、例えば仮に現場の警察官が、「新しくつくられた建物に、金曜日になると外国人が何か集まってくるんですよ」と、住民の通報を受けたときに、多少違いが出てくる。事前の知識があることで少し防げることがあります。

宗教文化を教えるときに、教育という視点からも研究者がネットワークをつくることが重要になります。大学教員による授業研究会という集まりもできました。若い教員の発表などを聞きますと、いろんな問題を抱えています。同時に若い教員は新しい教育法を試みているのもわかりました。

これまで宗教を考える、宗教文化を考えるとき、まずあがるのは、文学作品とか、音楽、絵画などでした。これ以外にも映画、世界遺産などもとっかかりにできます。世界遺産であると、日本の世界遺産の半分ほどは明らかに仏教や神道など宗教が絡んでいます。

さらには、漫画やアニメも重要な題材です。「聖☆おにいさん」という漫画は、若い人だとたいてい知っています。仏陀とイエスが現代社会で共同生活して、立川に住んでいる、そういう話です。「坊主　DAYS」、「読経しちゃうぞ!」、「さんすくみ」というのもあります。「さんすくみ」はおもしろい。坊さんと神職と牧師になる予定の人がお互いの悩みを話すというものです。

恐らく動画を今後は教育の場に大幅に取り入れないといけない。これまではテレビが主役で、テレビによく出る人のことは知っている。逆にテレビに出なければあまり知らない。池田大作氏だってテレビに出ないので、学生はあまり知らない。逆に誰でも知っているのが江原啓之氏です。

最近ではウェブ上に宗教情報があふれています。ネットに情報氾濫していればいるほど、教える側というのは、それに対応したネットワークを構築して情報リテラシーを少しでもつくる必要が出てきた。そういうことをしなければならないということも、「宗教文化士」を構想した一つの理由です。

本日申し上げたようなことは、机上の議論だけでは先に進まない。教員が協力して教材を開発したり、授業法を勉強しあったり、学生たちのインセンティブを高めるような具体的仕組みをつくる必要がある。そういうことで、来年度からの宗教文化士制度の発足になった次第です。

どうもありがとうございました。

付記

・この講演後、二〇一一年一月九日に宗教文化教育推進センターが設立された。

・宗教文化教育の意義や、講演後の後の展開などをまとめたのが、拙著『グローバル化の宗教文化教育』（弘文堂、二〇二〇年）である。

多元化する日本の宗教

——国内におけるニューカマー宗教の伸張

三木　英

MIKI Hizuru

三木　英（みき　ひずる）

一九五八年兵庫県生まれ。宗教社会学者。博士（人間科学）。大阪大学大学院人間科学研究科博士後期課程を単位取得満期退学の後、高知女子大学保育短期大学部、英知大学、大阪国際大学を経て二〇二三年度から相愛大学人文学部客員教授。「宗教と社会」学会会長を務め（二〇〇七～〇九年）、現在は日本宗教学会理事、公益財団法人・国際宗教研究所常務理事を務める。また、関西の宗教研究者を主メンバーとする宗教社会学の会で長く事務局を担当し、その間に三冊の論文集と、生駒山系における民俗宗教調査の成果である『聖地再訪　生駒の神々』（創元社、二〇一二年）を編集している。この他に宗教集団論・組織論を研究分野として『宗教集団の社会学』（北海道大学出版会、二〇一四年）を、大震災後の社会と宗教を研究分野として『宗教と震災』（森話社、二〇一五年）等を刊行。ニューカマーとその宗教を研究分野とした成果については、本論集所収の講演にある通りである。

＊＊＊

第六十四回（二〇一八年）研究会議での基調講演は、二十世紀末から国内で伸張著しいニューカマー（移民）宗教をテーマとし、その現状に迫った。日本は在留外国人の存在を不可欠とし、彼らは母国の宗教を必要として日本に寺やマスジド・教会をつくる。コルモスが長く向き合ってきた宗教とは異なる、現代宗教の新しいカテゴリーが存在感を高めつつあるのである。

ご紹介にあずかりました三木でございます。宗教社会学の研究をしております。この会議への出席は四回目となりますが、いまは亡き大村英昭先生にお願いして、末席に加えていただきました。こうして出させていただいている限りは皆様の前で一度はお話ししたいと以前から思っておりまして、この度、機会を頂戴したことを心から喜んでおります。

さて、今日は「多元化する日本の宗教」をメインタイトルに、サブタイトルを「国内におけるニューカマー宗教の伸張」としてお話しさせていただきます。自己宣伝するようで恐縮ですが、写真左側の『日本に生きる移民たちの宗教生活』は二〇一二年に出版いたしましたものです。そして右側は『異教のニューカマーたち』というタイトルで今年の一月に刊行したものでございます。今日はこの二冊を発展させたものを、皆様の前でお話しさせていただければと考えております。

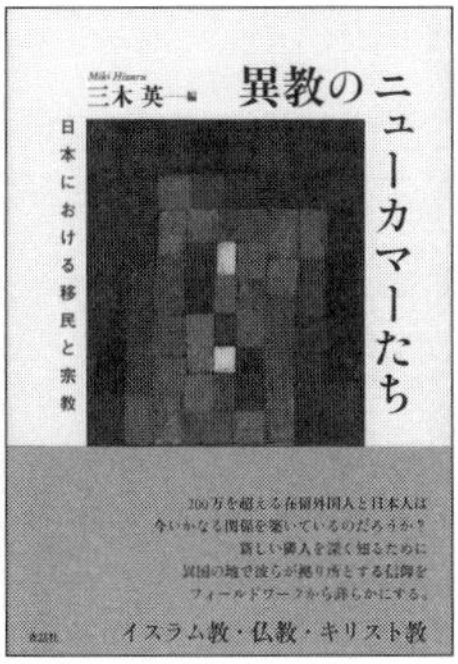

左：『日本に生きる移民たちの宗教生活――ニューカマーのもたらす宗教多元化』、ミネルヴァ書房、2012年
右：『異教のニューカマーたち――日本における移民と宗教』、森話社、2017年

一　増加する在留外国人

今日も京都の街を歩きますと、外国からの観光客の姿を多く目にすることができますが、観光客だけが日

本で見かける外国出身の人たちではありません。日本に一年以上お住まいの方、すなわち在留外国人の方々も非常に増えてきているという現状がございます。グラフに表しましたのは、二〇一七年六月末時点の在留外国人の数値です（グラフ1）。

一番右端の二〇一七年六月時点で二四七万一四五八人。いま日本で生活している五〇人に一人が在留外国人となります。その推移をこのグラフが表しますけれども、一時期減っておりますのはリーマンショックに端を発する不景気の影響と東日本大震災の発生によって、帰国する人たちが増えたからです。いまは回復に向かっており、右肩上がりが続いているという現状でございます。

では、この二四七万人の方々がどこから来られたのか、ということです。グラフ化したものがこれで（グラフ2）、ご覧いただければ一目瞭然ですけれども、中国出身者が最も多くて、韓国・朝鮮がこれに次ぎます。念のため申し上げますと、いま法務省の統計では韓国籍と朝鮮籍の二つに分かれていますが、ここでは一つにまとめて韓国・朝鮮としております。三番目に多いのがフィリピンです。四番目ベトナム、そしてブラジル、ネパール、アメリカ、台湾。このように続いてまいります。

三〇年前ですと、第一位を占めるのは韓国・朝鮮籍の方々でいらっしゃいました。しかしながら二〇年ほど前に中国と逆転して、韓国・朝鮮籍は第二位になっています。そして、リーマンショック云々がいわれる前は、ブラジルの方々が第三位を占めてたくさん居住していらしたわけですが、いま、ブラジルは五番目になっています。そうはいっても一八万五〇〇〇人少々がいらっしゃる。

半年おきに十二月末〆、それから六月末〆で法務省の統計が発表されますので、私はできるだけ新

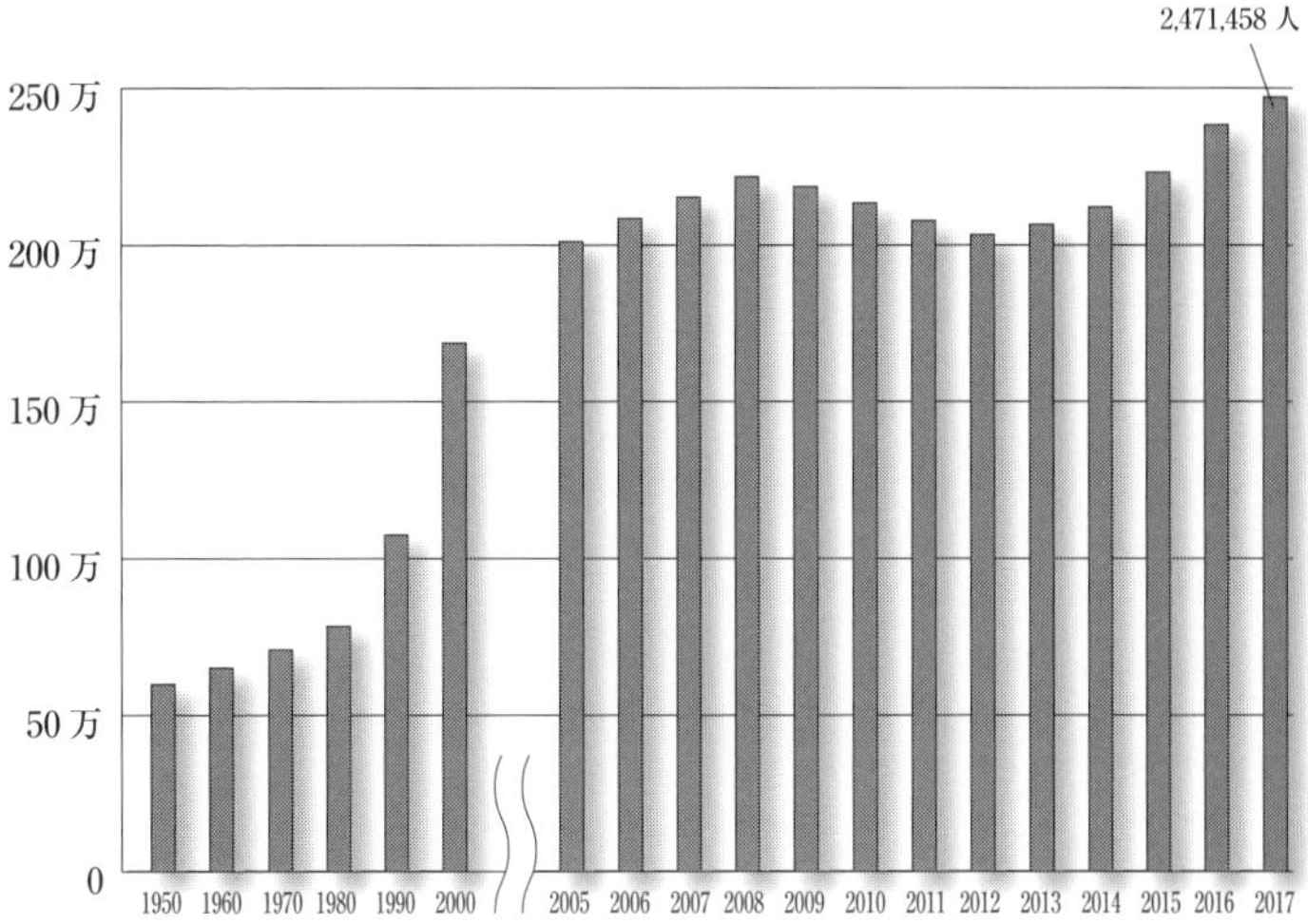

グラフ 1　増加する在留外国人（法務省在留外国人統計〈2017年 6 月末現在〉より作図）

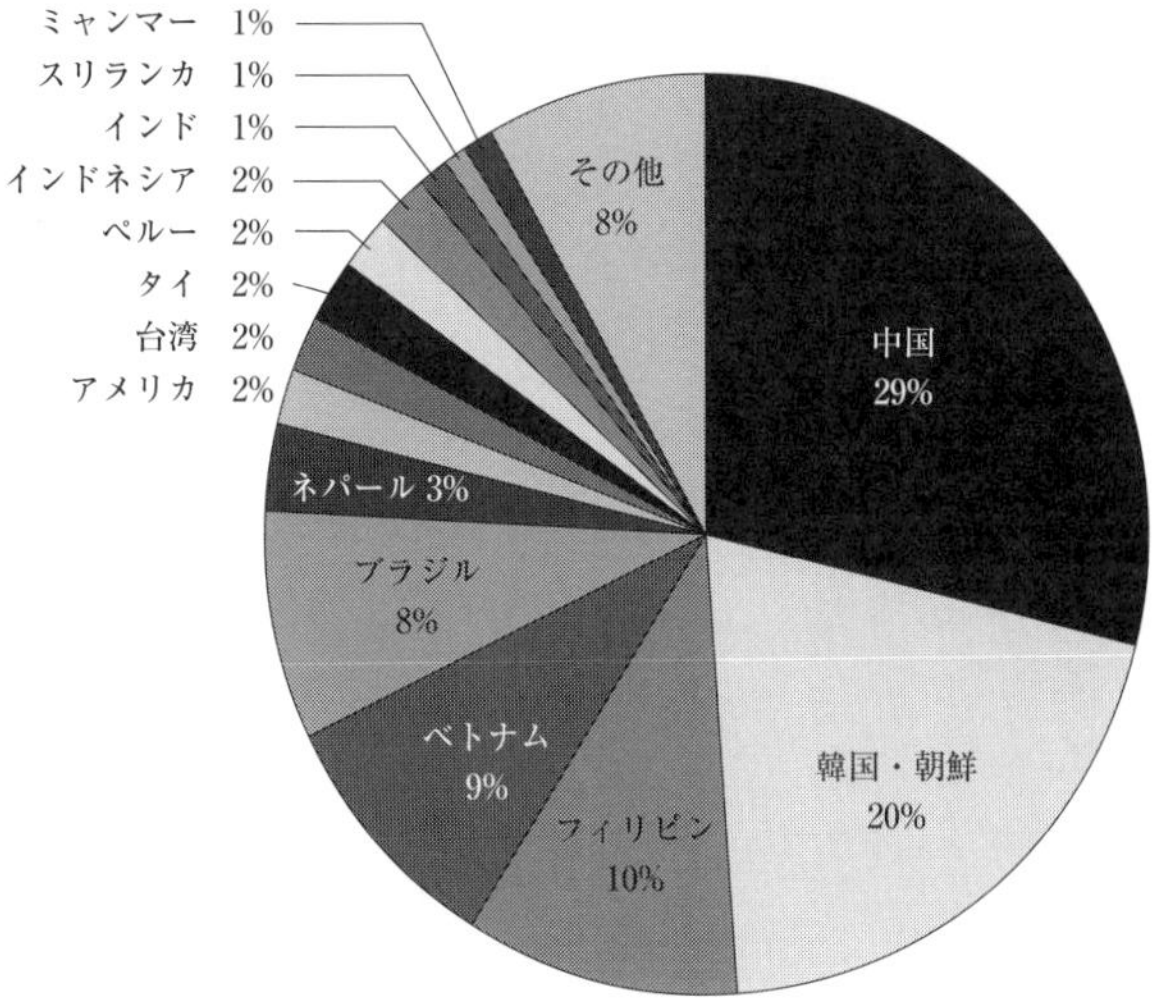

グラフ 2　在留外国人の国籍（在留者数20,000以上の国々）

しいデータを把握しておきたいと考えて、半年おきにこういったグラフをリニューアルしています。すると、変化が良く分かるのです。本年六月末の最新データでは、国内在留者数が二万人を超える国としてスリランカとミャンマーが、グラフ上に名を連ねるようになりました。この両国は半年前のデータに従うなら、グラフには現れなかった国々でした。在留外国人事情は刻々と変化しているのです。いま、グラフに国名を入れている国々の出身の方々だけで、全体のほぼ九〇％を占めるという状況でございます。

さて、こういった在留外国人はどこに住んでいらっしゃるのでしょう。東京を中心とする大都会が多いのは当然ですけれども、そこだけに集中しているわけではございません。地方部にも多く住んでいらっしゃるという状況をここで、ご紹介したいと思います。

在留外国人が二万人以上暮らしておいでの都道府県は、たくさんあります。北から北海道・栃木・群馬・茨城がそうで、群馬県ではブラジル出身者の人口が一万二四二〇人です。ご承知の通り群馬には富士重工（スバル）関連の工場がございます。そこで働いていらっしゃる日系ブラジル人が多く、群馬県での国籍別在留外国人では第一位となっているのです。

東京・神奈川・千葉・埼玉といった首都圏に在留外国人のたくさんお住まいであることはいうまでもありません。そして中部地方の愛知や岐阜、静岡あるいは三重ではブラジルの方々の図抜けて多いことが特徴的です。トヨタやスズキ、ダイハツといった自動車産業を中心とする製造業がこれらの県では盛んで、そこにブラジル出身者がたくさん暮らしているというところは、群馬県と同じです。長野県にも在留外国人は二万人以上暮らしておいでです。

近畿の京都・大阪・兵庫に中国、韓国・朝鮮籍の方が多いのは良く知られているところだと思います。滋賀にブラジル人が多いのは、やはりここでは自動車産業が盛んだから。もう三つ、二万人以上の在留外国人がいらっしゃる県がありました。岡山と広島と福岡の三県でございます。

近年ではフィリピンやベトナムから来日する人がだんだん増えてきております。日本で働いている在留外国人というと製造業での勤務のイメージが強いかもしれませんが、第一次産業の労働力として彼らが期待されている、という側面も大きいのです。農業や水産業で働くフィリピン人やベトナム人の増加は著しく、先に長野県にも数多くの在留外国人が暮らしていることをお伝えしましたが、彼らは長野で日本の食を支えているのです。

いままで二〇の都道府県を挙げましたが、その総数は二一九万七三五五人となりまして、在留外国人総数のほぼ九〇%を占めるという状況です。そしてあらためて申し上げますが、フィリピンやベトナムの人たちが増えてきています。それに加えてネパール、あるいはタイ、スリランカといったアジア出身の方々が日本で目立つ存在になりつつある。これが現状でございます。

私が勤務している大学も国際大学という名前を持っておりますので、外国籍の学生さんが結構おいでになるのですが、それは留学生に限りません。日系ブラジル人として子どものころにお父さん、お母さんと一緒に日本に来て、あるいは日本で生まれて中学校、高校を日本で終えられ、いま私どもの大学に籍を置いてらっしゃるというケースも散見されるようになってきております。

宗教のことに言及する前に、ここで在留外国人の増加をもたらしたファクターについて、おさらいをしておきたいと思います。まず一つには、彼ら在留外国人の出身国の政治・経済事情がございます。いうならば在留外国人が日本で増えるにあたってのプッシュ要因ということになります。政治の状況が安定していない、それに伴って治安も悪い、子どもを育てるには危険である、ということで日本に渡ってこられるのです。そして経済事情。出身国で仕事をして糧を得るよりは日本で働いたほうが多くの金銭を得ることができる、だから日本に行こう、ということでございます。

プル要因は何よりも、少子高齢化に発する日本における労働力不足が一番大きいと思われます。労働力不足を補うため、出入国管理及び難民認定法、略して入管法が一九九〇年に改正されております。この改正では定住者資格が新設されました。定住者資格とはシンプルに申し上げて、主として南米に移住していった日本人の子孫、つまり日系人に日本に来て働いてもらうことを企図してつくられた在留資格でございます。日系三世まで、そしてその家族であれば、日本にやって来てどこで住んでも、どんな仕事に就いても構わない。それによって日本の労働力不足を補おうということなのです。

もう一つの、日本における労働力不足を補うための施策が、一九九三年に創設された技能実習制度です。新聞あるいはテレビが最近、技能実習で来日した外国人たちが集団脱走して行方不明になるという事件を報道していて、皆様もお聞きになったことがあるかと存じます。その一つの原因が、彼らに対しての深刻な人権侵害です。暴言や暴力。あるいはタコ部屋のようなところに押し込んで、外部との接触を絶って、ひたすら技能実習という言葉は名ばかりの単純で厳しい労働に長時間従事させるということが現実としてあるようです。もちろん、人権侵害を告発されるべき日本の雇用側は大いに問題です。とはいえそれだけが問題ではなくて、とにかく日本に行き、隙を見てとんずらして、人手不足のところは多いからどこかに潜り込んで働いて、長く働き続けて祖国に送金するという不法滞在の外国人の側の事情もあるらしいことは、つけ加えておきたいと思います。

二　ニューカマー宗教の進出

さて、この在留外国人には、日本人と比較して、篤い宗教心を持っていらっしゃる方々が多いように思われます。彼らの来日とともに、彼らが祖国で信奉していた宗教の施設も日本各地に設立されるようになりました。一九九〇年以降に新しく来日することになった宗教を、私は「ニューカマー宗教」と呼んでいます。そのニューカマー宗教がいま伸びているという現実を、皆様にお知らせしたいと思います。

まずはイスラームです。イスラームでは一日に五回の礼拝が行われるのですが、聖なる金曜日には集団で礼拝することが義務づけられています。ですから、集まってお祈りすることができる場所を確保することは、イスラム教徒にとって非常に大きな問題です。その礼拝場所がモスクです。そしてモスクがいま、急増しているのです。なおモスクはアラビア語の「マスジド」が訛ったものです。また日本国内のイスラム教徒つまりムスリムも、モスクよりもマスジドと口にすることが多いと感じます

写真1　東京ジャーミイ

写真2　福井マスジド

ので、以下ではマスジドという言葉を使わせていただきます。

どんなマスジドが国内にあるかというと、まずこれですね。足を運ばれた方もいらっしゃるかもしれません、東京の代々木にある東京ジャーミイでございます（写真1）。おそらくは日本で一、二の美しく、大きなマスジドです。かと思えば、どう見ても民家ですけれども、これは福井マスジド（写真2）。この民家の後ろには福井大学のキャンパスが広がっています。福井大学で学んだり研究したりしているイスラーム世界出身者たちが、集まって来てお祈りするため、古い民家を購入して祈りの場としたものでございます。こうした民家然とした、外観からマスジドには到底見えないマスジドが、日本にかなり存在するようになっています。

いま全国でマスジドが存在しない県は、十はありません。大抵の都道府県に既に、マスジドが複数、設立されています。

そして、私の生活拠点である大阪にはこういうマスジドがございます。通りを挟んで右側に一風変わった建物がご覧いただけるでしょうか。これが大阪セントラルマスジドです（写真3）。この建物の斜め向かいに建築の専門学校がございまして、その校舎だった建物をムスリムたちが買い取って改装したものです。一階にはハラールショップができておりますので、金曜の礼拝の日には男女を問わず、非常に多くのムスリムの姿を目にすることができます。このマスジドの道を挟んで向かい側の一階に何やら看板が見えるかと思いますけれども、これはいわゆるハラールレストラン。パキスタン料理を提供するレストランでございます。金曜日に行きますと一二〇〇円で食べ放題、本場の味が楽しめるということで、お奨めでございます。

写真3　大阪セントラルマスジド（右側の建物）

西淀川区にあるこのマスジドの近辺には、写真にありますレストラン以外にあと二軒、パキスタン料理のレストランがございます。パキスタン料理だけではなくてハラール弁当、つまりムスリムが食べてもいいお弁当を売る店も一軒ございます。そのお弁当屋さんでは日本人女性二人が接客をされていましたけれども、唐揚げ弁当とかシャケ弁が人気だそうです。

次に、写真の真ん中の四階建てをご覧いただけますでしょうか

写真４　ゲストハウス

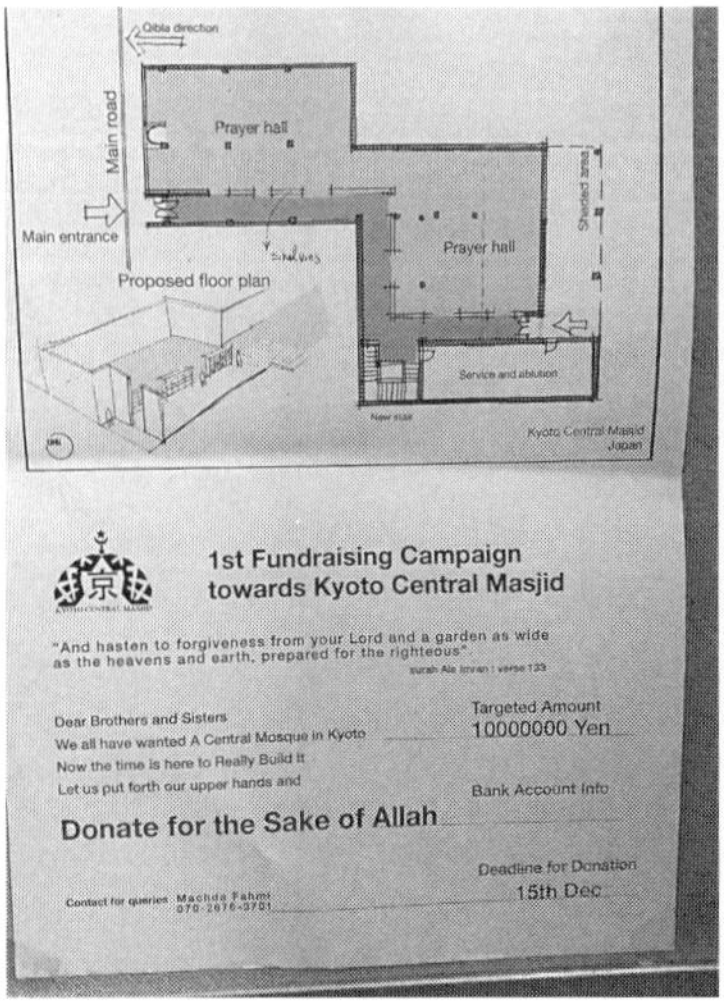

写真５　寄附金募集のビラ

〈写真４〉。これはゲストハウスです。イスラーム世界から日本に観光に来られた方々をお泊めするゲストハウスが、マスジド近くにできております。古いマンションビルを買い取って改装しているもので、この地区にはあと二軒ございます。いまご覧いただいている緑に塗られた建物はムスリム専用のゲストハウスで、あと二軒については、取材をしてみますと、ＵＳＪに行く日本人観光客の利用が意外と多いのだそうです。日本人の家族連れがマスジドの近所のパキスタン料理点に「民泊の予約をした者だけど」と訪ねていって、そこで鍵を受け取り、ゲストハウスに入って疲れを癒しているのは、とても国際的な場景だと思います。誰がいい出したのかわかりませんけれど、この界隈は「ニシヨドスタン」と呼ばれるようになっているそうです。

皆さんにご覧いただいている写真の左側〈写真

5)は、大阪セントラルマスジドに貼られていたビラです。京都セントラルマスジドをつくるにあたって皆さんから寄附を募りたい、という趣旨のものでございます。いま日本には百を超えるマスジドが存在しておりますが、このようにして資金を集め、物件を購入しているケースが多いのです。「Kyoto Central Masjid」という小さい文字が見えますでしょうか。京都には現時点で河原町にマスジドがございます。それに加えて、新たに京都セントラルマスジドができるということです。そして、まだ確認していないのですけども、京都の伏見にもマスジドができているようです。増えていることを感じていただけますなら、幸いでございます。

キリスト教系のニューカマー宗教も日本に進出しています。先ほど日系ブラジル人が現時点で一八万五〇〇〇人いらっしゃると申し上げましたけれども、その彼らの多くはカトリックです。したがってカトリック教会に通っておられますが、プロテスタントの、しかもペンテコステ系のキリスト教会が、日系ブラジル人口の多い三重・愛知・岐阜・滋賀・群馬県あたりにたくさんできております。推計三〇〇ぐらいは国内に存在するのではないでしょうか。ペンテコステとは、聖書の記述を一言一句真実と捉えて、聖霊によって満たされ、聖霊によって救われる経験を重んじるキリスト教のグループであるとご理解ください。

少し前に私は、兵庫県の播磨町にペンテコステの日系ブラジル人教会ができているのを見つけていました。つい最近、〝あそこどうなっているか〟知りたくて訪ねたのですけれども、残念ながら廃墟になっておりました。教会近辺に住んでいた日系の方々が転居され、おそらく教会に集まる人の数が

写真6　ミッソン・アポヨ長浜教会

写真7　日曜集会の様子

減ったのだろうと思うのです。その結果、せっかくつくり上げた教会ではありますけれども、なくなってしまった。なくなったけれども、また別のどこかで新しくできている、という状況が国内で繰り返されております。

これは滋賀県長浜市の、国道沿いにある教会です（**写真6**）。ミッソン・アポヨという団体――教団と申し上げていいと思いますけれども――に属する長浜教会です。ミッソン・アポヨという教団は、実は日本でできた団体です。日本に出稼ぎに来られたブラジル人の義理の兄弟が、日本で働く同胞の日々の辛さを何とか和らげてあげたい、支援したいということで教会をおつくりになった。アポヨとは支援という意味なのです。最初につくられたのは愛知県の安城市だったと記憶しておりますが、それがいまや岡山にもございますし、広島にもございますし、愛知・静岡・三重・群馬県、そしてここに見るような滋賀県にもつくられております。

この写真を見ておわかりかと思いますが、建物は元は倉庫だったのでしょうね。一階部分、二階部分と分かれておりまして、毎日曜日、この二階部分では写真に見るような祈りの集会が開かれています（**写真7**）。正面のところには、キーボード・ドラムス・エレクトリックギターが置

写真8　イグレシア・ニ・クリスト
北東アジアオフィス

写真9　イグレシア・ニ・クリスト浜松教会

いてあって、その演奏で皆さんが神を讃えるポップな聖なる歌をお歌いになる。その後は――前方に白いシャツを着た女性が写っていますが――牧師さんがお説教をされたり、リーダー的な信者さんたちが神を讃えるスピーチをなさる。こういう場面が毎日曜日、日本のブラジル人集住地域のあちこちで繰り広げられています。

上の二枚の写真はフィリピン系のキリスト教会のものです。フィリピン人の方々は、ご承知の通り、カトリックの信者さんが多いのですけれども、これはキリスト教系の新しい動きであるイグレシア・ニ・クリスト（チャーチ・オブ・クライスト）という教団の教会でございます。右側が北東アジアオフィスつまり日本本部で（写真8）、左は浜松の教会になります（写真9）。イグレシア・ニ・クリストの特徴は、三位一体を認めていないところです。イエス・キリストは立派な人ではあるけれども神の子ではない、という認識なのです。そしてイエス・キリストを継ぐ者として、フェリックス・マナロというフィリピン人を「我々の指導者」として崇めている。それがイグレシア・ニ・クリストという団体です。当然フィリピン本国では異端の扱いをされていますけれども、政治の中枢部とのコネクションを持っているということで、フィリピン本国でも軽視できない勢力であるようです。

浜松教会は浜松の駅から五分も歩けば行き着けるところにあって、もとは自動車ディーラーの建物だったと思われますが、それを買い取って改装をしたものです。駅から近い場所に、広い駐車スペースを備えたビルを買い取れるほどの資力を、この教会がお持ちだということです。

もう一つ、ここでニューカマーのキリスト教として韓国の福音主義教会があることもご紹介すべきところですが、その調査を怠っておりますので、韓国のキリスト教については省略させていただきます。

さて、仏教でございます。ニューカマーの仏教も新しく日本に根をおろしつつある、という現状があるのです。まずは台湾の仏教について皆様にご紹介いたします。台湾には四大仏教といわれるものが存在します。佛光山、中台山、法鼓山、霊鷲山。もう一つございました。慈済会（ツーチー）ですね。世界最大のボランティア団体といわれる慈済も入れると、五大仏教というものが台湾には存在いたします。五大仏教のうちの慈済は、東日本大震災被災地で支援活動に邁進されました。日本人にとって忘れてはならない、日本人のために尽くしてくださった教団でございます。

中台山という教団も日本で活動を展開中です。大阪府門真市にあります中台山日本分院は普東禅寺と申します。台湾のご本山には私も行かせていただきました。すばらしく壮麗な建物をつくってい

写真10　大阪佛光山寺の本堂

写真11　中華学校の春節祭

らっしゃいます。一見の価値があると思いました。その中台山の日本支部は、大阪の門真市に一ヵ所あるだけです。いまここには尼僧の方が四人いらっしゃいます。その方々が禅を指導してくださり、あるいは中国語の講座なども開いていらっしゃいますので、少ないとはいえ日本人もこのお寺に足を運ぶようになりました。

右側の写真は宝塚市にある大阪佛光山寺の本堂の内部です（写真10）。佛光山は大阪・東京・名古屋・福岡それから山梨・群馬・栃木にお寺があり、それ以外にも布教所をお持ちですので、台湾仏教としては日本で最も活動的な団体です。こちらでもやはり尼僧の方々が我々を出迎えてくださいます。左側の写真は今年の二月、大阪の中華学校で開かれた春節祭を訪問した際のスナップ写真です（写真11）。会場になった学校の一隅に、佛光山の仏壇というか佛光山の出張所と申しましょうか、それが設置され在阪の台湾系・中国系の人たちが初詣をなさっておいででした。中台山の仏壇も設えられておりました。

次はベトナム仏教について申し上げましょう。先ほど統計データをお見せした時に、ベトナム人が非常に多くいらっしゃることにお気づきになられたと思います。ベトナム出身者が日本で暮らすようになったのは

写真12　大南寺の境内

写真13　大南寺での法要

ベトナム戦争後でありました。終戦後に社会主義政権が確立され、政権と相容れないために身の危険を感じ、ボートに乗って祖国を離れざるをえなかった方々が多数に上ったのです。その人々を、日本政府は保護いたしました。そして神奈川県大和市と兵庫県姫路市に定住促進センターがつくられ、難民たちが日本社会に適応できるようにと日本語の教育や日本文化の教育が行われたのでした。両施設ともいまは閉鎖されておりますが、かつてそこで暮らしていたという経緯から、現在も姫路市や大和市近辺のベトナム人口が多くなっております。

　姫路市のお寺を、ここにご覧いただきます。ベトナム仏教の大南寺（チュア・ダイナム）というお寺でございます。つくられ始めたのは五年ばかり前です。そして、これはほんの一週間前に撮ってきた写真です（**写真12**）。今まで十回程度訪れているのですが、訪れるたびに何かが付け加わっていることを発見します。要は、まだ完成途上なんですね。お寺近辺に住んでいるベトナムの方々が仕事休みの週末に、手弁当で作業をしていらっしゃいます。本堂もそうですし、こういったコンクリートで固められた地面も、彼らがこつこつと整備していったものです。右側のほうに白い釈迦如来の像があります。その背景にある平屋建てが本堂でございます。

写真では提灯が飾られ、看板が見えますけれども、あそこはステージになっています。このお寺で二年前の十一月の夕方から開催された阿弥陀如来の法要に、私も参加してまいりました。左側の写真がそれです（写真13）。南国を祖国にする人たちにとって、十一月の日が落ちた後の寒さは好ましくないのではないでしょうか。ましてこのお寺は最寄り駅から歩けば四〜五〇分ぐらいはかかる、ロケーションが良いとはいえない場所にあります。けれども、三〇〇人以上がお越しになりました。夕方から夜にかけて、ステージを使って、日本風の仏教行事とは一味違う、阿弥陀如来を讃える法要が開催されたのです。

電飾きらびやかなところがステージですね。あそこでご住職が阿弥陀さんに向かってお経を唱えられ、参列されたベトナムの方々が手元に一つひとつ、キャンドルを置いてお経を詠んでいるところでございます。留学生あるいは技能実習生だと思いますが、若い方々が目立つほど多くおいでで、とても若々しく華やかな行事という印象を持ったことでした。

次はスリランカに。兵庫県三田市にあるマーヤデーヴィー・ヴィハーラ（マーヤデーヴィー精舎）のなかの様子でございます（写真14）。真ん中に赤の衣を着ているお坊様が、皆様よくご承知かと存じますが、アルボムッレ・スマナサーラさんでいらっしゃいます。そのスマナサーラ長老が中心になっておいでの日本テーラワーダ仏教協会関係の精舎が、このマーヤデーヴィー精舎です。信者の方々が座っていらっしゃいますが、ほぼ日本人です。ニューカマー宗教の寺や教会、マスジドに集う

写真14　マーヤデーヴィー・ヴィハーラ内部

写真15　スリランカ仏教寺院

のは基本的に外国出身の方々ですが、スマナサーラ長老を中心とする精舎に集うのは日本人が多い、という特徴がございます。彼の著作を読んで感銘を受けた日本人の方々です。

　スリランカ仏教のお寺は、もう既に七ヵ所、国内に存在しております。左側の写真は静岡県富士宮市にあるスリランカ仏教寺院ですが、ここに集うのはほとんどがスリランカ人です（写真15）。ニューカマーがニューカマー宗教に集う姿が、ここにも見られます。この寺の信者数はまだ少ないのですが、寺が着実に増えていることに、私は感銘を受けております。生きるにあたって人が宗教を必要としているという現実を、ひしひしと感じています。

三　ニューカマー宗教施設の役割

　一九九〇年代以降、日本に定着するようになった人々はニューカマーと総称されてきました。そのニューカマーのなかの宗教的な方々を、私は「宗教的ニューカマー」と呼びます。そんな彼らとお話しして、いろいろなことを教えていただいてきました。その対話のなかから見えてきたことを、まとめておきます。彼らはどのようにしてこの日本で、日本人に馴染みのない宗教を信じて生活しているのか、ということを次にまとめました。

ムスリムの方々は口を揃えて、「イスラームといえばテロだ！と怖がられて、まったくいい迷惑だ」と仰います。イスラームへの無理解を嘆いておられるムスリムは多いのです。そしてムスリムの皆さんには、そのお子さんが日本で生まれた、あるいは子どもさんが小さいときに日本に一緒に来られたという方々が多いのですが、子どもさんたちを良き教徒として日本で育て上げることが難しいと感じているようでございます。

ブラジルやペルーの日系人たちはどうでしょうか。最近の景気は少しは良くなったとは聞いておりますけれども、いざ会社の業績が振るわなくなってきた場合に真っ先に馘首されてしまうのは彼等です。「景気の安全弁」として扱われ、不安定な雇用を余儀なくされている状況は、昔と変わりません。不安な日々を送っていらっしゃる人は多いと思います。そういった方々にとって教会が必要にして不可欠なものだったのだということを、フィールドワークでお話を伺っていると感じます。

その日系の人たちにとっても、やはり子どもの教育問題が大きな心配事です。子どもが学校の授業についていけない、という難問を抱えておいでの家族は多いようです。ポルトガル語を専ら話す子どもたちからすると、日本語がわかりません。そのために授業がわからず、学校に行かなくなってしまう。義務教育制度は日本国籍の子どもが対象になっておりますので、ブラジル国籍の子どもたちに及んでゆかないものですから、不登校の子どもたちが増えてゆきます。学校をドロップアウトして良からぬ道に足を踏み入れてしまう、といったことも現実に起こっています。それでも、日系ブラジル人たちが日本に住まわれるようになってから二十七年ばかりが経ちました。そうこうしている間に子どもたちも大きく育って、今度は日本語が自分のネイティブ言語であるという日系ブラジル人の子どもたちも増えてまいりました。そういう子たちを見守る親からすると、自分たちの子どもにブラジルを忘れてほしくない、そして親の使っている言葉であるポルトガル語をちゃんと使って欲しいという願いがあるようで、その教育の場として自宅から近いブラジルのペンテコステ系の教会が使われていることは、注目すべきところです。

ベトナムの方々も、ボートピープルとなって本国を脱出して日本に住まわれるようになってから、かなりの年月を経ました。ベトナム語を話さない子たち、ベトナムを知らない子どもたちも増えました。その結果、若い世代のベトナム離れが深刻になってきているようです。それを嘆いていらっしゃるベトナムの年長の方々も、増えております。若い世代にベトナムを忘れて欲しくない、ベトナム語を話せるようになって欲しいということで、彼らを集める場所としてお寺が機能するようになっているということが、確かにあるようです。

さらにタイやフィリピン、中国、台湾といったアジア諸国、あるいは旧ソ連のウクライナやベラルーシ、ロシア出身の女性の方々が日本人と結婚して日本にお住まいになっているということも、我々の身の周りには意外に数多くあるケースです。都市部だけではなく人口減少地域にもフィリピン出身者が住んでいらっしゃいますけれども、その多くは女性です。日本人男性と結婚して田舎に住んでいる、ということです。田舎で日本人の義理の両親と同居しながら農作業に励む、といった状況も各地に実際にございます。日本人男性と結婚した場合、夫や義理の親に気兼ねするということがあるのでしょうか、なかなか教会に行けないといった不満をお感じのフィリピン人女性は少なくないようです。

さらに周りには知人がいない、同じフィリピンから来日してきた人がいたとしても、離れた町に住んでいて簡単には会えないということで、不安で孤独な生活を送っていらっしゃることも現実としてあるようです。そういった人々が一堂に会し、故郷のタガログ語を話したり、子どもの頃から親しんできたキリスト教に触れる機会を、キリスト教会は与えてくれます。もちろんキリスト教会だけではありません。マスジドやニューカマー仏教の寺院でも、ニューカマーの女性の皆さんは不安や不満を解消していることでしょう。

ここでまとめに向かいます。ニューカマー宗教の施設は結局どのような働きをしているのか、その機能をまとめてみました。

一つには、当然でありますが、祈りの場でございます。ムスリムは金曜にはマスジドに行って、大勢で祈りを捧げて神との対話を行います。彼らにとってはごく当たり前のことが、日本では長らくできませんでした。マスジドが少ししかなかったからです。ところが各地でマスジドの開堂が続くようになって以来、金曜礼拝ができるようになって、彼らは安心しておいでのはずです。

近年では大学所属のムスリムによるマスジド開堂が顕著であるようです。どの都道府県にも国立大学法人がございますので、その大学の、主として理系――医学とか工学あるいは薬学、理化学――の勉強のために日本に来ているムスリムの方々が、全国に数多くおり、彼らの生活にも祈りは欠かせません。その彼らが、日本で最近マスジドがたくさんつくられているらしいと聞き及び、じゃあ自分たちもつくろうじゃないかと機運が高まってくる。ただ、資金はどうするんだろう? そういう場合はファンド・レイジング、つまり日本に既に存在しているマスジドに寄附を呼びかけてつくろうじゃないかということで、先ほど見ていただいたビラが作成されることになります。かくして日本の都道府県、とりわけ大学のある街にはマスジドが続々開堂されてまいりました。

大阪には複数のマスジドがございます。一つは、先ほどご覧いただいた大阪セントラルマスジドです。もう一つが、大阪府北部の茨木市にある茨木マスジド。マスジドの近所には大阪大学があり、そこで学び研究しているムスリムの皆さんが中心になって運営されています。さらについ最近、大阪府南部の和泉市にも一つ開堂されました。コンテナハウスを連ねたようなもので、実は水道設備がまだ整っていません。ムスリムはお祈りの前にウドゥーと申しまして、身を清める作業を行ってから、お祈りに向かわれるのですけれど、水道設備が未整備のために浄めができずにおります。これから整備されてゆくのでしょうが、こうした慌ただしいマスジド開堂という現実から、私たちは彼らが祈りの場を切実に求めているんだということを知るべきだと思います。

祈りの場という以外には互助実践の場ということがございます。お互い困ったことがあったら相談し合う。いい仕事があるのだったら情報を交換し合う。子どもの教育について心配事があるのだったら相談し合う。あるいは、あそこの家庭が困窮していると聞いたなら我々で何とか支えようじゃないか。そういう拠点になっているのがニューカマー宗教施設です。とくに日系ブラジル人の集まるペンテコステ系の教会で、それが顕著のように思います。

そして、前にも触れておりますが、マスジドや教会そして寺院は学校でもあります。もちろん宗教の教えを学ぶ場が、第一のものでありましょう。そして第二番目には、エスニシティ教育の場である。フィリピン人の誇りを忘れない、ベトナム人あるいはブラジル人としての誇りを忘れない。ブラジルの文化、ベトナムの文化を次の若い世代に伝えていきたいというエスニシティ教育の場でもあるのが、ニューカマー宗教のお寺や教会なのです。そしてポルトガル語やタガログ語、ベトナム語を教育する語学学習の場でもあるということです。

もはやいうまでもないのでしょうが、宗教的ニューカマーの皆さんにとってお寺や教会は心が慰められる場であります。そこに行けば祖国です。祖国の言葉が飛び交います。祖国の料理がふるまわれます。祖国のお祭り、行事などもそこで行うことができます。慣れない異国の暮らしで生じた心の重荷を少しでも軽くする場として、ニューカマー宗教施設が存在しています。

また、娯楽の場でもあるようです。楽しくお喋りをすることでストレス解消になるでしょう。日系ブラジル人の教会では、日曜日の集会ごとにロックバンド編成の音楽で聖なる歌を歌うとご紹介しましたけれども、音楽を通して交流を深める場でもあります。そして、ステージが広いということもありますので、その舞台で演劇などを皆さんに披露して、一種の文化祭活動のようなものもしていらっしゃる。

こうしてみますと、ニューカマーの方々にとって、プライベートな問題を除けば、あとのすべてはニューカマー宗教の施設で賄うことができていることがわかります。プライベートはプライベート、それ以外はお寺や教会というニューカマー宗教施設で、彼らの生活が濃厚に織りなされていることがおわかりいただけますでしょうか。

四　ニューカマー宗教と日本社会の接点

では、そのニューカマー宗教が日本社会とどれぐらい関わっているのでしょうか。日本人には、とても気になるところだと思いますが、結論を先走って申しますと、ほとんど交わってはおりません。基本的にニューカマー宗教のお寺や教会は、いわゆるエスニック・チャーチのままでございます。同じ信仰を持った人、同じ国の出身者だけが集まる施設です。したがってそこに日本人はあまりいらっしゃらず、日本社会との接点はほぼありません。平行線状態が現状、というところだと思います。

とはいえ、そこに日本人の方々を少数、見かけることもございます。その少数は、イスラームの場合でしたら、若干ですけれども、教えに惹かれて改宗されたという日本人男性です。留学先や海外赴任した先でイスラームに触れ、心が動いたというパターンが一般的であるように思います。そして日本人女性が、日本人男性よりも、多く改宗なさっています。彼女たちはムスリムとの結婚を機に、改宗しておいでです。

イスラームのケースだけではありません。日系ブラジル人の教会で出会う日本人の方は、日系ブラジル人の配偶者であり、その間に生まれた子どもたちです。フィリピンのイグレシア・ニ・クリストというキリスト教のニューウェーブが日本で拠点を広げていると報告しましたが、そこも配偶関係によるパターン、つまり奥さんがフィリピン人である日本人男性がイグレシア・ニ・クリストの教会で集会に参列しているというケースが多く見られます。ベトナムの寺院でも同じです。スリランカの寺でも、配偶関係によって寺に顔を出す日本の方が、若干ですけれどもいらっしゃいます。

ニューカマー宗教と日本人の間には大きな接点がないとは申しましたが、配偶関係による接点があることは申し上げた通りです。そしてそれ以外にも、ないわけではありません。実はイスラームの場合だと、日本人がマスジドを訪れてくることを歓迎しているのです。

日本各地のマスジドで、イスラームの文化講座を開講しているところは少なくありません。一般の日本人からするとイスラームはあまりにも馴染みが薄いもので、ましてメディアの報道の影響によりイスラームとテロリズムと結びつけて、ネガティブなイメージを持ってしまっていることは否定できません。しかしムスリムは誰もが、その誤解を解きたい、もっとイスラームについて知って欲しいと思っておいでです。とはいえイスラームという「宗教」を知って欲しい、と訴えれば多くの日本人が足を運んでくれないだろうから、イスラーム世界の「文化」を紹介する講座を開こう、と努力しているのです。さらにエスニック料理の教室も開催していらっしゃる。いつでも誰でもお越しくださいということで門戸は開放してありますけれども、現実的には、日本人が足を運んでいるということはほとんどありません。そのため、日本人のための講座や教室の企画は立ち消えになっているということがあります。ただ、日本人の側からイスラームの文化について教えてください、エスニック料理を学びたいという声をあげるなら、ムスリムの皆さんは喜んで日本人を迎えてくださることでしょう。

イスラームと日本社会との交差点として、「ハラール」をキーワードとした産業界との交流があることも、指摘しないわけにはまいりません。「ハラール」とはイスラームにおいて、「許されている」という意味であるとご理解ください。

イスラーム世界から日本への観光客がかなり増えてきております。街を歩いていて見かける外国人女性が髪の毛を覆うヒジャブを被っていらっしゃったら、イスラーム世界からお越しになっている人だとすぐわかります。その隣に男性がおられたら、その人もまず間違いなくムスリムです。

その彼らに安心して旅を楽しんでもらえるよう、とりわけ食べ物に工夫を凝らしているのが、迎える側の日本です。ムスリムの来日目的の一位は買い物で、第二位は料理なのだそうです。日本料理への関心は高いのです。そこでアルコールや豚肉はもちろん、エキスも含めて豚関係のものを一切使わないハラール料理を提供し、満足していただこうと工夫するレストランが増えてまいりました。

あるいは日本の製品を海外に輸出するにあたって、やはりハラールを念頭に置いた製品づくりも行われております。たとえば化粧品の場合、アルコールを原材料の一部とすることが結構あるものなのですが、ノンアルコールの化粧品を製造してイスラーム世界に売り込んでゆく企業があります。菓子類も、成分に気をつけて製造し、輸出しているそうです。そのほか、豚の成分がどれぐらい入っているかを検査する機械をつくり、輸出している企業もございます。「ハラール」をキーワードとしたハラールビジネスが、これからも発展していくことが予想されます。

さらに私たちが知っておかねばならないことは、東日本大震災や台風の被災地にムスリムの皆さんが被災者救援のため駆けつけてくださっているということです。大塚マスジドというところが東京にございますけれども、東日本大震災が発生したという報に接するや否や、大塚のムスリムたちはおにぎりをつくって、道が不案内にもかかわらず、道の状況がどうなっているかわからないにもかかわらず、被災地に駆けつけてくださいました。彼らへの感謝の声が、被災地からいっぱい寄せられたそうです。

また、大塚のムスリムたちが救援物資を届けていると聞いたマスジドの近所の日本人たちが、「私もお手伝いしたい！」とマスジドに初めて入っていって、一緒におにぎりをつくったということもあったようです。ムスリムの方々からすると、神の前ですべての人間は平等、きょうだいでありますから、困っている方がいるのであれば、それを救うのは当然だということなのです。災害をきっかけにして、というのは被災者の方々にとっては不幸なことではありますけれども、ニューカマーたちとのつながりがこういったところにもあるんだということは、皆様にお知りいただきたいと思います。もちろん日系ブラジルの教会メンバーもイグレシア・ニ・クリストの信者たちも、被災地には駆けつけていらっしゃいます。韓国教会も、もちろんそうです。

韓国教会が他のニューカマーのキリスト教と違うところは、布教に熱心なところでしょう。韓国の布教熱というのは非常に激しいものがございます。彼らは日本でキリストの教えを広めるために来日しているのです。その甲斐あって、東京や大阪の韓国系キリスト教会に、日本人の姿もぽつぽつ見られるようになっているようです。そこに日本人と韓国人との交わりが生まれています。

そして仏教です。先ほども画像を見ながらご説明させていただきましたが、台湾の佛光山あるいは中台山では、そのお寺で中国語講座や禅の教室を開催していらっしゃいます。非常に多くの日本人が、とまではいえないのですが、「ここへ来るとほっとする」という何人もの日本人に、私は出会わせていただきました。寺では尼僧が対応してくださるということも、寺の敷居を低くしているのかもしれません。これからも中国語や禅の教室を開催することを通して、日本人とのつながりは徐々にではありますでしょうが、強くなっていくと考えられます。

上座仏教、とくにスリランカ仏教について先に報告いたしましたが、タイ仏教も来日しており、既に一五ヵ寺ほどが日本に建立されております。タンマガーイ派といわれる教団のお寺が多いのですが、そこに通う日本人もいて、瞑想指導をタイ人僧侶から受けたり、上座仏教の勉強をなさっているようです。

ニューカマー仏教に関連して、今年の九月の新聞に掲載された記事のことをご紹介します。福岡県北九州市で浄土真宗のご住職がベトナム人の方々の仏教行事開催のため、寺を開放なさったというものです。一五〇人程度が集まったと記事にありました。また、若い留学生や技能実習生の参加が多かったようです。お寺の使用を許可なさった住職は、「ベトナムの方々の仏教への篤い信仰心に本当に感心した」とコメントなさっておいでででした。

いま申し上げた北九州市でのベトナム仏教の法要の導師を務められたのは、ベトナムのお坊さんです。そのお坊さんは神戸からお越しになったそうです。神戸に所在する和楽寺というベトナム仏教寺院の住職さんだと思います。そこの住職さんが姫路にあるお寺の住職も兼務されています。そして遠く北九州まで行って、法要を執り行われたということです。いま日本ではベトナム仏教の僧侶不足なのです。となると、これからベトナム本国から日本に、お坊さんが送られてくることになるのではないでしょうか。日本国内に住み、学校に通ったり、働いているベトナム人は急増してきています。そしてベトナム人の方々は日本でベトナムの仏教に触れることをお望みであるようです。そうなると日本で、日本と同じ大乗仏教であるベトナム仏教のお寺が、確実に増えていくでしょう。そしてベトナム仏教寺院の熱気が、日本仏教に影響を及ぼすことになるかもしれません。

五　結びにかえて

さて、そろそろ結びといたします。私はニューカマー宗教のフィールドワークをおよそ十年続けてまいりました。フィールドに足を踏み入れて「ちょっと前まで教会があったのに、なくなっている」と気づくことも時にはあります。しかし総じていえることは、ニューカマー宗教が発展中であるということです。二〇年、三〇年前であったら日本人の大半が知らなかった、馴染みのなかったイスラームやブラジルのキリスト教ペンテコステ派、ベトナム仏教、台湾仏教、そしてフィリピンのイグレシア・ニ・クリスト。それらの存在感が国内で高まってきています。

国の政策として、労働力不足問題への対策の一環として、日本はこれからも外国人労働者を積極的に招き入れることになるようです。技能実習制度も見直し、いまは三年間で学んでお帰りいただくという制度になっているようですけれども、その期間が延長されます。ニューカマーは増える一方です。そしてその彼らには、彼らが祖国で慣れ親しんでいた宗教の施設が必要であるようです。だからこそ寺・教会・マスジドが多くつくられてくるのです。こういう現状をご報告し、皆様に日本の宗教風土が多元化しつつあることを認識していただくことが、私の今日の報告の主題でございました。

そしてこの報告に加えて、是非とも付け加えさせていただきたいことがございます。私たちが外国出身の多様な人々を、たとえば在日ムスリム、在日のフィリピン人、在日のベトナム人、あるいはブラジル系の日系人、というふうに一括りにして考えることはお勧めできない、ということでございます。

ムスリムたちが祈るために集まるマスジドの内部に、実は境界線を引くことができます。ムスリムたちの国籍の問題です。たとえば金曜礼拝のその場所で、パキスタン人、バングラデシュ人、スリランカ人、インドネシア人のムスリムの方々がそれぞれグループに分かれて自身の言語で語り合っています。国民性というものもあるようで、同じムスリムといっても、たとえばパキスタン人ムスリムとインドネシア人ムスリムとは、考え方や行動の仕方に違いがあるように思います。ある事柄に対して「問題ない」と考えるムスリムもいれば、「ダメ」と考えるムスリムもおいでなのです。マスジド内部にナショナリティをはじめとした境界があることを、ちゃんと認識した上で、フィールドワーカーや国際交流を志す人は現場に向かうべきだと思います。

フィリピンの方々についても同様です。フィリピンはカトリックの国といってよいと思います。日本で暮らしているカトリックのフィリピン人からすると「イグレシア・ニ・クリストは、ちょっといただけない……」ということで、やはりイグレシアとの間には壁があるようです。もちろんイグレシアの方からすれば、カトリックを「ちょっとね」と感じておいでです。日系人の中でもブラジルやペルーの方々にはカトリックが多いのですが、プロテスタント信者の人たちとの間にはやはり壁がありますます。ベトナム人についても、カトリックのベトナム人とそれ以外との間に、壁があるといわざるを得ないのです。

このことを日本人に知っておいていただけるなら、より適切な国際交流ができるのではないでしょうか。残念ながら現状の国際交流の現場で、宗教への目配りが徹底的に欠落していると私は感じています。日本人には、神頼みしたり先祖を拝んだりしていながら、「宗教嫌い」を公言する人が多いようです。おかしな話だと私は思っていますが、それはさておき、私たちの新しい隣人であるニューカマーが、祖国を遠く離れて暮らしていても、宗教心を持ち続けているということを重く受け止めるべきです。そして信じている宗教毎に人々が異なっていること、同じ神を信じていても考え方や行動の仕方に違いがあることを知るべきです。

私の今後の研究のなかで、もう一つ主題にしていきたいことがございます。日本では、いま申し上げましたように、多元的な宗教状況が現出しつつあります。では、こういう状況に日本の伝統的な宗教はどう反応していくのでしょう。日本の仏教や神道、キリスト教はどのように動いていくのでしょうか。それを私は自分の研究課題として、見きわめさせていただきたいと思っております。まだまだこれから私の研究は続きますが、皆様からいろいろと情報など、頂戴できますなら有り難く存じます。

やや時間を余したようですけれども、ここで私の報告を終わらせていただきます。

ご清聴、有り難うございました。

コルモス過年度開催一覧表

回	年度	総合テーマ	基調講演	講演者	主な出来事
1	昭和四六 一九七一		対話の神学試論 社会変動と宗教	土居真俊（同志社大学教授） 堀一郎（成城大学教授）	
2	昭和四六 一九七一		宗教本質論からみた現代における宗教の役割 宗教社会学的に見た現代における教団のあり方	西谷啓治（京都大学名誉教授） 森岡清美（東京教育大学教授）	
3	昭和四七 一九七二	現代における救いの問題	その文献的なアプローチ その宗教学的なアプローチ	西高辻信貞（太宰府天満宮宮司） 玉城康四郎（東京大学教授）	沖縄返還・日中国交正常化
4	昭和四七 一九七二	挑戦される宗教	現代社会からの挑戦 現代思想からの挑戦	飯坂良明（学習院大学教授） 阿部正雄（奈良教育大学教授）	
5	昭和四八 一九七三	応答する宗教	現代社会への応答 現代思想への応答	武者小路公秀（上智大学教授） 中村元（東京大学名誉教授）	第一次オイルショック
6	昭和四八 一九七三	宗教と教育	現代における教育の諸問題 宗教と教育	鯵坂二夫（甲南女子大学学長） 有賀鉄太郎（京都大学名誉教授）	
7	昭和四九 一九七四	宗教と精神医学—現代人の精神構造をさぐる—	ユングの精神分析学と宗教	秋山達子（大正大学講師）	
8	昭和四九 一九七四	現代日本の精神構造	日本近代が見失ったもの 戦後世代の特質	梅原猛（京都市立芸術大学学長） 加賀乙彦（作家）	
9	昭和五〇 一九七五	信仰と倫理—今日の問題として—	仏教の立場から キリスト教の立場から 神道の立場から その神学的理解	佐藤三千雄（龍谷大学教授） 松村克己（関西学院大学教授） 小野祖教（國學院大学教授） 飯坂良明（学習院大学教授）	
10	昭和五〇 一九七五	宗教と政治	政治思想史的な立場から 政教分離の問題	勝田吉太郎（京都大学教授） 小口偉一（愛知学院大学教授）	

11	昭和五一 一九七六	"いのち"を考える	分子生物学の立場から 微生物学の立場から 仏教学の立場から	大木幸介（九州大学教授） 東昇（京都大学名誉教授） 西谷啓治（京都大学名誉教授）	
12	昭和五一 一九七六	死について	—	徳田良仁（神経研究所診療部長） 平澤興（元京都大学総長） 結城令聞（京都女子大学学長）	
13	昭和五二 一九七七	性を考える	医学・生物学の立場から 文化人類学の立場から 宗教学の立場から	杉靖三郎（東京教育大学名誉教授） 岩田慶治（東京工業大学教授） 小野泰博（図書館短期大学大学教授）	
14	昭和五二 一九七七	現代における『聖』とは何か	宗教学の立場から 宗教社会学の立場から クェーカーの立場から	柳川啓一（東京大学教授） ヤン・スインゲドー（オリエンス宗教研究所副所長） 入江勇起男（大妻女子大学教授）	
15	昭和五三 一九七八	新世界共同体の形成における宗教の役割	国家政治の側面から 国際法の側面から 国際経済の側面から	加藤俊作（関東学院大学学長） 田畑茂二郎（京都府立大学学長） 山岡喜久夫（早稲田大学教授）	
16	昭和五三 一九七八	現代ニヒリズムと宗教	—	クラウス・リーゼンフーバー（上智大学助教授） 西谷啓治（京都大学名誉教授）	
17	昭和五四 一九七九	今日における青少年問題	その体質、精神構造と背景を中心として 外国青少年と比較して	森田宗一（元東京家庭裁判所判事） 千石保（日本青少年研究所所長）	イラン革命・第二次オイルショック
18	昭和五四 一九七九	情報氾濫の時代と宗教	いたらぬわが身で学ぶことばかり 情報氾濫の時代における生き方	出口京太郎（大本教総長） 山本明（同志社大学教授）	

19	昭和五五 一九八〇	世代間の意識のずれと宗教	世代論と宗教	飯坂良明（学習院大学教授）	
				小野泰博（図書館短期大学教授）	
20	昭和五五 一九八〇	現代における「家」の問題	アメリカにおける「家族」の問題	タマラ・K・ハレーブン（米・クラーク大学教授）	イラン・イラク戦争
			日本における「家」の問題	森岡清美（成城大学教授）	
21	昭和五六 一九八一	現代文明と暴力	現代世界と暴力	田中靖正（学習院大学教授）	
			暴力の意味と無意味	福島章（上智大学教授）	
22	昭和五六 一九八一	生命科学の発展と人間の運命	遺伝子工学とは	大島泰治（大阪大学教授）	
			生命科学における哲学の問題	池田善昭（神戸学院大学教授）	
23	昭和五七 一九八二	老いを考える	老化と人間的成熟	霜山徳爾（上智大学教授）	
			豊かな第三の人生をめざして	アルフォンス・デーケン（上智大学教授）	
			精神の老化	長谷川和夫（聖マリアンナ医大教授）	
24	昭和五七 一九八二	コンピューター時代と宗教	コンピューターとはなんだろう	須田信英（大阪大学教授）	
			コンピューター時代の人間に宗教家が貢献するもの	R・ディータス（上智大学教授）	
25	昭和五八 一九八三	教育の荒廃と宗教	戦後における教育荒廃の源泉について	山岡喜久夫（早稲田事業学校長早稲田大学教授）	
			教育の荒廃と再建	小俣萬次郎（学習院大学教授）	
26	昭和五八 一九八三	危機に立つ平和と宗教	宗教は何をなしうるか	三宅歳雄（金光教泉尾教会長）	
			全米司教団「平和と戦争に関する調書」について	アンセルモ・マタイス（上智大学教授）	
			宗教と政治―ソ連の場合	勝田吉太郎（京都大学教授）	
			宗教と政治―イスラムの場合	黒田寿郎（国際大学教授）	

27	昭和五九 一九八四	宗教における死者と生者—祖先崇拝の問題をめぐって—	先祖観の変容と供養の思想 カトリシズムと死者の交わり	藤井正雄（大正大学教授） 門脇佳吉（上智大学教授）	
28	昭和五九 一九八四	宗教は現代人を救い得るか—現代人の宗教状況をめぐって—	現代宗教と人間性の理念 都市生活と民俗宗教	田丸徳善（東京大学教授） 塩原勉（大阪大学教授）	
29	昭和六〇 一九八五	現代社会の変動と宗教の役割	核戦争の脅威と日本 一自然科学者から宗教者に望むもの	宇都宮徳馬（参議院議員） 泉美治（大阪学院大学教授）	
30	昭和六〇 一九八五	宗教と儀礼	宗教の儀礼と体験 儀礼と典礼	薗田稔（國學院大学教授） 土屋吉正（上智大学教授）	
31	昭和六一 一九八六	非暴力と宗教	宗教と非暴力 佛教の力と平和	飯坂良明（学習院大学教授） 金岡秀友（東洋大学教授）	
32	昭和六一 一九八六	現代青年と宗教—いま若者が求めるもの—	新人類論 新新宗教と若者	山口光朔（神戸女学院大学学長） 西山茂（東洋大学助教授）	チェルノブイリ原発事故
33	昭和六二 一九八七	宗教協力の理論と実践	宗教協力の原理 東西霊性交流の中間総括と展望	熊澤義宣（東京神学大学教授） 桐田清秀（花園大学助教授）	
34	昭和六二 一九八七	高齢化社会を考える	高齢化社会の諸問題 長寿社会と宗教	直井道子（東京都立老人総合研究所社会研究室長） 奈倉道隆（龍谷大学教授）	
35	昭和六三 一九八八	現代における「生命」の問題	現代における生命像と精神 法律家から見た生命の問題	大木幸介（前信州大学教授） 大谷實（同志社大学教授）	
36	平成一 一九八九	女性と男性	「性差」—ユング心理学の立場から ガンディーの実験をめぐって	秋山さと子（東洋大学講師） 山折哲雄（国際日本文化研究センター教授）	東欧革命・ベルリンの壁崩壊
37	平成二 一九九〇	自然と宗教	生物社会を考える 人類学から見た風景の構造	寺本英（龍谷大学教授） 岩田慶治（大谷大学教授）	東西ドイツ統一

38	平成三 一九九一	イスラームの死生観	イスラーム倫理 ムスリムの死生観	小田淑子（京都女子大学助教授） 中村広治郎（東京大学教授）	湾岸戦争・ソ連崩壊
39	平成四 一九九二	今日における教団の問題	宗教集団と宗教的集団 ポストモダンの宗教	幸日出男（NCC宗教研究所所長） 大村英昭（大阪大学教授）	
40	平成五 一九九三	二十一世紀における宗教の役割	コルモスの諸会議を顧みて 技術時代における宗教の役割	安齋伸（上智大学名誉教授） 泉美治（大阪学院大学教授）	
41	平成六 一九九四	遊び・仕事・宗教	遊びと宗教 遊び・仕事・宗教―仏教からのアプローチ―	井上俊（大阪大学教授） 雲井昭善（大谷大学名誉教授）	松本サリン事件
42	平成七 一九九五	今、宗教に問われているもの	日本宗教のゆくえ 新新宗教と密教	島薗進（東京大学教授） 松長有慶（高野山大学教授）	阪神淡路大震災・地下鉄サリン事件
43	平成八 一九九六	生きがい　死にがい	生きがいと死にがい 俳句とHAIKU	井上俊（京都大学教授） 大峯顯（大阪大学名誉教授）	
44	平成九 一九九七	グローバリゼーションと宗教	グローバリゼーションとは何か	阿部美哉（國學院大學教授）	
45	平成一〇 一九九八	宗教とボランティア	NGOと宗教団体 仏教における奉仕	平田哲（日本クリスチャンアカデミー総主事） 奈良康明（駒澤大学前学長）	
46	平成一一 一九九九	死をめぐる諸問題	死者とホトケ（仏）の間―現代における葬祭の諸問題― 死の理解―神社神道神学の立場から―	佐々木宏幹（駒澤大学教授） 上田賢治（國學院大學名誉教授）	
47	平成一二 二〇〇〇	コルモスの総括と展望（東京堂出版）	コルモス30年の総括 21世紀に向かうコルモスの展望	中川秀恭（大妻学院理事長） 大谷光真（浄土真宗本願寺派門主）	

48	平成一三 二〇〇一	教養教育と宗教教育	「教養」の復権 Because Every Student Deserves an Education that Includes the Study of Religion —北米宗教学の教育理念と教育史—	竹内洋（京都大学教授） 藤原聖子（大正大学助教授）	9・11同時多発テロ・アフガニスタン侵攻
49	平成一四 二〇〇二	宗教アレルギーを超えて—宗教教育の可能性を問う—	父にガン告知をして—宗教アレルギーの自己消滅— 宗教教育の可能性—宗教的感性を生かして—	吉田民人（日本学術会議副会長） 岡田真美子（姫路工業大学教授）	
50	平成一五 二〇〇三	宗教と芸術—宗教音楽の可能性—	宗教と芸術 東洋の響き　西洋の響き	上田閑照（京都大学名誉教授） 大谷千正（ソルボンヌ大学客員教授）	イラク戦争
51	平成一六 二〇〇四	感性と霊性	感性と霊性 「日本的霊性」とキリスト教—聖霊神学への道—	上田閑照（京都大学名誉教授） 小野寺功（聖泉女子大学名誉教授）	スマトラ島沖地震
52	平成一七 二〇〇五	冥福と幸福	キリスト教の天国 報土としての浄土	J・Vブラフト（南山大学名誉教授） 長谷正當（京都大学名誉教授）	
53	平成一八 二〇〇六	祈りと供養	ポスト・ヒューマニズム期の祈りと供養 生きているモノの宗教学	大村英昭（関西学院大学教授） 島薗進（東京大学大学院教授）	
54	平成一九 二〇〇七	ファミリズムの再構築—宗教から家族を問い直す—	ファミリズムとキリスト教 家と先祖祭祀—歴史人口学の成果から—	土屋博（北海道大学名誉教授） 落合恵美子（京都大学大学院教授）	
55	平成二〇 二〇〇八	環境倫理と宗教文化	環境と微生物 環境問題と宗教文化	大嶋泰治（大阪大学名誉教授） 岡田真美子（兵庫県立大学教授）	
56	平成二一 二〇〇九	自死・孤独死・安楽死	自死・孤独死・安楽死—仏教思想の立場から— 死の社会学	下田正弘（東京大学大学院教授） 井上俊（大阪大学名誉教授）	

57	平成二二 二〇一〇	宗教文化教育と心の教育	宗教文化教育の現状と課題 師弟教育の現在―人生の師と学校の先生と―	井上順孝（國學院大學教授） 稲垣恭子（京都大学大学院教授）	ジャスミン革命（アラブの春のはじまり）
58	平成二三 二〇一一	高齢化社会と宗教文化	超高齢化社会の男性問題 超高齢化社会と宗教文化	石蔵文信（大阪大学准教授） 大村英昭（相愛大学教授）	3・11東日本大震災・福島第一原発事故
59	平成二四 二〇一二	地縁・血縁の再発見	震災からの復興にみる宗教のちから 地縁・血縁の再発見―いのちの共同体論を中心に―	鈴木岩弓（東北大学大学院教授） 薗田稔（京都大学名誉教授）	
60	平成二五 二〇一三	宗教と家族	ほつれゆく家族の問題のあとに―テレビ小説「あまちゃん」にみる確執と和解― 親と子の物語り―アブラハムとイサクを中心に―	稲垣恭子（京都大学大学院教授） 氣多雅子（京都大学大学院教授）	
61	平成二六 二〇一四	倫理・道徳・宗教	いのちの教育の行方―「心のノート」から「私たちの道徳」へ― 「修身」における倫理と宗教	弓山達也（大正大学教授） 川村邦光（大阪大学教授）	「イスラム国」樹立宣言
62	平成二七 二〇一五	死者（魂）の行方と儀礼	Communio Sanctorm（聖徒の交わり）そして「実存協働」をめぐって―「使徒信条」及び「感謝の祭儀」における生者とのかかわり― 幽霊の誕生	阿部仲麻呂（サレジオ会神父） 佐藤弘夫（東北大学大学院教授）	
63	平成二八 二〇一六	宗教といのちを育む力	釈尊おわすれば―仏教共同体を志向して― 生まれて幸せ・生まれて来なかった幸せ―いのちを育むということ―	野田大燈（曹洞宗園通寺住職） 西平直（京都大学大学院教授）	熊本地震

回	年度	テーマ	講演題目	講師	出来事
64	平成二九 二〇一七	壁を越え、つながりをつくる―排除と孤立の時代に向き合う―	国際（ラルシュ）共同体運動がめざす平和への道 多元化する日本の宗教―国内におけるニューカマー宗教の伸長―	寺戸淳子（専修大学兼任講師） 三木英（大阪国際大学教授）	
65	平成三〇 二〇一八	なぜいのちを軽んじてはいけないのか―宗教と死刑―	なぜいのちを軽んじてはいけないのか いのちの大切さ―イスラームから―	大谷光真（浄土真宗本願寺派　前門主） 水谷周（日本イスラム協会理事）	
66	令和一 二〇一九	日常からの脱出／日常への帰還	イスラームを力で押さえ込むことの無意味さ 現代社会において宗教は（どう）役にたつのか？ 「ここにいる」ことの絶望的な困難―「宗教哲学」からの考察―	内藤正典（同志社大学教授） 大澤真幸（社会学者） 杉村靖彦（京都大学教授）	
67	令和二 二〇二〇	新たな感染症の時代と宗教	コロナの中で考えたこと 感染症と宗教―ハンセン氏病・穢と叡尊と忍性―	奥田知志（東八幡キリスト教会牧師） 松尾剛次（山形大学名誉教授）	新型コロナウイルスの世界的流行
68	令和三 二〇二一年度	グローバルな災厄と宗教	宗教の災害時対応における新たな連携 イスラムはコロナ禍をどうとらえるか 気候変化へのレジリエンスと持続可能性を求めて	稲場圭信（大阪大学大学院教授） 八木久美子（東京外国語大学大学院教授） 小池俊夫（東京大学名誉教授）	ロシアによるウクライナ侵攻
69	令和四 二〇二二年度	宗教と政治―新たな公共空間形成のために―	キリスト教における宗教と政治の関係―カトリック教会の教えの視点から― 正教会―スラブが継承したローマ帝国―	ロッコ・ビビアーノ（カトリック聖ザベリオ宣教会） 三宅善信（金光教春日丘教会長）	

COLUMN

コルモスの創立

宮庄哲夫

第一回コルモス研究会議は一九七一年（昭和四十六年）三月、聖公会京都教区ビルの会議室で開催された。その創立総会で同ビル内に設置されていたNCC（日本基督教協議会）宗教研究所にコルモスの本部事務所が置かれ、関東連絡事務所を東京の国際宗教研究所内に置くことになった。そして当時の研究所所長土居真俊氏が常任理事として事務を担当するようになったことから、コルモス発足のいきさつについて研究所に何か手掛かりがあるのではという問合せがあり、五十周年記念誌にお役に立つならと僅かでしたが資料をお伝えしました。それらを含め簡単なメモや会議録などを通して、研究所との関係という面に絞って少し紹介してみます。

当研究所は、それまでスカンディナビア・ミッションが運営していた「諸宗教研究所」（京都・修学院）を一九五九年三月から日本基督教協議会が引き継いだもので、その主たる目的は、諸宗教を研究し日本における福音宣教に仕えること、同時にまた諸宗教の人々との話し合いの場を提供することによって他宗教に対する理解を深め、協力する気風を促進すること、などにあります。そのため諸宗教の指導者、研究者との交流、話し合いの機会を提供する研究会やターグングを重ねてきました。なかでも一九六七年頃の「宗教懇話会」という企画がコルモス発足に影響があったと考えられます。一九六八年の記録によれば、「かねてより土居所長が発案し、禅文化研究所木村静雄教授および伝道院佐藤三千雄教授の強い支持によって、京都にある宗教研究所間の交流が望まれていた。昨年から今年にかけての準備期間を終えて後、第一回宗教懇話会が去る七月五日（金）パレスサイドホテル二階会議室において行われた。（中略）この会は五つの研究所（禅文化研究所、西本願寺伝道院、東本願寺教学研究所、知恩院宗学研究所、当研究所）が交代で主催者に成って運営していくことにしている」。当日の模様を報じた中外日報によれば、「出席者した学者」として大学、各研究所関係合わせて二十八人の名前が挙げられている（当研究所雑誌『出会い』第二巻第二号、一九六八年九月）。

宗教懇話会はこの一九六八年中に三回開催され活発な議論が交わされているが、研究者と宗教者の話し合いの場としてのコルモス研究会議創立の三年ほど前にこうした背景がありました。発足後にはこれらの研究所が維持会員として参加することによってコルモスは強固な基礎をもつようになった、という報告もあります。

研究所関係では他にもうひとつ、「七十年代宗教の在り方研究会」が重要な関わりがあったようです。残されたメモによると、金光教の三宅歳雄氏がその発足と経済的なバックアップをしたのではと推測されますが、一九七〇年二月二十日に若手研究者（十四名）を中心に土居所長が指導し研究所が事務を担うかたちで始まり、その後毎月一回行われる活発な研究会だったことが記録されている。平均十名の参加と記されているものの、その氏名や内容についての記述がないのは残念ですが、同年十月に開催された「諸宗教間の話し合いと平和についての研究者会議」（二十七名参加、世界宗教者平和会議協賛の国際会議）の主催者として、オリエンス宗教研究所、国際宗教研究所、ＮＣＣ宗教研究所とともに「一九七〇年代の宗教の在り方研究委員会」の名前が挙げられていることからもその活動の重要性がうかがわれます。

そして一九七一年六月二十五日の研究所合同役員会記録に「オリエンス・国際・ＮＣＣ各研究所、七〇年代の宗教の在り方研究会が中心となり、西谷啓治氏・久松真一氏・増谷文雄氏・石津照璽氏ら十七名が発起人となって、『現代における宗教の役割り研究会』（Conference on Religion and Modern Society 略ＣＯＲＭＯＳ）を発足せしめる事になった」と記されることになりました。いささか手前味噌とはいえ、五十数年前の研究所の活動と土居所長を中心とした京都における宗教研究の躍動が、コルモス研究会議を生み出す原動力になったと言えるかもしれません。

（前ＮＣＣ宗教研究所所長）

COLUMN

コルモスに感謝

寶積玄承

一九七一年（昭和四十六年）に発足した、コルモス「現代における宗教の役割研究会」が二〇二一年（令和三年）に五十周年を迎えた。

私は、熊本県の在家の出身で縁があって、京都府下の亀岡にある臨済宗の禅寺に入った。昭和十九年である。戦前、戦後の生活を体験して、花園大学に入り山田無文学長の元で学んだ。昭和三四年に卒業してから山田無文老師が指導されている神戸にある臨済宗の専門道場、祥福寺僧堂に入門して、禅の実践修行に専念したのである。

そして僧堂生活、十二年間を得て、花園大学にある禅文化研究所長の山田無文老師の下で再び学ぶことになった。その年がコルモスが発足した昭和四六年であった。

そこで「現代における宗教の役割研究会」に出会ったのである。三四歳の時であった。研究会に参加しているものの、特別に進んで発言するのでもなく、全国から集まって来られる会員の皆様方に接するだけで満足していた。

宗教に関する実践家や、全国の大学から参加されている多様な方面の専門の学者、並びに、文化人、哲学、化学、物理、医学、心理、その他の代表者たちの研究機関であった。

最初の頃の集りは、比叡山上にある、キリスト教系の観光ホテルで、年二回開催されていた。

全国から来られた会員は、京都市内の「NCC宗教研究所」の前の道路から、バスに乗って一同は途中の景色を眺めながら、山上に向かったのが、懐かしい思い出である。

当時のコルモスの研究会の諸先生方に感謝の気持ちで一杯であった。

それから五十年となった現在、再びお会いすることは出来ない方たちがあるが、私の心の中には、その諸先生の一人一人があって、沈黙からの対話を、コルモスから深く学んでいたのである。

平成の時代に入ってから、京都市内のホテルで、十二月二十六日と二十七日、一泊二日の研究会となり、その日を楽しみとして欠席することなく参加させていただいた。

諸行は無常なり
光陰惜しむべしである
人間として生まれ
その人間は、いったい
何を求めて
生きているのであろうか

この世は、何時、何が起こるか解らない。すべて因縁によって、生じているのである。

「東西霊性交流」は、こうして実現して来た。

その画期的な出来事は、禅僧として一介の雲水修行者として、西洋のキリスト教の修道院で、共同生活をすることを、バチカンの法王が許可して実現したものであった。

私は、その時ベルギーのウエストマーレ・トラピスト修道院で三週間の共同生活を体験させてもらった。

それから四十年も過ぎて現在に至っている。これらの事も考えてみれば、コルモスの「現代における宗教の役割研究会」のおかげである。

現代における。この「現代」というところに注目するところが大事なことである。

そして「宗教」とは何かというコルモスの原点、その本質を問わなければならないのである。しかもコルモスの目ざすところは、戦争ではなく、平和への道を願っているのである。

その宗教の「役割」である。その「研究会」がコルモスである。

「現代なき宗教」であってもいけない。「宗教なき現代」であってもいけない。

コルモスの目ざすところは、お互い「今を生きる」人間の尊さに気づくことが肝要である。

新型コロナウイルスによって、研究会も正しく出来ない状態であり、不便を感じておりますが、その収束を一日も早く願望するばかりです。

「大いなる
　　ものに生かされ
　　　あることを
　救いたまわる
　　　いのち尊し」

「ひと呼吸
　天地いっぱい
　　このいのち
　事に仕えて
　　共に生きぬく」

（京都国際禅堂代表）

COLUMN

コルモスの肝

鈴木岩弓

コルモスのメンバーに私が加えて頂いたのは、二〇一二年の第五十九回研究会議からのこと。この年、「地縁・血縁の再発見」のテーマで開催された研究会議で、基調講演をお引き受けしたことがそのきっかけにある。この時、刺激的で大変楽しい時間を過ごさせて頂いたことから、以後十二月二十六日には京都に伺って一泊二日の会議に参加させて頂くことが、年末のルーティンとなった。それ故、職場の会議で欠席せざるをえなかった年は、年末を迎えた気がしなかった。そうした慣行からすると、対面開催が制約されたこの間のコロナ禍は、大変残念なことであった。

ここでは、コロナ禍以前のコルモス会場を想い出しながら、その魅力について考えてみよう。

コルモスの最大の魅力は、なんと言っても、多様な参加者による対面的意見交換の〝場〟が提供されていることにあろう。われわれ研究者は、「研究会」や「学会（学術大会）」などの活動を通じて同業者との交流機会を得ることが多い。しかしそれらとひと味違うコルモスの特徴は、〈多様な参加者全員が、同一会場で、対面的に意見交換する〉点にある。そもそも「研究会」は、研究領域が近い少数の参加者が対面的に参集する小規模な集会であることが多い。それに対し「学会」は、全体としては幅広い領域の研究者が多数参加するが、個別研究発表は類似した発表を集めた部会単位に開催されるのが常で、「日本○○学会」と言っても、その内実は「研究会」が同時並行的に複数進行しているに等しい。強いて言えば「学会」時の公開シンポジウム・総会などは、専門を異にする全会員が一会場に集まるが、せいぜいその数時間同じ空間を共有しても、初対面の研究者が相互に交流することは難しい。唯一懇親会では、新たな出会いも可能であるが、誰が参加しているのか全体像は把握できず、直接対面できるのは運次第の所も多い。そうした時コルモスの一泊二日は、研究領域を異にする「宗教研究者」が、お互い顔の見える配置でホールに一堂に会し、また食事や懇親会を共にすることで、新たな交流が生まれる大きなチャンスになるのである。

さらに、そうした交流の輪は「宗教研究者」相互の間のみならず、「宗教者」「教団付置研究機関職員」「宗教関係報道記者」といった、コルモス会場に参集された研究者以外の参加者との間の異業種交流のチャンスをも拡げてくれる。〈宗教の現場を研究対象とする眼〉〈宗教の現場を運営していく眼〉〈宗教の現場を取材していく眼〉と、その視角は多少異なるのであるが、であるからこそ、同じ宗教の現場に異なる立場から関わってきた成果から学ぶべきはとても大きい。こうした広がりのある交流チャンスは、寡聞にして私は他に知らない。まさにコルモスの日本語名、「現代における宗教の役割研究会」に即した実態が現出しているのである。この点こそがコルモスの魅力の核心だと、私は思っている。

また研究会名に「現代における」とあることから、過去の問題には無関心かというと、勿論そんなことはない。歴史を踏まえた宗教の役割に迫る視点は、これまでの議論を振り返ってみれば、明らかである。そうした時、さらに留意したいコルモスのチョット特異な時間軸は、本会が現代を生きているわれわれ生者のみならず、これまで本会に所属されてきた物故会員の眼差しをも意識しながら継続している点にある。視覚的にそれが明らかになるのは、名簿に収録された物故会員名の一覧である。また聴覚的には、佐々木正典事務局長時代の、コルモス開会時の第一声からも窺い知ることができる。そこでは会長挨拶に先立って、この一年の内に鬼籍に入られた会員の氏名が、コメント付きで披露されることが通例であったからだ。更に言うなら、私が初めてコルモスに参加した際、受付で迎えて下さった佐々木事務局長からの、非常にご丁寧なご挨拶からも推察できた。そこで事務局長が言われたことは、「石津照璽・堀一郎・楠正弘と続いてきた東北大からの参加がしばらく疎遠になっていたが、久々に繋がった」とおっしゃられて大変喜んで頂いたのである。このお言葉、大学研究室という〈疑似イエ的系譜〉の流れの中に私を位置づけて発せられたものと解すことができ、私が専門としている「先祖祭祀」に繋がる視点が窺えたことから印象深く覚えている。

かかる時間軸に対する眼差しは、果たして佐々木先生個人のお考えであったのか、それともコルモス運営上長年共有されてきた考え方であるのかは寡聞にして知らない。しかし、今ある自分の立ち位置を、先人たちの流れの先に位置づけて議論を進めていくコルモスは、「現代における」と銘打ちはしているものの、過去・現在を踏まえて未来を見据えていく、時間の流れを超越した中に存しているのであろう。現在参加している会員も、何れ名簿に書かれる場所が移動し、最終的に物故会員欄の中に落ち着くことになる。こうした独特な時間軸の中で営まれる「現代における宗教の役割研究会」が、これからも継続していくことを心より祈っている。

（東北大学名誉教授）

COLUMN

コルモス大会での発言、誰の立場・意見を反映？

スワンソン・ポール

コルモスに出席・参加し始めてから三十年以上が過ぎている。このユニークな集団はいろいろな宗教団体やバックグラウンドの方々が集まって議論する機会を与えるのが目的であり、長い年月を経て今日に至っている。古い歴史を持つ仏教のお寺や神道の神社やもっと新しい宗教団体の代表者だけではなく、大学などに勤める宗教学者や仏教学者、宗教関係の経営者、僧侶や神父や団体会長などを含む幅広いメンバーの集いであった。

この集まりは指定されたテーマと発表があったが、一般議論の機会は他の「研究会」的会議より長い時間を確保していた。私個人は普段はあまり発言しないタイプだが、コルモスでのいろいろな発表や議論を聞きながら、自分が発言しようと思い定まったときにはもうすでに議論の展開が他のポイントに発展していて、発言のチャンスを逃してしまったことがしばしばあった。しかしそれより、どの立場から発言すべき、あるいは発言がどのように受け入れられるのかが迷いの種だった。というのは、私は個人としてキリスト教者でありながらも、諸宗教対話を促進することを目的とする南山宗教文化研究所という学術的研究機関のメンバーであり、また研究者として日本の宗教（特に文献学的に思想を中心とした仏教学研究）を中心に研究してきた者である。このような状況であったので、発言するときはどの立場からの発言なのか、自分でも不明だった。キリスト教者からの発言なのか。しかし私は神学者でもなく、キリスト教史などに詳しくないので、それを代表して発言する権利はなかった。研究内容として仏教に最も詳しいが、「仏教」を代表して発言するのも心細い。南山宗教文化研究所の代表として発言することも可能だが、自分の考え方と研究所の意図は必ずしも一致しない。結局そのさまざまな側面からできている「自分」として発言するほかはないが、コルモスの他の方々はどのようにこのような状況に対応してきたのであろうかと、今になって振り返って考慮するようになった。

コルモスのメンバーは、上述のとおりさまざまであったが、お寺の僧侶やカトリック教会の神父やさまざまな宗教教団の代表として出席していた方も多かった。これによって普段お付き合いのない他宗教者との出会いが可能にすることがコルモスの特徴であったが、皆さんは発言する際にどれだけ自分の立場を意識していたのだろうか。所属団体や宗派を代表して発言したのか、自分個人の意見を述べたのか、そのような区別はあまり意味がない、あるいは意識していなかったのか。会議中の議論での発言と、インフォーマルの懇親会での話し合いもまた違う内容や意見交換があったのではないかと思うのも当然であろう（考えてみれば、おそらく堅苦しい会議よりその後の懇親会のほうが有意義であったのではないかと、記憶に残っている）。兎に角、この短い「コラム」を執筆することによってコルモスでの長年の参加によっていろいろな発言や意見を聞かせていただき、いろいろな方とお付き合いができたことが貴重な経験であり、コルモス五十年の歴史が幅広い成果を成し遂げたとつくづく実感した。

（元南山宗教文化研究所第一種研究所員
南山大学名誉教授）

COLUMN

コルモス雑感

小田淑子

湾岸戦争が生じ、イスラームに関心が集まっていた一九九一年に発題者として招かれたのがコルモスへの初参加だった。コルモスがどのような研究会かを知らずに参加し、まず参加者の顔ぶれとホテルの部屋の大きさにびっくりした。肝腎の議論の内容はあまり覚えていないのだが、懇親会の終了後に参加者の先生方がホテル内のバーやロビーで親しく談笑されていたことが記憶に残っている。私は神道研究者とじっくり話したことがなかったため、そこで聞いた神道の話が非常に新鮮だった。神道の議論は時にイデオロギーと結びつくことを警戒して慎重になり、議論の核心が曖昧にされがちである。その時のくつろいだ雰囲気での会話に、本の知識では得られなかった生きた神道の伝統を実感した。それは、私が神道を日本の宗教として宗教学的に位置づけるようになった一つのきっかけだった。

その後二〇一二年から会員として毎年研究会に参加させていただくようになった。コルモスはその名称「現代における宗教の役割研究会」が示すとおり、大災害、環境問題、ジェンダー論など直近の問題をテーマに選び、その問題に関わる当事者である宗教家や研究者と、問題をより多角的に捉えるために必要な様々な立場の研究者を招いて、宗教のあり方や役割について真摯な議論を行ってきた。コルモスは学会とは異なる独特な雰囲気をもっている。研究者だけではなく、様々な宗教家が同席して議論できること、そして参加者が食事を共にし、リラックスした雰囲気で会話を楽しめることにある。最近は同志社大学で開催され、その後コロナ禍でオンライン開催になり、参加者同士の交流と会話を楽しむ機会がなくて、残念に感じている。ウクライナでの戦争やカルト犠牲者の問題など、コルモスが選ぶテーマはどれも深刻で悲惨なものが多く、それらの問題を真摯に受けとめるにはホテルの快適さは場違いだと感じることもある。しかし、以前のコルモスでの参加者のゆったりした交流と会話は貴重な時間だったので、何らかの形でこの伝統が続いてほしいと願っている。

コルモスではいろいろな人々と知り合うことができ、他の場所では得難い知識を得たことも多い。その中でも、コルモス会員だった阪大の泉美治先生の思い出を少し述べたい。コルモスから半年ほど過ぎた頃、コルモスで私の発表を聞いたという泉先生から大学に電話があり、ある会合でイスラームの話をしてほしいとの依頼だった。仏教の唯識を研究してられると聞いたが、阪大の文学部ではなく、蛋白質研究所所長で理系の先生と知って驚いた。泉先生はアメリカ滞在中に「日本人科学者は宗教に関する知識が乏しく、会話ができない。これではいけない」と思い、帰国後にご自身で仏教学の先生について唯識を研究され、西谷啓治先生と知り合ってコルモス会員になったとのことだった。関西の科学技術に関連した企業役職者や研究者を会員とする大阪国際サイエンス・クラブで、泉先生は宗教知識の啓発講座を企画中で、泉先生が仏教について何回かの話をされ、私がイスラーム入門を担当することになった。聴講者は十五名程度で、企業の技術畑の役職者が多かった。同じ講座企画は内容を少しずつ変えて数年続き、最後の年には私も泉先生とともにコーディネーターを務め、キリスト教のカトリックとプロテスタントの比較を行った。二〇一五年ごろに海外でビジネスをする企業向けに社会人学びなおし教育の特別プログラムを関西大学が行った時には、受講者からの希望で海外の宗教事情の授業一コマがカリキュラムに組み込まれ、文学部比較宗教学専修がその授業を担当した。それは海外ビジネスに宗教知識が必要だという認識が広まったことを示している。だが、泉先生が講座を企画された時期には、まだそのような認識は希薄だった。自然科学の研究者が実際に仏教やイスラームなどを研究することは容易ではなく、誰にもできることではない。泉先生はご自身で研究されただけでなく、コルモスに参加され、さらに上記のような啓発講座の企画もされていたことは、泉先生の見識の確かさと熱意のたまものである。講座がどれだけ役立ったかは疑問だが、泉先生のこのような活動は大事だったと思うし、コルモスの関係者に知っていただいてもいいと思う。数年の講座企画が終わった後にも、時折、講座の常連メンバーの数名と泉先生を囲む食事会があり、私もそこに加えて頂いて、いろんな話を聞くことができ、楽しく過ごした。

（元関西大学教授）

COLUMN

コルモス　ありがとう

西川勢二

コルモスの参加者としては新参者であると思ってきたのだが、いつの間にか、もう二十年の歳月が過ぎようとしている。

コルモスのシンポジウムは、私の好きな集まりである。参加すること自体が楽しみなのだ。それは、運営に際立った個性を感じるからだ。

全参加者が同じ宿舎に宿泊する。

メンバーである参加者には、交通費、宿泊費が支給される。

年一度の開催日、開催場所が毎年同じ場所、同じ日と決まっている。

シンポジウムは矩形に配置された机の、指定された座席に着席する。

シンポジウムの区切りに、全員の集合写真を撮影する。

こうした本会の特色を好ましく思いながら、この膨大な労力を要する運営とはなんだろうと考えてきた。

参加者として第三世代以降にあたる私には設立趣旨は知識でしかない。しかし、この運営のあり方から、設立の熱き思いと伝統を継承したいという強いこだわりを感じていた。

そして会の冒頭、その年の物故会員を伝えて去りゆく同志を悼みつつ、一方で遠き未来を見すえるごとく飄々と会を進めていかれる佐々木正典先生の姿にふれた刹那、まさにその熱源を見いだした思いであった。

私にとってのコルモスの魅力は、実に幅広い。

ほぼお会いする機会のない先生方にお会いできるということも、そのひとつである。

上田閑照先生しかり、雲井昭善先生しかり、学識広才、高徳の方々の謦咳に接し得たことは宝のような時間だった。自然科学に及ぶ各分野の先生方の見識を伺うことも、また大いなる楽しみだった。

教団人は信徒の直面している生の問題、悩みを通して世の中を見ているので、その変化や深刻さの度合いには比較的敏感である。

しかし、そのよって来るところを俯瞰し、因果を見抜き、軌道の行く末を描くことに長けているとは言い難い。

宗教者のご発表には、「そうそう」「あるある」と共感し、時に「そこまでされているのか！」と大いに刺激され、研究者のご発題には、問題を発掘する視点の鋭さ、考察の明解さに瞠目する。

「現代における宗教の役割研究会」とその名を冠するこの会はあたかも、救いの現場をになう宗教者と教団のための会合のようにさえ感じられるのだ。

私たちの開祖に「主観を客観に置いてながめよ」という言葉がある。

宗教者としての私は、いわば自らの信仰という主観のなかにどっぷり浸かっているに違いない。

時に研究者の方の言葉、時に無意識であろうと思われる一言が、私に客観という視野をとりもどさせ、啓蒙、警世、戒めとして響いた刹那、無上の喜びがわきあがるのである。

さらに私にとっての密かな楽しみは、懇親会が終わり理事会も終わった後、大谷光真西本願寺ご門主（当時）をはじめ、諸先生を囲んだゆるやかな会話の場が恒例になっていることだった。こんな場は外にあるものではない。楽しみと言うには、全てがあまりに貴重な一刻一刻だった。

そんなコルモスも、ここのところで大きな変革を余儀なくされている。

第一義的にはコロナ渦の影響が大きいだろう。

しかし、私は行く末にあまり不安は感じていない。昭和六十年代、設立以来、年二回行われてきた集まりは年一度の京都開催となった。恐らくはバブル経済破綻の影響を受けたものと想像するが、この大波をも乗り越えてきたコルモスであれば、この度もまた、見事に乗り越えて伝統を継承し、必要なら運営を革新していくに違いないと信じられるからだ。

大村英昭先生は、ご自身に残された時間を自覚されながら、大谷光真会長、島薗進副会長、氣多雅子副会長という盤石の体制に繋がれ、そして去って逝かれた。

こうした先人の思い、志、意思の集積こそコルモスの力だろう。

宗教の真価が問われる今こそ、叶うことなら現場の一線に立つ宗教者、教団の運営を担う宗教者、そしてトップを担う宗教者、そうした方々がさらに本会に参加されるなら、これほど力強いことはない。

最後にコルモスの半世紀を紡がれた多くの方々と、

エンドロールに名前の出てこない多くのスタッフに感謝を込めて。

コルモスありがとう。

南無真如

二〇二二・十二・八　記す

（真如苑　教務長）

第2部　コルモスの回顧と展望

コルモス研究会五十周年記念　座談会

コルモスから学んだこと

開催日　二〇二二年十一月九日（水）　十六時〜十八時　　於本願寺内事部

参加者（役職は当時のもの）

大谷光真会長

島薗　進副会長

氣多雅子副会長

櫻井治男（常任理事　皇學館大学名誉教授）

星野英紀（理事　大正大学名誉教授）

金澤　豊（理事　コルモス研究会事務局長）

一　初期のコルモス

島薗　コルモスが始まって五十周年ということで、その歴史を振り返り、そして今後のコルモスのあり方について、今ここにいらっしゃる五人で話し合っていきたいということでございます。

最初に、皆さんのコルモスとの関わり、いつごろから関わってこられて、どんな思い出があるかについて、まず、少しずつお話をいただければと思うんですが、一番早くから関わっていらっしゃったのは大谷会長でいらっしゃいますので、まずは大谷会長からお願いいたします。

大谷　私が参加した初めての会は、第十回、昭和五十年十二月、比叡山ホテルです。当時、龍谷大学の哲学の先生だった佐藤三千雄先生が、私の勉強になるから参加したらどうかと勧めてくださったんです。そうそうたるメンバーばかりで、私は一九四五年生まれですから、まだ三十歳。大先生の端の方でひたすら拝聴しておりました。

その記憶が全く乏しいので、申し上げられることはほとんどないんですけども、各宗派・宗教の代表的な先生方がご出席になっていましたので、お顔とお名前を見るだけで感激して帰りました。

いつのことか覚えておりませんが、論客がいらっしゃいまして、私の印象に残っていますのは、西谷先生はもちろんですが、仏教系でいえば京都大学の長尾雅人先生、キリスト教系では、中川秀恭先生、有賀鉄太郎先生、お名前だけしか知らなかった方です。活発にお話しになったのは飯坂良明先生です。それは最後までお元気でお話をしました。
私が印象に残っていますのは、そういう学問の関係の先生方に対して、実践というか、現場の方という意味で、比叡山の葉上照澄先生、それから金光教の三宅歳雄先生。そういう方々の体験というか、実践的なお話が非常に印象に残っております。私にも責任があります。今その方面が弱いのではないかということを気にしております。
あと、自然科学の先生方が何人かご出席になりました。これは最後までそうですが、この宗教の会に自然科学者がおられてご発言になるということは、非常に有意義だと思いました。古い方では、東昇先生、新しい方では、大嶋泰治先生、泉美治先生。

島薗　大嶋先生、いらっしゃいましたね。五十八回の石藏文信先生とか。

大谷　とにかく、活発にお話しなさったという記憶はありますけれども、お話の内容は、申し訳ないですがほとんど記憶がありません。
あと、カトリックでは上智大学に関係ある安齋伸先生とか、門脇佳吉先生、非常に印象に残っております。

島薗　最初のころは年に二回行われていたということですが、大谷会長は、二回ともお出になったことがございましたか？

大谷　最初は、私も新入りで小さくなっていましたので、そう積極的に出てはおりませんが、やはり

座談会風景（本願寺内事部の一室にて）

年一回かな。

島薗　関東でも？

大谷　ただ、会場が時々で変化しまして、非常に印象に残っています。第十一回、大磯は、キリスト教の施設。あと、八王子は大学の共通の施設を記憶しています。

島薗　大谷会長が出られたころは、会長は西谷先生でいらっしゃった？

大谷　西谷先生です。西谷先生は、締めくくりのお言葉が長いので印象に残っています。

島薗　西谷先生の学説の偉大さは分かっているけれども、印象に残っているのはお話が長い。西谷先生が、会長の時代というのも長いですね。最初からそうで、中川先生に替わるまでですね。

大谷　そうですね。

島薗　なので、十年以上二十年近くなさっていて、八〇年代の後半に中川先生になられたから、私は、その中川先生が会長のころに参加し始めたと思います。一番覚えているのは、オウム真理教事件の時で、私が話をしなければいけなかったので覚えています。その時は、二条城の前の、しかし全日空ホテルではなくて、京都国際ホテルでやっていました。だいたいクリスマスの後と決まっていましたが、最初のころの京都の会は、時期はいつごろでしたか。

大谷　私が覚えている最初は、比叡山ホテルです。これもやはり暮れで、結局クリスチャンの先生方のご用が済んで、新年の神道系の方のご用が始まるまでというきわどいところです。

島薗　なるほど。そして、私が参加し始めたころは、ＮＣＣ研究所、私が親しくさせていただいたのは幸日出男先生でしたが、その前は土居真俊先生、もう一人おられた気はするんですが。

櫻井　武藤一雄先生。

島薗　武藤先生もいらっしゃったかもしれません。キリスト教の先生方がかなり熱心に参加しておられました。

私の印象に残っていること、大谷会長の次は、私がもしかすると早いかもしれないですが、中川先生が九十歳を過ぎておられるけども、実にかくしゃくとして、あの先生はお話がそんなに長くなくて、非常に見事にまとめられるので舌を巻いたというか、びっくりしたということがございます。そして、そのころのそうそうたる先生方、科学者もおられるんですが、なかなか堂々たる議論を戦わせて、このコルモスというのはたいへんなところだなという印象を持ちました。

それから懇親会では、飯坂先生と安齋先生が掛け合いで万歳みたいで、安齋先生は特にお酒がお好きでして、とてもユーモアのある方だったので、懇親会がとても楽しかったという思いがあります。

星野　安齋先生、この会に出て、その直後のどん詰まりの暮れのうちに倒れられたんです。

二　女性の力

島薗　そうでしたか。氣多先生はいつごろからいらっしゃいますか？

氣多　私は二〇〇〇年です。シンポジウムに参加したのが最初でした。

大谷　この本（『現代における宗教の役割』東京堂出版、二〇〇二年）のもとになった？

氣多　そうです。私は京都大学に赴任して半年もたたない時でした。確か上田先生からお話を頂いたと思います。全然分からなくて、とにかく偉い先生方がいっぱいということで、ものすごく緊張していたことをよく覚えています。

星野　あのころは、コルモスは男社会だったですね。宗教界は今でも男社会です。ですから、女性は大変だった。

大谷　最後の話題にしていただきたいと思ったんです。今のコルモスに欠けてる話題は、フェミニズムと、あと高齢化問題ですね。現代の深刻な問題です。

氣多　女性がなかなか、例えば禅堂での修行は女性はできない。宗派によって、あるいは宗教によって、女性の参加の仕方も、受け入れ方がずいぶん違う感じです。

星野　でしょうね。僕らの宗派なんか、女性はほとんどいなかった。今は女性はたくさんいます。

大谷　そうですか。

星野　しかし時代は急激に変化して、今では住職もたくさんでてきましたが、やはり宗派の役職というものに就くまでいっていない。「宗派の役割は嫌だ」という女性が多いです。

大谷　その女の方が嫌がられるというのは、うっかり出たらいじめられるとか、そんなことじゃないですか？

星野　そうかもしれない。

大谷　そうか。

星野　僕が宗務総長をやった時に何人か口説いたんです。ぜひと申し上げたのですが、「もう私はうちのお寺だけで十分です」みたいな感じでした。いじめられるからというのでもないです。そういう気持ちがないと言ってました。宗教界にとって、女性の問題というのは、これからも大切な問題だと思います。宗議会議員というところになると、僕らのところで女の人はまず出てこない。男社会です。神主さんなんかどうですか？

櫻井　そうですね。女性の神主さんというのは、第二次大戦後に新たに出てきまして、それまでは男しかやらなかったです。ただ、戦争等で神主さんのなかには亡くなったりもしていますので、お宮を継ぐ上で、女性神職の資格を出してというふうにしてスタートしていることはあります。

星野　だから、自然となっちゃったんですよね？　そういうことですよね？

櫻井　積極的に自ら組織を広げてというよりは、そういう時代の中の必要に対応するという形で生じてきています。

大谷　コルモスにも何人か発表でおいでいただいています。

島薗　コルモスの発表者、基調報告、講演は、割と女性にお願いしておりまして、一九九〇年に小田淑子先生で、小田先生はイスラム研究者であり、女性研究者であるということで、そして、割と積極的に発言してくださるので、コルモスにとっては貴重な参加者だったと思うんですが、そうすると氣多先生が参加するよりも前に小田先生が参加しておられたということでしょうか？

氣多　そうです。

三　多様な参加者

島薗　櫻井先生は、父上の櫻井勝之進先生も参加しておられましたか？

櫻井　いいえ、父は全く関係していなかったようです。私がコルモスに関係するようになったのは、第四十回の一九九三年からです。一覧表を拝見すると発題者が安齋先生と化学の泉先生、それも発端は、八坂神社に真弓常忠宮司がいらっしゃって、真弓先生はコルモスに出ているけども、神道の人の発言が少ない。法人の理事か評議員かに就いておられましたので、大学の方へ誰か若い神道研究をしている者をどんどん積極的に外へ出すようにしなさい、と協力を強く求められたのです。それではということで、私と新田均さん、それから本澤雅史さん、彼は亡くなってしまいましたが、この三名が関わりはじめたのです。

過去の会員名簿を見ましたら、京都の真弓宮司の前は、高原美忠宮司がおられまして、この方は、神社界の大物だったんです。戦後、敬神婦人会という組織が各地で結成されますが、京都で行われた会合で、婦人会の役員が高原宮司のなさっていた「救癩活動」の話をきかれ、ハンセン病施設へ盲導鈴を寄贈するという活動のきっかけとなったとかで、女性の活動に支援をされた宮司です。そういうことがあってか、神社にはわりと早くから女性神職が勤めておられました。

島薗　どちらの神社ですか。高原宮司は。

櫻井　八坂神社です。京都では珍しい存在だったと思います。

島薗　盲導鈴というのは何でしょう？

櫻井　視覚障害の方々を音声で誘導する装置です。盲導鈴の呼称なので元は鈴だったのでしょうか。ハンセン病施設への社会活動として慰問、募金活動がなされる初期の頃に盲導鈴を贈られていた。その背景にあるのは、貞明皇后が「救癩活動」に尽くされた心にならってとされています。そうした活動を神社界ももっと学んで、そして積極的にするようにと婦人会でおっしゃったことがあったのかなという気がします。

島薗　女性の関与は少ないけども、なかったわけじゃないという話になったと思うんですけども、外国人が加わっている、重要な役割を果たしているというのは、初めから、少なくとも私は南山大学の先生方、ヤン・ヴァン・ブラフト先生とか、ヤン・スィンゲドー先生とか、スワンソン先生とか、南山の方々が一番多かったでしょうか、ほかの方もおられたような気がしますが、とにかく外国人の方が積極的に関わっておられる会だなという印象は持っていました。

星野　南山大学自体も宗教間対話の集会やっていましたね。

島薗　そうです。南山宗教文化研究所の宗教対話がありました。宗教対話、宗教交流に積極的な動きを持つ方々が、関西に広がった。南山は名古屋ですが、関西にも近いので、ＮＣＣ研究所はまさにそうですし、仏教界では、やはり西本願寺がそういう気運があったのでしょうか？

大谷　そういうところで活躍する女性はわずかですね。

島薗　外国人との交流という面も？

大谷　全然浮かびません。但し、浄土真宗に帰依する外国人は、日系人の教団以外にも、かなりおられます。

島薗　ただ、京都大学の宗教学では、禅と浄土真宗が大きな源流になっていて、西洋からの日本仏教理解も禅と浄土真宗というところに力点があったかなという気はします。

氣多　ブラフト先生も京大で武内義範先生に教えを受けられて、そして、南山の研究所が創設されて、そこの所長になられたんですが、やはり最初からブラフト先生は宗教間対話ということをご自分の生涯の仕事として考えておられたようです。

島薗　京都大学の西谷先生は、禅と浄土真宗というと禅の方に近い。そして、武内先生は浄土真宗に近いということですが、武内先生は、このコルモスには関わっていらっしゃったでしょうか？

氣多　ちょっと伺ったことはないです。

島薗　長谷正當先生は積極的に加わっていらっしゃいましたよね？

氣多　はい。

島薗　京都大学の宗教学、宗教哲学の先生方が、西谷先生が第一代の会長だし、三代目が上田先生なので、その学風というのか、それがこのコルモスの一つの支えにもなっていたのかなと思います。

大谷 そんな感じがしますね。氣多先生も是非そのあとをひき継いでいただきたいです。

櫻井 おっしゃる通り、初期の先生方、神道の方を見ますと、國學院の先生で平井直房。

島薗 平井先生、いつもおられたように覚えています。薗田稔先生とか。

櫻井 小野祖教。

島薗 小野先生もおられたのですか。

櫻井 それから、谷省吾、上田賢治。

島薗 上田賢治先生は神道ですが、論客でいらっしゃいました。

櫻井 このように、どちらかと言えば大学で神道、神学とか、教化・教学面の授業を担当された先生方ですので、宗教思想をお話しされる中で神道のことを取上げられた。だから、コルモスへも参画しておられたのかなと思うのです。

島薗 上田先生も薗田先生もよく出ておられました。

櫻井 薗田先生は両面持った先生、研究者と神職という実践のお方です。神社界にはなかなかいらっしゃらない先生ですから。

四　京都という場

島薗 西谷会長、中川会長、上田会長、この上田会長の時代に氣多先生はかなり無意識のうちに引っ張り込まれたというか、私も何か上田会長にかなり説得されて、毎回出るようになったという記憶がございます。その後が、大村会長の時代です。星野先生が一番よくおいでになったのは大村先生の時代でしょうか。

星野 そうですね。それは柳川啓一先生絡みです。大村さんたちが、真宗Pとか、真宗Cとか、話題にしていたころです。「みんなで行こうよ」「みんなでコルモス行こうじゃないの」みたいな雰囲気にあり、そういうさっきのような話でホテルへ泊まって、いろいろな話が聞けることも楽しみでした。大村さんの一種独得な人心掌握術みたいなのがあったですから、なかなか面白かったです。

島薗さんが今一生懸命やっていただいている、国際宗教研究所というのが東京のほうにあって、それとの比較で考えると、やはりこちらは、仏教とか神道の方々が中心で、他方、国際宗教研究所というのは、新宗教が主に、大石秀典さんのような方が中心で、だいぶ様子が違うなと思います。

京都というところは、やはり僕は宗務総長という役職をつとめまして、京都というのは全く別の町だという気がして、仏教が強い発信力があって、存在感があります。ちょうどタイのバンコクに行くと、やたらとお寺が目立って、やはり仏教国の中心だなと思いますが、京都は、あの感じに似ている。東京は、そういう意味では、京都とは大分違います。

大谷 そうですか。

星野　僕は、仏教や神道の根底に、京都はやはり天皇さんがいるんだと思うんです。それも東京だって曹洞宗もありますし、それから日蓮宗もあるんだけど、既成仏教がこういう形で出てくるということは本当にないです。だいぶん違うなと思います。

大谷　京都の町は、仏教系の大学がたくさんありまして、先生方も多いからという感じはしますけど、いわゆる信者と言えるような人はあまり京都市にはいないです。庶民の間では弘法さんくらいです。あと日蓮宗がかなり有力です。

星野　私どもは、真言宗ですから天皇さん大好きです。しかし、天皇さんといえば、何も真言宗だけじゃなくて、大正大学にいましたので、天台宗や浄土宗の高僧も天皇さんが大好きなことをしばしば経験しました。京都には天皇家の菩提寺もありますね。

櫻井　泉涌寺。

星野　泉涌寺と、あそこの西の方にあるところ、仁和寺。天皇が作ったお寺ですね。

島薗　私もやはり京都は違うなと思ったんですが、星野先生のように深く日本の歴史と宗教集団の接点を理解するところまでいかないで、まずはホテルで会議をやるという、そして、ご飯もおいしいものを食べさせる。これがちょっと東京と違う。これはやはり宗教の地位の高さを表している感じがする。

星野　すごい発言、発信力も京都のお寺にはあります。東、西本願寺のような大きなお寺がＪＲの駅

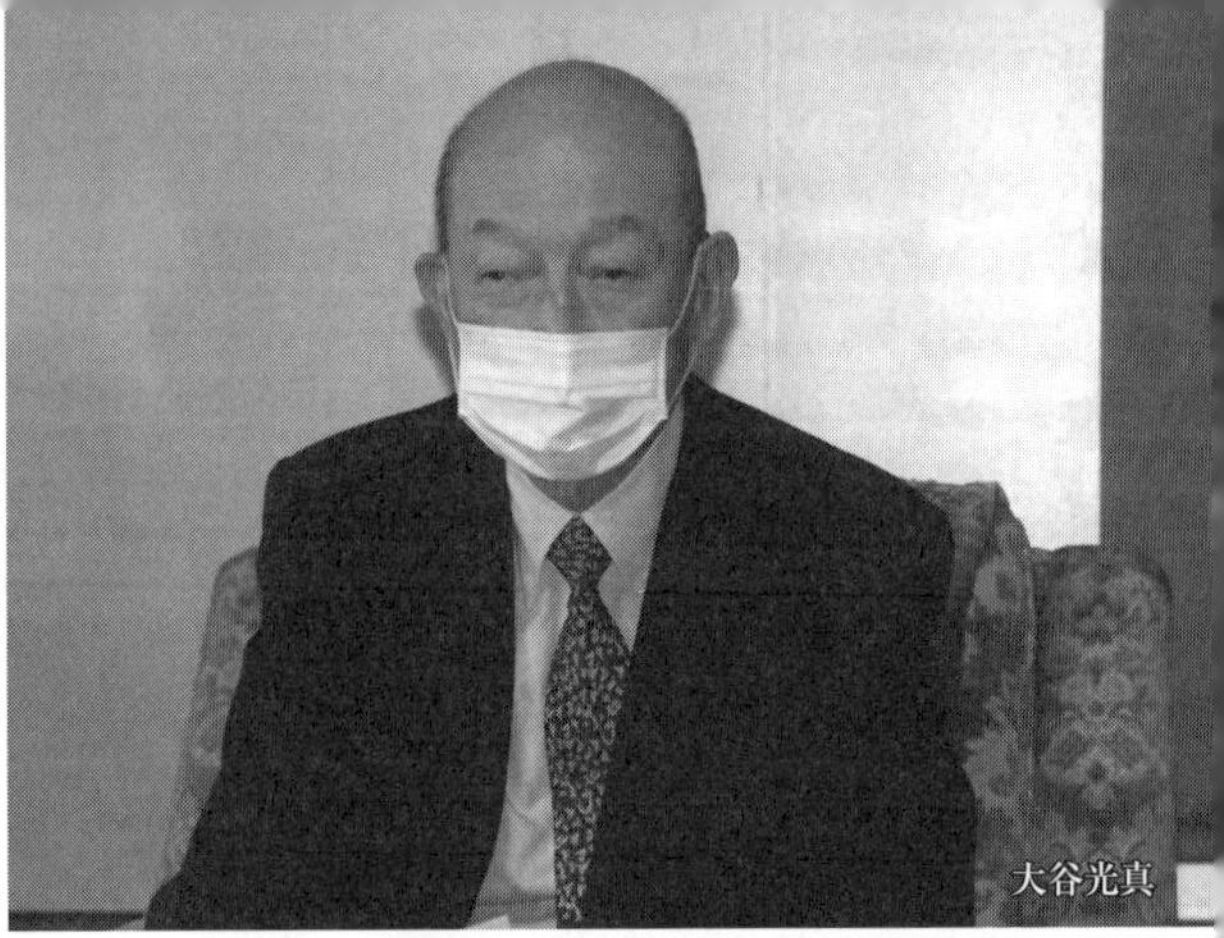

大谷光真

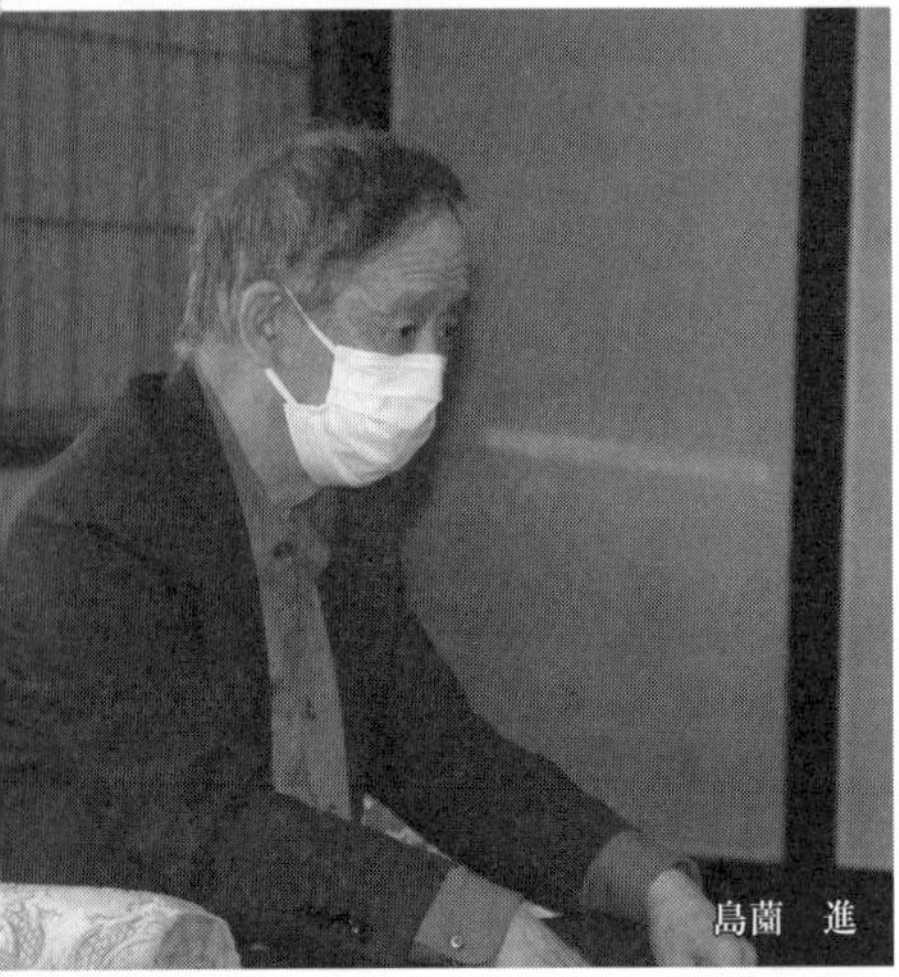

島薗　進

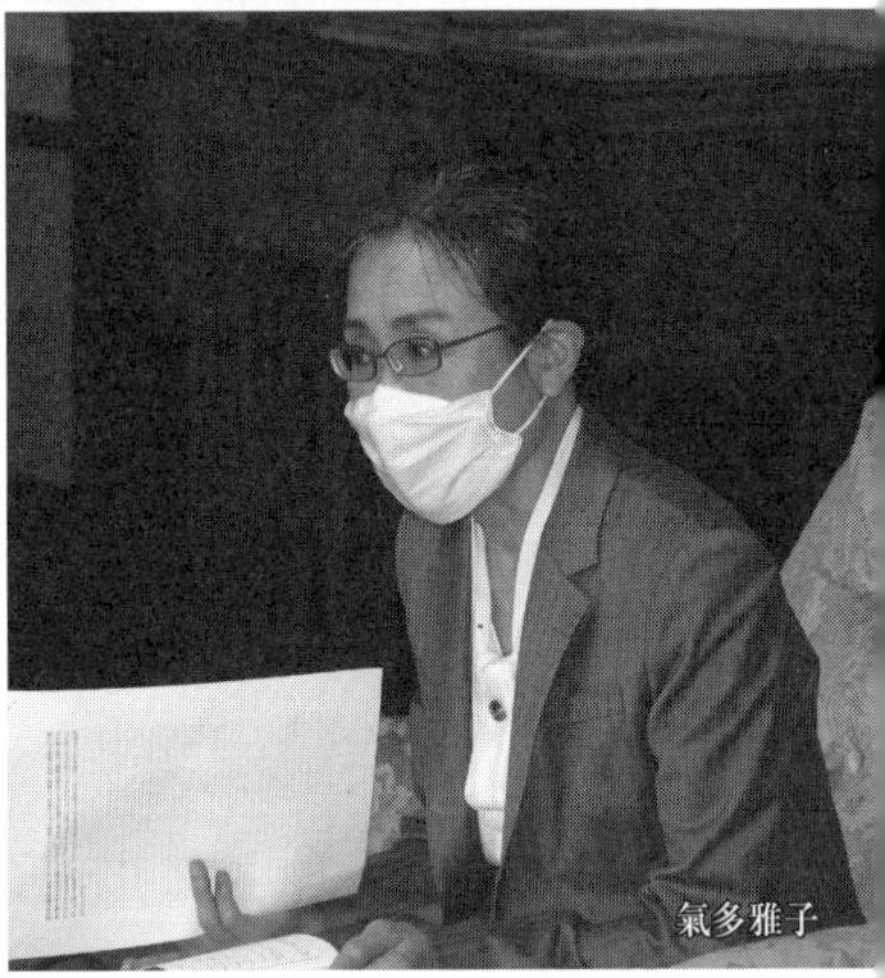

氣多雅子

櫻井治男

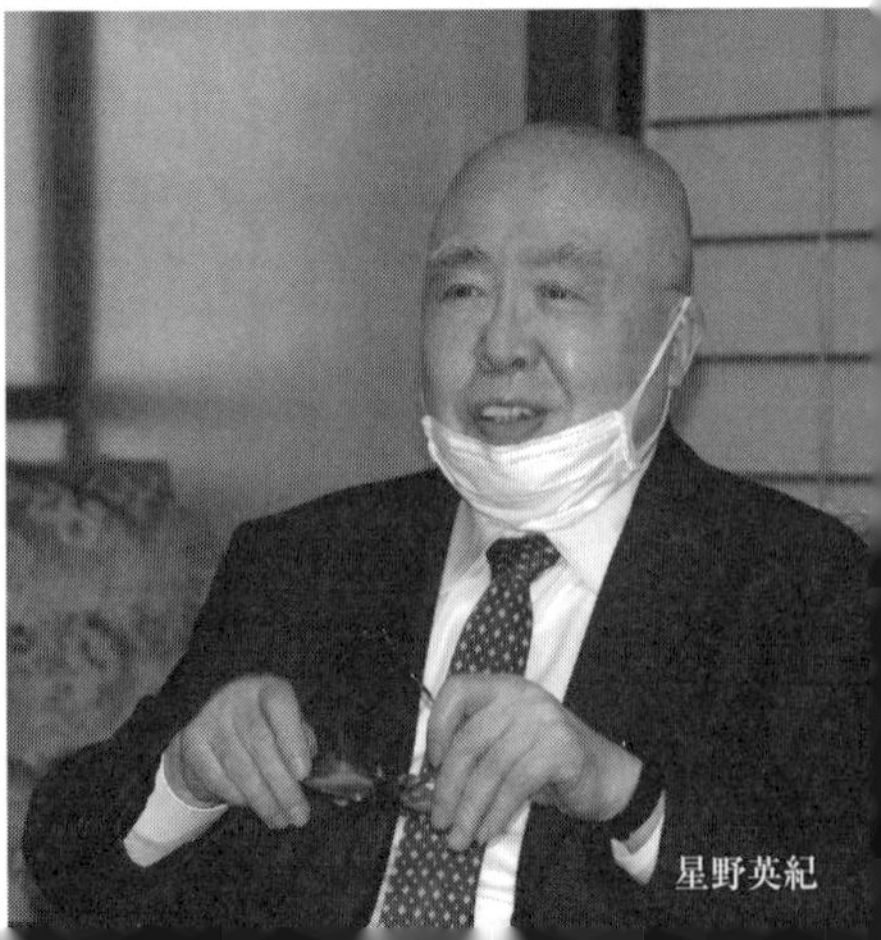

星野英紀

のそばにある町なんてないです。

島薗　駅のすぐ周りに東本願寺も西本願寺も東寺もある。

大谷　駅はあとから出来たんですが。

島薗　世界的にもこんなに宗教施設の多い都市は少ないんじゃないでしょうか。仏教界で私が少し覚えているのは、平田精耕先生、天龍寺の方です。これは東西霊性交流というのと関わっていて、南山大学の先生方もそれに関わっておられる。上田先生はそれをかなりやっておられて、東西霊性交流というのも東大の宗教学の雰囲気から見ると、少し高い高級宗教学という感じで、そういう雰囲気がコルモスの中にあって、禅の系統の方も西村恵信先生も来られていました。

大谷　霊性交流は仏教では禅の系統の方が主でしょう。浄土教はカソリックのメディテーションとは合わないものですから、ちょっと顔を出してやめたような感じです。

星野　あれも禅宗の中の好きな人がやっている感じはします。

大谷　カトリックと禅のメディテーションとは、対話の可能性がありますね。

星野　そうですね。

氣多　仏教とキリスト教の霊性交流を目的とした東西宗教交流学会が一九八二年に発足しました。最初のころは、禅の先生方がヨーロッパの教会に行って、そこで交流をしたり、そこで座禅を教えたり、あるいは教会の方が日本に来て禅堂で座禅をしたりとか、そういう交流が盛んだったんですけど、学会としてはだんだん下火になっています。

大谷　そうですか。残念ですね。
島薗　氣多先生は、初期の研究は親鸞とルターでいらっしゃいましたか？
氣多　いいえ、それは、松岡由香子さんです。そういう題の本を出版されていました。私も親鸞の思想を研究しておりました。
島薗　親鸞と宗教改革が対応する、親鸞というよりも浄土教でしょうか。というのは、増谷文雄先生がそういう書物を書いていらっしゃいましたが、増谷先生は、これに関わっていらっしゃったんでしょうか。
星野　そうですね。一種のタレント性を持っておられました。
大谷　この会にはほとんど関わっていらっしゃらないです。

五　社会科学的な視点の広がり

島薗　一九八五年に刊行されていますが、上田先生と柳川先生が編集して、『宗教学のすすめ』という宗教学の教科書を作られたことがあるんです。覚えていらっしゃいますでしょうか？
氣多　はい。
島薗　これは、われわれから見るととても画期的で、京都大学の哲学の宗教学と東京大学の社会科学の方に少し力点がある宗教学が、コラボできるということがすごく新しい感じで、その流れもあって東大の先生方、柳川先生、脇本先生もよく参加しておられました。それから、安齋伸先生とか、井門富二夫先生も参加していらっしゃった。そのあたりはお仲間なんです。柳川先生、脇本先生、井門先生、安齋先生というのは、岸本英夫門下で非常に仲良しで、その方たちがコルモスを割と積極的に受け止めて参加されるという、そういうふうな流れがあったような気がして、西と東が交流する場になっていた。その前に、堀一郎先生が加わって、岸本先生はおそらくもう亡くなってるから、堀先生から柳川先生でしょうか、柳川先生も脇本先生も浄土真宗で、お西の門徒でいらっしゃって、少なくとも脇本先生は山口県ご出身なんだけれども、父上は非常に熱心なご門徒でした。

大谷　全然そういう話を伺っておりませんで。

島薗　なので、関西に実は親しみがある、そういう本願寺に対する親しみはあるのかなと思っています。

星野　柳川さんなんかは、お母さんが亡くなって浄土へ旅立ちましたなんて年賀状に書いてあったりしました。やはり大村先生のような方が、ある種真宗Cと認めて、そのことが結構救いだったんじゃないか、そういうふうな位置付けしてくれたことで、安心したのではないかという感じがしました。何しろ菩提寺のお寺って、本尊さんの阿弥陀さんの後ろのところに柳川何左衛門とかいうのが寄付したと書いてあるという話を聞きました。大変な門徒だったんです。

島薗　私がぜひ歴史的に究明していただきたいと思うのは、NCCが事務局を長くしていらっしゃったですよね。そこから西本願寺に引き受けていただくようになった経緯というのをうかがいたいです。そこに佐々木正典さんや、佐々木先生と大村先生はとても強い絆のある間柄だったんですが、そのあたりのことは大谷会長に伺うわけにはいかないかもしれない。

大谷 あまり……

島薗 幸先生は本当に熱心に参加していらっしゃいました。

大谷 NCCでもうお世話できないとか、おっしゃって、当時の本願寺の、当時は伝道院というのか、芝原郷音さんという宗会議員系の院長が、「じゃあ、うちで引き取る」と言いまして、こっちへ移ってきたんです。

島薗 それは何年ごろでしょうか。

氣多 一九八五年と、小林さんの調査ではなっています。

島薗 そうですか。伝道院と大村、佐々木、ご両名は、関わりはいかがでしょうか?

大谷 あまりなかったと思います。

島薗 そうですか。大村先生は社会学者ですので、仏教学や宗学とはちょっと距離があったと思います。でも、実際、社会学をやりながら、非常に宗学的な関心の強い方だったと思います。それで、浄土真宗が近代以後、近代化とどう向き合ってきて、そこで欠けたものは何かということを深く考えていらっしゃった方で、その真宗C、真宗Pというのは、儀礼的な側面、実践的な側面が軽くなってしまって、頭の中の信仰になっていないかという……

大谷　ピューリタンですね。

島薗　純粋な信仰というところに力点を置く、これが実は大事なものを見落としているのではないか、こういう考えではありました。

星野　大村さんの、自分が門徒のお通夜に行くと無量寿経か何か読んで、いいかげん時間が経過すると、「坊さん、帰っていいんじゃないですか」という雰囲気になってくる。そうすると坊さんが帰った後にずっと地元の念仏講のおばあさんたちが来て、お念仏をまた別に上げる。坊さんの方は、そういうのを知っていながら知らん顔をしていると、そんなことを彼はよく言っていました。

島薗　柳川先生が亡くなった時のお葬式は、星野先生の真言宗のお寺でやって、ご導師は大村先生。

櫻井　そうですか。大村先生は、わりかしハッとするような言葉で表現されることが多かったですね。先ほどの真宗P、真宗Cにしろ、もう一つは、禁欲的ガンバリズムという言葉を使っていらっしゃった。

コルモスの初期の頃は、西谷先生をはじめ哲学の先生かがリードしておられた。そうした中で、現代社会と宗教との関わりという点では、宗教社会学関係の人たちとコルモスでお会いする機会が増えてきたように思うのです。日本宗教学会で星野先生、島薗先生と会長が続いていく中で、一緒に学会委員の仕事などをする。そうしたなかで、かつての宗教社会学研究会や「宗教と社会」学会のメンバーとのつながりがあって、あらためて京都のコルモスの会で出会うというような、そういう面白さがあったかなと思っています。

島薗　それで、大村先生は、大阪大学の先生でしたけども、京都大学で社会学を学ばれたんですが、京都大学の社会学は、非常に文化論的で、一種哲学的な要素もある。例えば井上俊先生とか、竹内洋さんとか、スマートな女性の稲垣さんとか、落合恵美子さんだとか、落合さんはもともとは東大ご出身の方ですけど、社会学風に家族を論じるんだけども、やはりそこに文明論的な関心が入っていたりします。

それから科学者がよく参加しておられました。これは、何か皆さん、特に大谷会長が一番、古いことはご存じなので、大谷会長にうかがいたいのですが、どういうところからそうなったのでしょうか。

六　多様な参加者と交わりの場

大谷　それはよく存じませんが、京都大学の東昇先生、ウイルスの専門。

島薗　あります。十一回にお名前が出てくる。

大谷　この方は、個人的な宗教という意味では、浄土真宗の熱心なおうちというか、経歴の方です。そういう背景があったんだろうと思います。その後、大嶋泰治先生、そういう方がどうして興味を持たれたのか聞いていないですけども。最近では、石藏先生がお医者なのに来られますが、どういう宗教との……

星野　石藏先生、面白かったですね。

島薗　これは大村先生とやはり親しい。やはり死についての、そういう延命治療、死を受け入れることを医師自身が勧める、そういう人たちと大村先生が親しくなられて、その関係で石藏先生が。

大谷　来られた。

星野　面白かった。泉さんなんかも、浄土宗の檀家総代とか言ってたけども、よく嫌がらずに来て。

島薗　独特の哲学をお持ちでしたね。

星野　ある意味で正統論でした。そんなことを、先生、言ったって、どうにもならないよって東京あたりで言いそうな感じだけど、来てもらえた。

島薗　題を見ると、昭和五十一年に「〝いのち〟を考える」、第十一回、第十二回「死について」、第十三回「性」、セックスの性です。「性を考える」、この間に科学者が次々と登壇しているんです。大木幸介、東昇、徳田良仁、平沢興という方もたぶんそうです。

櫻井　西谷先生は、最初から科学に対する関心、現代の宗教を考える時に科学という問題を抜きには考えられないという意識が非常に強かったです。だから、そもそもコルモスの趣旨の中にそういう意図が入ってるんだと、科学との対話。

島薗　そういう流れは、ですから七〇年代から八〇年代にかけても、しばしばそういうテーマが取り上げられているので、当時としては珍しいというか、これはまた科学者の中には宗教的な関心を強く持っている方がしばしばおられて、そういう方にとっては、このコルモスは非常に、自分が話してみたいことを宗教家や文系の学者が一緒に議論してくれるという、そういう楽しそうな雰囲気というのをしばしば感じました。

星野　京都という場がそういうことをさせるんだと思います。それはやはり宗教的にドライな東京みたいなところだと、何か宗教は宗教で坊さんと神主さんと神父さんがしゃべることであって、われわれは違う、となる。京都だとそういうことが融合的になって、出会いみたいなことができるところがある。たぶんこんなことができるのは本当に京都だけじゃないですか。

島薗　ただ、星野先生、国際宗教研究所の方が現場に近いということなんだけれども、コルモスにも初期から、例えば一燈園とか、大本教。

大谷　熱心な方々がおられました。

島薗　三宅歳雄さんは金光教の最前線の方で、天理教の方も多く関わっておられたのではないでしょうか。昔は分団討議というのがありました。分団討議というのは、大谷会長は、初めからあったのでしょうか、いつごろからでしょうか?

大谷　私が知っている限りは初めからあった。

島薗　あったんですか。

大谷　あれは非常に話がしやすいというか。

星野　わざわざ実践をやっている人を分団会議の座長に選んでました。

大谷　そういうことです。

櫻井　あれの一覧表というのはあるんですか？　分団会議のテーマとか、登壇者の演題。

島薗　それは今度調べてくださると思います。

氣多　それは調べても分からなかったと思います。

櫻井　案内に名前はいつも載るんですよね。

氣多　あの案内が全部残っていないんです。コルモスシリーズの冊子も全部揃っていないので。相当抜けている。

星野　クローズでやっているというのはある。

櫻井　クローズドだという。

星野　そういうことで、だからこそ自由に発言できたというんです。

島薗　分団討議というのは、参加者がだいたい五つぐらいのグループに分かれるのでしょうか？

大谷　私の記憶では三つぐらいでした。

島薗　三つぐらいのグループに分かれて、そうすると、二十人以内、十人以上でしょうか。

大谷　そうです、三分の一になります。

島薗　二十人以下と、それぐらいの人数で一日目の後半にその話をして、二日目にはそれを持ち寄って全体会議をやるみたいな構成でしたね。

大谷　そうですね。

星野　分団はなかなかうまく進まない時、経験もあります。

島薗　分団会議があった時代は、全参加者が自分たちも参加しているという意識を持ちやすくて。

大谷　私たちのような若い者は、全体会ではとても発言できませんけども、三分の一になれば一回ぐらいは言えるという。

島薗　あれはいつ止めたんでしたか？

大谷　いつごろ……

島薗　大村先生の時代だと思う。

大谷　会場の都合かしら、三つ部屋がいりますから。

櫻井　部屋数を多くするということと、だいたい分団討議じゃなくて、それぞれに何かそこで発表する人を、そうでもないか、当初分団は何もテーマなく分かれておりましたか。

大谷　と思います。

星野　どこへ行きなさいということは決められたでしょう？

櫻井　それは、どこへ行くというのは決まっておりました。私なんかは、一番最初に参加した時に、まず分団という、こういう形で講演を聞いた後、それぞれがまた実践のお方とお話しするというのは非常に珍しい体験だったのと、強烈な思いが。飯坂先生から「神道に超越という考えはあるんですか」とか問われて、考えこむことがありました。でも、そういうことをも、考えなければいけないという、非常に重要なきっかけになっておりました。

氣多　第1部をまとめてくれた小林さんが、一番面白そうで一番関心があるのはその分団会議なので、これが分からないというのはすごく残念だ、と言っていました。小林さんはシモーヌ・ヴェイユの研究者で、実際の宗教にはまったく関わりのない方です。コルモスにこの前初めて参加していただいたんですけど、一般の人の関心としては、やはりそういうところを知りたいのかなと思いました。

島薗　その後、二日目のテーマに、できるだけ現場に近い方の話をしてもらうということをやり、さらに、最近は弓山先生のお力もあって、ああいうワールドカフェ形式というか、実質的に分団に近いようなグループを作って議論をするという、そこに戻っていったとも言えそうですね。

大谷　部屋は変えないでも、その中で分けてやるんですね。

島薗　しかし、メンバー団体がその間にだんだん変わってきていて、やはり世代交代がなかなかうまくいかないということがありますか。氣多先生、どういうふうにしたらそのへんは改善できますでしょうか?

氣多　具体的な改善策というのはほんとに……

島薗　閉ざされた、閉鎖的という言い方、クローズドな会というのが特徴なんですが、講演会型式を入れて、公開にしようと、これも大谷会長になった時からでしたか。

大谷　そのころでしょうか。

氣多　ただ、公開というか、一般の人に、このコルモスの成果を伝えたいという趣旨は、初期のころからあったんですね。

島薗　そうでしょうね。なので、パンフレット、コルモスシリーズですか、これを編集することが一般に公開することにつながるという展望のもとに、そういう記録を出し始めたんだと思います。しかし、その記録は会員しか読まないというふうになっていった感じです。ですので、大村先生は、この本も大村先生が編集なさいましたか、大村先生の時代に二回ぐらい本を作られたと思います。そして、大谷会長の時になって、公開にする、それからホームページを作る、これは金澤さんのご尽力もあって、そちらの方向で今新たな方向へ歩み始めているところです。

七　交流の形の変化

櫻井　毎回、初日の会が終わると記念撮影をしていたんですが、あの写真はお持ちですか？

島薗　あります。私、だいたい、取ってある。

櫻井　事務局は残っているんですか。

金澤　全部アナログで残っているんだと思います。

櫻井　そうですか。

金澤　はい。かなり掘り出さないといけない。

櫻井　そうですね、それは大変ですね。

島薗　この記念撮影を撮るのも、やはりコルモスのコルモスらしいところですね。

櫻井　そうですね。
星野　ホテルの写真室で撮った時ですか？
大谷　そうですね。
星野　集合写真、結婚式のように集合写真。
島薗　若い時は、ああいう写真を撮る時も、何か自分の居場所がないような感じがして。
櫻井　ずっと比べて見ていると、徐々に後ろの方から前へ下りてきている感じになった。
島薗　私が記憶に残っているのは、とにかく安齋先生と飯坂先生の時代に、本当に懇親会がにぎやかで、時々けんかみたいになるんです。漫才の呼吸なんでしょうか。われわれは、上方の文化がよく分からない。あの時期は、懇親会も重要な部分だったと思います。
大谷　コロナでできなくなっていますから、ちょっと寂しい。
星野　今は、財政的なバックアップは、ない。
島薗　これは賛助会員の制度があって、今も続いています。
星野　西本願寺は負担されたのですか。
大谷　われわれはほとんど負担していないです。
星野　そうなんですか。
大谷　当日の職員の仕事ぐらいじゃないでしょうか。
星野　教団から？

氣多　会員が減って、財政も厳しくなったりして、なかなか大変になってきました。

島薗　大村先生の時代に次第に教団財政がどこもきつくなってきて、広い寄付がだんだん集められなくなってきたということがございました。それで、大谷会長になり、コロナになる前にホテルを止めようと、それでずいぶん節約できるんじゃないかということになり、同志社大学にお願いした。これが何年でしたか。

氣多　二〇一八年じゃないですか？

金澤　六十六回目。

島薗　六十六回、二〇一九年でしょうか？

金澤　はい、三年前です。

島薗　そして、あの時は公開で割と人が集まりました。しかし、だいぶ趣が変わりました。

櫻井　やはり全員が同じところに泊まって、寝食を共にしながら、ある意味ほかの雑音がないままに集中できるという良さは持っていたと思います。

島薗　そうですね。十二月二十六日、二十七日というのは、キリスト教の方も暇になる、仏教界もそんなに忙しくないとともにホテル代が安いという、そういうメリットもあった。

大谷　これからはどうでしょうか、年末の観光客が増えてきています。ちょっと難しくなるか。

島薗　ですから、今は二月、三月に開くのですがこれも大きな転換になりました。

大谷　受験生とかち合うということはないのかしら、京都はそれが多いです。

島薗　今は一般の学会もオンラインにするか、ハイブリッドにするか、対面にするかで判断に迷っているんです。コルモスもコロナの中でやむを得ずオンラインになりまして、聞法会館を使ってやるというふうに今年度はなりました。その前は京都駅前のキャンパスプラザでしたか。

大谷　そうです。

島薗　キャンパスプラザでやり、次、聞法会館でやり、来年も聞法会館ということになっています。これが今後どういう形になるか、また集まる形になるかどうかということです。

氣多　公開講演会、一般公開するのは、オンラインの方がたくさん聞いてもらうのにいいかもしれません、宣伝次第ですが。しかしこの会の趣旨としては、やはり対面がいいのではないかと思います。

大谷　やはり対面でやると違います。ちょっとした休憩時間でもいろいろな話ができる。

島薗　聴衆を集めた講演会、あるいはシンポジウムをやり、その後、懇親会で対面状況になる。これが二〇一九年、同志社でやった時は、そういう感じになりましたか。

櫻井　みんなホテルへ移動しましたね。

島薗　ホテルへ移動した。

櫻井　夕食会。

島薗　そういう方式に戻るかどうかということになります。

大谷　コロナ次第じゃないでしょうか。

八　コルモスの目的の現在

島薗　そういうやり方とともに、今後のコルモスについて、氣多先生のまとめ、小林さんのまとめですが、最初に四つぐらいのコルモスのテーマがございました。対話、科学、平和、もう一つ。

櫻井　現代社会の分析と把握。

島薗　対話、社会、科学、平和という言葉で単純化できるかなと思っているんですが、そういう設定は、今後も変わらないでしょうか？　それとも少し変わっていくのか、この間に変わってきたのか、今後変わっていくのか、そのあたりについてはいかがでしょうか？

西谷先生の哲学中心の時代から、大村先生の社会学の方へと、やや力点がそちらの社会問題とつながる方向へ移ってきたというところはあるかもしれないですが、そのあたりはいかがでしょうか？

氣多先生は、宗教哲学ですが、同時に宗教倫理学会の活動もしておられて、宗教倫理学会は現代社会のさまざまな問題に取り組むという、そういう性格もありますよね？

氣多　この四つの目的は、やはり非常に考え抜かれて立てられていると思います。ですから、目的の変更ではなく、目的をどう理解し、解釈し直すかということで、最初のころの時代と現代と状況の違いというものが、それでもってむしろ見えてくる。だから、下手にこれを改変するよりも、この四つの目的が意図したことが何なのかということを受け取り直すことで、今の現代の問題に対する目が開かれてくるんじゃないか、そういう気がしました。

星野　今度の、来年のテーマは何ですか。

金澤　来年は宗教と政治です。

島薗　二〇二二年は、ウクライナ戦争が始まった。これもロシアのプーチン大統領は、ロシア正教と非常に近い関係にあって、宗教を政治に利用する傾向がある。そういうことが念頭にあったところに、安倍元首相の……

大谷　統一教会。

島薗　銃撃事件があって、これも政治と宗教の関わりという、統一教会問題があって、その二つを重ね合わせるような感じでこのテーマになった。

大谷　そうです。

島薗　こういうのは、コルモス的な問題の設定の仕方と合っているかもしれない。これは2に当たりますか。あるいは4にも当たりましょうか。

氣多　4になるんじゃないですか。

島薗　確かにこの四つのテーマは、実にあまり変わらないなと思うところがありますが、いかがでしょうか。何かこれに、この解釈を変えていけば、この路線で今後もやっていけるのか、この時代、もう三十年も、五十年もたっていますか、五十年の間に何か変わったので、付け加えなきゃならないことがあると考えるのか、いかがでしょうか？

氣多先生のお考えは、基本的にはこの枠でやっていけるんじゃないかということなんですが、櫻井先生、いかがでしょうか。

櫻井　あらためて氣多先生がまとめられたのを読んでいて、本当にこの基本があって、それを私たち、毎年こうやって会う時に、どういうふうにそれを取り上げる、理解していくかということを、その時々の状況の中で議論してテーマを設定するのでいいんじゃないかと思います。非常によく考えられているわけで、私は特にこの最後の世界平和という問題、とても大事で、宗教が果たすべき役割ということは重いと思っているんです。こういうことをきちんと議論ができていかないと駄目かなと思っています。

島薗　この1の対話と宗教協力というのは、今も非常に重要な問題であり続けていて、先見の明があるなと思います。第一回の時にも話題になったと思いますが、ほぼ同じ時期に世界宗教者平和会議の第一回の大会が京都で開かれていて、そういう面では、これもやはり日本の現在の宗教界の活動の中では非常に重要な意味を持っている部分です。

そして、日本では、宗教協力というのが必然的に必要になる。つまり、多様な宗教が共存している。特に京都はそういう場所かもしれない。そういう中で、このテーマが出てきて、先取りされていいのかなという思いがいたします。

大谷会長も学生時代は仏教学をなさって？

大谷 一応、仏教学。

島薗 ここの会は、やはり少し違う雰囲気と感じられたでしょうか。

大谷 全然違うので大変ありがたかったですね。仏教学としては、真言宗の方も、禅宗の方も学生におられましたけど、それ以外の宗教の方とは、全然顔も見ないですから、大変ありがたい。ある程度その宗教と、体現しているご本人との何かありますよね、つながり、関係というか、そういう意味でも面白いです。

島薗 頭の中で諸宗教を比べたり、結び付けたりしているだけじゃなくて、その人、その人の生き方というか、考え方とか、その中に宗教が入っている。それを実感できるような場ということでしょうか。

大谷 そうですね。やはり対面の場がないと、これは寂しいです。

島薗 かなり将来的な展望につながるような話になってきております。星野先生、でも、仏教界の方は、こういう方面に、今後はいかがでしょうか、必ずしも非常に積極的という雰囲気でもないような気がする。

星野 人によるんだろうとは思います。今の統一教会問題も、統一教会にとどまらずに宗教そのものに大きな問題を投げ掛けているんじゃないですか。

統一教会問題については、統一教会はひどい団体だから、俺たちには関係ないんだと考えている人が、宗教家でもたくさんいます。僕はそうではないんじゃないかと思う。公明党の関係の人に向かって「あんたたち、お宅でやってる寄付集めと統一教会どう違うんだよ」などと言うマスコミ関係もいます。

どこの宗教だって信者さんの寄付というのはお願いしているので、そんな「地獄に落ちる」とか言わないかもしれないけど、やはり宗教者の倫理という問題に、日常的に関わってくる問題です。

それはやはり宗教と政治の問題だけではないので、政治的に扱われることの中にそういう問題を含むという、そういうふうに掘り起こすことが必要なんだと思います。だから、ここでコルモスが統一教会の問題について論ずるといったら、これはまたコルモスらしくないけども、統一教会が投げ掛ける、宗教がお金集めるというのは、宗教のかなり本質的な問題ですよ。それをどういうふうにやって説明したり、意義を考えることは、なかなか簡単ではない。

九　今後のコルモスに向けて

島薗　コロナでこういう機会を持ちにくくなって、かつてのコルモスのような雰囲気がちょっと遠くなっているような気がするということは一つあります。

それから、その前に少し賛助会員が減ってきている。それは教団の財政難ということがある。また、二〇〇二年に教団付置研究所懇話会というものができまして、これは新宗教も含めて、かなりの団体が入っていて、かなり教団に所属している研究所の人たちは、そこで話をすることに意義を認めている。そういうところが、かつてコルモスが持っていた意義の一部を違う形で担っているということもあるかもしれません。

（注・二〇〇一年十二月に開催されたコルモス研究会の場で設立が提案された。・雲井昭善氏〈天台宗総合研究センター〉・幸日出男氏〈NCC総合研究所〉・奈良康明氏〈曹洞宗総合研究センター〉二〇二二年第二十回教団付置研究所懇話会シンポジウムにて、斉藤泰氏〈大本〉の発言より）

ですが、やはりコルモスだからこそできるような役割があるのではないか。

星野　例えば著名な人を呼んできて、講演していただく。しかしその方を囲んで親しくいろいろ議論するなんてところまで成熟した宗教者がたくさんいるわけじゃないです。だから、こういうところは大切なんじゃないですか。

僕もさっきから言っているように、コルモスはそういう宗教の理念を追求するというのは、京都だからできることであって、氣多先生にぜひ頑張っていただきたいと思います。やはりそれは京都の宗教哲学が持っている伝統というものがあって、それは素晴らしいんじゃないかなと、思います。

櫻井　私自身、少し危惧していたのは、神社関係の人たちの参画が少なくなってきているのは心配で、自分たちがもっと議論に出掛けていって役割を果たすとか、あるいは自分自らを鍛えることができるので、残念だなと思っています。

でも、このコルモスの会そのものは、やはり京都が先ほどから話題になっていますように、千年の都というのでしょうか、それの持っている重み、文化の重なりという、そういう点で単に今の現代社会がどうのだけじゃなくて、そこの背景にあるいろいろなものの考え方や、哲学や倫理、そういうことを議論の基本に置きながらできるという素晴らしさというのは、なかなかないので。

星野　僕もそうだと思う。

櫻井　この点にコルモスのさらに果たしていく役割というのは大きいし、そのことを気付いていただけるように、こちらも運営をしていく上で努力をしたほうがいいのかなと思います。

大谷　覚えていないですけど、だいぶん前に、テーマが神道に関わる、靖国神社かな、それを批判する人が何人もいまして、それ以来、神道系の学者さんが来られなくなったといううわさ話があります、証拠はないです。やはり意見が違っても排斥するような雰囲気はよくないわけですから、良き伝統としてコルモスは、それは保ちたいと思います。

島薗　関東の学者からすると、やはりちょっと遠い、年末にやっていた時は、年末の一週間というのは非常に貴重な時期なので、少し腰を上げにくいという事情があって、面白そうだけどなかなか参加しにくいという事情もあったと思います。それを時期も変えましたので、幾らか変わっていくかなと。

それから、会員制ということをどういうふうに将来的にシステムを変えていくか、これも参加費をどうするかということも絡むんですが、なかなか難しい問題があるかと思います。ですから、コルモスの役割とか、意義についての認識は、あまり動揺しないんだけれども、実際にそれをどう形にしていくかというところになかなか難しさがあるかなと思います。

氣多　私は現実の教団に関係しているわけではないので、立場ということで言うと宗教哲学を研究してきた者ですが、宗教哲学を学ぶ学生たちも現実の宗教に触れることが非常に少なくなっているんです。昔は、私が学生のころは、例えばカントを勉強して、その一方で現実の禅を勉強するとか、真宗を勉強するとか、何らかの形で現実の宗教の勉強をした方がいいというのが何となく伝統だったんです。お寺出身の学生は別として、最近はもうカントならカントだけという形で、宗教についてある程度勉強しても机上だけで、現実の教団が実際に行っている活動にほとんど触れないし、理解もないし、関心もないという、そういう学生が増えています。これは恐らく一般的にそういう傾向がどんどん強くなっていくと思います。

そういう意味で、コルモスというのは、教団というか、現実の宗教の活動を具体的にしている人たちが集まって、その一方で宗教の研究者、あるいはそれ以外のいろいろな科学者、研究者というのが集まって議論をする場です。これはやはり非常にまれであるし、宗教というものを知る場所としてとてもいい場所じゃないかと思います。

宗教哲学を勉強しながら現実の宗教に触れないということが持っている根本的な問題です。それに気付かせたいと私はいつも思っているんです。そういう人たちにぜひこのコルモスの活動を知ってほしいし、できたら参加してほしい。そういう場所として非常に大きな可能性があるんじゃないかと私は思います。

島薗　二〇一九年の同志社大学でやったシンポジウムの時には、割と若い人が参加してくれていましたね。

氣多　宗教哲学の学生、相当多かったです。

島薗　しかし、それ一回切りにどうしてもなって、今の感じだと、コロナがあったせいもありますが、それはどういうふうにそういう若いエネルギーを吸収できるような方向へ持っていくかという、そこのところはまだ見えていないのですが、何とかそういうことができるように、今の氣多先生のお話は、将来に向けてのとてもいいお話を頂いたと思います。

今日はこういう場所を貸していただいて、初めてのことです。これは門主さま、あるいは前門主さまの普段おいでになる場所でいらっしゃるんですか。

大谷　本来門主ですけど、私も使わせてもらっています。公邸と言いますか、私宅は廊下でつながっていますけど、別棟で家庭生活は私もこっち側で、間にこの公的な建物がある。ここは門主一家のお客さまをお迎えし、お客さまにお目にかかる施設です。

島薗　この場所を訪問させていただけるのも、コルモスとの関わりがなければ一生なかったことだと思います。というわけで、貴重な場所を貸していただいて、落ち着いた雰囲気の中でこういうお話ができましたことをうれしく思っています。ありがとうございました。

これからのコルモス

——今後の社会における宗教の役割を考えながら

小原克博
KOHARA Katsuhiro

小原克博（こはら　かつひろ）
一九六五年、大阪生まれ。同志社大学大学院神学研究科博士課程修了。博士（神学）。現在、同志社大学神学部教授、良心学研究センター長。日本宗教学会常務理事、日本基督教学会理事、宗教倫理学会　評議員も務める。専門はキリスト教思想、宗教倫理学、一神教研究。先端医療、環境問題、性差別などをめぐる倫理的課題や、宗教と政治およびビジネス（経済活動）との関係、一神教に焦点を当てた文明論、戦争論などに取り組む。神道および仏教をはじめとする日本の諸宗教との対話の経験も長い。単著として『ビジネス教養として知っておきたい　世界を読み解く「宗教」入門』（日本実業出版社、二〇一八年）、『一神教とは何か――キリスト教、ユダヤ教、イスラームを知るために』（平凡社新書、二〇一八年）、『宗教のポリティクス――日本社会と一神教世界の邂逅』（晃洋書房、二〇一〇年）、『神のドラマトゥルギー――自然・宗教・歴史・身体を舞台として』（教文館、二〇〇二年）、共著として、島薗進ほか『徹底討論！　問われる宗教と〝カルト〟』（NHK出版新書、二〇二三年）、同志社大学　良心学研究センター編『良心から科学を考える――パンデミック時代への視座』（岩波書店、二〇二一年）、佐々木閑・小原克博『宗教は現代人を救えるか――仏教の視点、キリスト教の思考』（平凡社新書、二〇二〇年）、山極寿一・小原克博『人類の起源、宗教の誕生――ホモ・サピエンスの「信じる心」が生まれたとき』（平凡社新書、二〇一九年）、堀江宗正編『宗教と社会の戦後史』（東京大学出版会、二〇一九年）などがある。

これからコルモスは、どのようなものになっていくのだろうか。コルモスの未来の姿は、我々がコルモスに何を望むかにかかっているが、「現代における宗教の役割研究会」という名称から、その最初の手がかりを得ることができる。一言で言えば、コルモスは「現代」に向き合ってきたのであり、刻々と移り変わる「現代」の中に宗教固有の役割を見出そうとしてきた。十年後の「現代」は、今我々が見ている「現代」と異なったものになるに違いない。しかし、「現代」の様相や課題が変化し続けていくとしても、これまでの関心や議論の蓄積を忘れることなく継承・発展させていくことは、コルモスの重要な役割であるに違いない。ここで過去の経緯を網羅的に振り返ることはできないが、設立初期の研究テーマから、その時代の関心事を探り、現代さらには未来のコルモスが引き受け、発展させるべき課題を考えてみたい。

✝コルモス初期のテーマ

コルモスの最大の特徴は、多様な宗教者と研究者（宗教研究者が中心であるが、それに限定されない）が一緒になって、現代における宗教の役割について議論し合う点にある。宗教実践の現場における関心事が議論の場に持ち込まれ、そこに宗教研究の知見が重ねられることによって、理論と実践の相乗効果が期待できる。各宗教教団が他の教団や宗教研究者との交流を日常的に行っていれば、コルモスが設立される必要はなかったかもしれない。しかし、実際にはそうした交流が十分でなかったため、それを求めた人たちがコルモスを設立したのであり、そこで得られた交流の成果は、その場に居合わせた人たちが共有するだけでなく、各宗教教団にフィードバックされてこそ、大きな意味を持つことになるはずである。これはコルモス最初期から将来にまで及ぶ一貫した課題である。よいフィードバックを各教団が感じることができなければ、それぞれが一定の財政的支援をしてまでコルモスにかかわりたいとは思わないだろう。

では、コルモスに集った宗教者と研究者はどのようなテーマに向き合ってきたのだろうか。コルモス設立の一九七一年には「対話の神学試論」〈土居真俊・同志社大学教授〈当時〉〉と「社会変動と宗教」〈堀一郎・成城大学教授〈当時〉〉という二つの基調講演がなされている。戦後の経済復興期、急速に変化する社会情勢の中で「宗教の役割」が問われ、「対話」が模索されたのである。それ以降、現在に至るまで、明示はされなくても、「対話」の重要性は、すべてのテーマの大前提となっている。裏返して言えば、それ以前の時代において、とりわけ戦前においては、まっとうな「対話」はなされず、国策の中で求められる社会的役割を宗教は粛々と遂行する他なかったということである。それゆえ、時代の激流にのみ込まれることなく、固有の「宗教の役割」を「対話」を通じて見出そうとする共同作業がコルモスによって始められたのである。

設立の翌年一九七二年から総合テーマが設定されるが、その一つひとつが、その時々における関心事を反映しているようで興味深い。そして、「現代における救いの問題」〈一九七二年〉、「宗教と教育」〈一九七三年〉、「宗教と政治」〈一九七五年〉といったテーマを見ても、それらが決して古びることのないテーマであることを感じさせられる。「救い」を求める宗教行為に伴う社会的責任、宗教とは何かを知るために欠かせない宗教リテラシー教育、宗教教団の政治利用の問題など、今日、宗教とカルトの問題をめぐって交わされている論点の多くが、まだ「カルト」という言葉を頻繁に用いることのなかった一九七〇年代において、すでに重要事項としてテーマ化されている。大量の情報が行き交う現代において、時局に振り回されることなく、宗教者および研究者としての役割を冷静に果たしていこうとするなら、過去の議論は有益な参照軸となるはずである。

†対話の作法

コルモス設立の地・京都は、日本の伝統宗教の発祥の地でもあり、特に一九八〇年代以降、多くの宗教間対話が京都でなされてきた。海外から高名な宗教指導者を招き、盛大な国際会議が行われることもある。壮麗な顔ぶれは大いに刺激的ではあるが、そうした宗教間対話の多くに参加してきた者として率直に感じてきたのは、まっとうな「対話」がなされていないということである。日本の宗教者はそれぞれの世界で研ぎ澄まされた叡智を有しているに違いないが、自分が属する世界の外に立つ人たちと深く議論を交わし合うための「対話の作法」が十分身についていないように感じることが多くあった。

それに対し、コルモスでは儀礼的な挨拶にとどまることのない、実質的な対話がなされているように思う。一年に一度の会合（研究会）は、何かを身につけるには短すぎるかもしれないが、他者との出会いを期待しつつ、その日を迎え、その回数を重ねる中で「対話の作法」を学び合う機会になっているのではないだろうか。私は宗教研究者であるため、各種の学会等を通じて研究者との交流は日常的にある。しかし、多種多様な実践的宗教者が一堂に会し、共通のテーマのもとに具体的事例を分かち合いながら、対話を行うのは、学会などでは得られない刺激となっている。

では、コルモスは、これまでの「現代」を踏まえながら、新しくやってくる「現代」といかに向き合い、そこからどのような「宗教の役割」を見出すことができるだろうか。それを考えるためには、「現代」を変化させ、それを形づくる基本要因、とりわけ、宗教との接点となり得るものに着目していく必要があるだろう。

†世俗社会における宗教の役割

日本社会に限らず、世界の多くの国々（特に先進国）において進行している共通の現象の一つに社会の世俗化がある。伝統宗教が力を失い、人々の宗教的関心が小さくなり、分散化していく傾向は、かつてキリスト教国と言われた欧米諸国においても顕著に見られる。しかしその一方で、宗教復興とも言える現象がやはり世界の各地で見られる。人口動態に関して言えば、ムスリムを中心に宗教人口は増加しており、世界全体で世俗化が不可逆的に進展しているわけではない。一方で世俗化が進み、他方で宗教復興が進む先で世界が直面する課題は、拡大する価値観のギャップや対立への対応である。もちろん、未来の宗教事情は人口動態のような量的指標だけで計れるものではない。信仰の質や人々が宗教に期待する内容が変化しているとすれば、そうした変化をも見据えていく必要がある。

こうした世界の動向は無視できないとはいえ、コルモスが直視すべきは、まずは日本社会の現実であろう。今後、広く議論されていくと思われるテーマの一つに、宗教と公的領域（公共空間）、とりわけ、政治との関係がある。二〇二二年七月に起きた、安倍元首相の銃撃事件が端緒となったとはいえ、宗教に対する関心がこれほど高まったのは、オウム真理教による一連の事件以来、初めてのことである。政治と宗教の関係を問うことは、民主主義や国家のあり方にもかかわる根源的な課題であることを国民レベルで受けとめていくためにも、宗教からの適切な情報発信や意見表明が今ほど求められている時はない。長期的視座を必要とする、このような取り組みにコルモスも参与すべきだろう。

コルモスでは、各宗教教団におけるユニークな社会的活動が報告されてきた。そのことは、「政教分離」の言葉が、政治と宗教を分離し、一方から他方へのアプローチを禁じる、といった単純な意味で理解されることが多くなってきた社会情勢の中で、重要な意味を持つと思われる。日本国憲法第二十条第一項では「信教の自由は、何人に対してもこれを保障する。いかなる宗教団体も、国から特権を受け、又は政治上の権力を行使してはならない」と記されており、宗教団体が政治家から特権（権威付け等）を付与されたと疑われることのない節度と透明性ある関係を持つべきことは言うまでもないが、この条文は宗教団体が政治にアプローチすることを禁じているわけではない。宗教の積極的な社会参加（公共の福祉への寄与）はなされるべきであり、よりよい社会の実現のために宗教団体が政治や政治家に訴えていくことは宗教による社会参加の一部となり得る。

どの社会でも、個人が単独で生きていくことはできない。とはいえ、国家がすべての面倒を見てくれるわけでもない。一人ひとりが生きていくためには互いを支え合う中間集団が必要であり、この部分が多様で厚みがあるほど、その社会は安定したセーフティーネットを有していると言える。個人と国家の間に位置し、両者を媒介する集団として、西洋では学校、教会（宗教団体）、各種の組合、NPO、NGOなどが存在しており、近代市民社会の成立にもそれらが深く関わっている。たとえば、米国のキリスト教では、バザーやチャリティーを行ったり、貧困層に対する炊き出しを実施したり、冬期にはシェルターを提供したりすることにより、州や国家ができない社会奉仕を行っている。そして、そのような社会奉仕の事例は、まだ十分ではないとはいえ、日本にも見出すことができ、その先駆的事例がコルモスで紹介されてきた。個人や社会のウェルビーイングに対し、宗教が重要な役割を果たし得ることをコルモスは示し続けるべきなのである。

†科学技術時代における宗教の役割

世俗化にも関連するが、「現代」を刻々と変化させている大きな要因として科学を無視することはできない。科学やそれが生み出す技術によって、宗教の出番はますます少なくなっているようにも見えるが、科学的世界観が支配的な力を振るう時代であればこそ、それを批判的に相対化できる宗教的世界観は重要な意味を持つ。これまでコルモスは、医学・生物学・生命科学・情報工学などに関わる研究者を講師として招き、広く、科学と宗教の接点を探るテーマ設定をしてきた。こうした取り組みは、今後、ますます重要になるに違いない。

科学技術を進展させ、それを国益に結びつけることは確かに必要なことである。しかし、日本では経済効果や技術的安全性の議論はなされるものの、科学技術がもつ倫理的側面に対する深い議論がなされたり、国民的理解を得るための継続的努力がなされたりすることは、ほとんどない。東日本大震災（二〇一一年）以降の原子力発電の是非をめぐる議論も同様である。「科学信仰」とも言える、科学万能主義や、科学への「疑い」のなさが、科学政策や安全対策の機能不全をもたらしてきたことは、福島の原発事故から汲み取るべき最大の教訓ではないか。経済成長至上主義と結びついてきた原発「安全神話」を「脱神話化」する役割は、「神話」の力を、そのポジティブな側面とネガティブな側面を含めて知っている宗教研究者や宗教者が負うことのできるものである。我々は、科学や科学技術の恩恵の中にどっぷりとつかった生活を送っているだけに、それを外部から批判的に対象化する視点が必要であることをコルモスは訴え続ける必要があるだろう。

その一方で、最先端の科学的知見が宗教的世界観にも良質の刺激を与えてくれることに、我々は心を開いていくべきだろう。人類の起源、生命の由来、宇宙の成り立ちなどについて、今や我々は前時代とは比べものにならないほどに膨大な知識を有している。それぞれの宗教伝統は、この世界の成り立ちに対する関心を持ち、それを「神話」のような物語の形で保持してきた。コスモロジー（世界観・宇宙観）は、人間とは何者かを理解する上で欠くことのできない大きな舞台装置であった。ところが、社会の近代化・世俗化の進展に伴い、とりわけ西洋社会では、信仰を心の内面に配置することを求めてきた。これは政教分離の原型となり、日本社会にも影響を及ぼしている。内面化した（させられた）信仰のあり方は、近代化・世俗化がもたらした帰結の一つではあるが、世界や宇宙との接点を欠いた信仰は、社会において積極的な役割を果たすことはできないだろう。宗教が知らず知らずの内に失ってきたコスモロジーを、科学的知見を手助けとして回復していくことも、コルモスが担っていくべき課題である。

†新たな時代の宗教リテラシー

福島の原発事故やカルト問題を事例として挙げるまでもなく、信じることと疑うことのバランスをとることは、いつの時代においても難しい。しかし、その困難さを理解した上で、そのバランスを追求していかなければならない。疑うこと（批判的内省）が失われると、信念は容易に絶対化し、さらに暴走し、暴力化する。そのような広い理解に立てば、宗教教団に限らず、すべての人間集団が「カルト」化する可能性を抱えていると言える。その事実を直視することのできる宗教リテラシーが、今後ますます必要とされるだろう。

各宗教教団に内属する信仰を、他との比較を通じて、客観的・批判的に見ることのできる宗教リテラシー（対内的リテラシー）は、これまでコルモスが培ってきたものであり、継続・発展させていくべきものである。また一般社会において、人の信仰や信念を偏見や誤解なく理解したり、社会の基底にある宗教的価値観や文化を理解したりしていくためにも、宗教リテラシー（対外的リテラシー）は大切である。しかし、日本国憲法第二十条第三項に「国及びその機関は、宗教教育その他いかなる宗教的活動もしてはならない」とあるように、公教育で宗教教育を行うことができない以上、宗教系私立学校などの教育機関や宗教教団などが、バランスのとれた宗教リテラシー教育を担っていく必要がある。これまでコルモスは、参加者相互の宗教リテラシー（対内的リテラシー）を高めることには大きな貢献をしてきたが、その成果を社会に発信し、宗教リテラシー（対外的リテラシー）を高めるという点では十分ではなかった。宗教者と研究者の生き生きとした交流が生み出す相乗効果が、社会や時代の要請に応える宗教リテラシーを生み出していくことを、今後のコルモスに期待したい。

コルモスが持つ可能性について

――コロナ禍以降の日本の宗教界をみながら

庭野統弘
NIWANO Munehiro

庭野統弘（にわの　むねひろ）

一九六六年生まれ、富山県出身。金沢大学、ローマ教皇庁立サレジオ大学並びにグレゴリアン大学卒業。立正佼成会主席、公益財団法人庭野平和財団理事長、学校法人佼成学林理事長、コルモス理事、公益財団法人国際宗教研究所顧問。

†はじめに

「現代における宗教の役割研究会」（Conference on Religion and Modern Society）、通称コルモス会議（以下、コルモス）が主催する研究会議に、私が初めて参加したのは二〇〇八年（平成二十）の十二月であった。その研究会議はすでに第五十五回目を迎えており、京都国際ホテルの二階の大広間に大きくロの字になって配置されている机の一角に自分の名前を見つけ、緊張しながら席に着いたことをよく覚えている。

私は、立正佼成会の職員ではあるが、前年の二〇〇七年（平成十九年）まで学林の研究科生として日本にいながらも海外の大学の博士論文を仕上げることだけに時間を費やしていた身であった。コルモスに参加するまでは学林関係者以外の外部の先生方との交わりはほとんどなかったので、参加者名簿に文献や書籍などを通してしか知らない先生方の名前を発見しながら、とんでもないところに来てしまったと思ったほどだった。

コルモスに参加したきっかけは、当時、立正佼成会の中央学術研究所所長の篠崎友伸氏とWCRP日本委員会の平和研究所所長の眞田芳憲先生にお声掛けをいただいたことであったと記憶している。本会からは元理事長の山野井克典氏が長年関わっておられ、コルモスでは当時、常任理事をされていた。

コルモスは世界宗教者平和会議の第一回京都会議が開催された翌年の一九七一年（昭和四十六）に創設され、以来五十年もの間に六十八回の研究会議を開催してきた。

コルモスが設立された目的は、

一　諸宗教間の対話と協力の可能性、その意義及び方法を探ること。

二　宗教の立場から現代社会の分析と把握をすること。

三　諸科学の成果に照して、宗教とは何か、宗教はいかに在るべきかを根本的に問い直すこと。

四　現代社会の諸問題、特に世界平和の問題を検討するなかで、宗教は何を為すべきか、また、為し得るかを問いつめること。(1)

これらを実現するために、毎年会議を開き、その成果を報告書として冊子にまとめ関係者に配布されている。当初は年に二回、関西と関東で開催していたが、途中で年に一回、京都で開催するようになり現在に至っている。私が初めて参加した当時はすでに年に一回の開催となっていた。コロナ禍になってからは、発題者を含めた少数のみ京都の会場に集まり、他はオンラインで参加するハイブリッドの形になっている。

会議は、コルモスの研究会員、賛助会員のみ出席し非公開の形で長年行われていたが、最近では一部を公開講演会にし会員以外に対しても、著名な、さらには現場で活躍されている先生方の話をお分けいただく機会が設けられている。

†立正佼成会と諸宗教対話について

私が所属している立正佼成会を創立したのは庭野日敬開祖（以下、庭野開祖）である。立正佼成会は創立当初から、諸宗教対話や宗教協力を意識的に行っていたわけではないが、庭野開祖の人間性に拠るところが大きいと思われる。庭野開祖の著書『この道』の「宗教協力の足音」という章の冒頭で、「相手の申し出はより好みせずにうけて、全力を尽くして真心でやらせてもらう、という生き方を心がけてきた」とか、「自分の身にふりかかってくることは、それがどんなことであれ学びとるものが必ずあるはずだという真摯さこそが、何よりも大事だ」と述べているように、一人の人間として出会いからの学びを大切にしていることがうかがえる。(2) これは、庭野開祖が豪雪地帯として知られる新潟県の菅沼（現在、十日町市）で生を受け、山村の農家の大家族で育ち、人々が助け合わなくては生きていけない環境で青年期まで過ごしたことが大きく影響している。(3)

庭野開祖は、仏教の教えから導き出される世界平和を実現するためには、「宗派の違いを超えてともに行動すること」が必要で、「宗教者が自分の宗派にこだわっている垣根を打ち壊し、まず一歩を踏み出さなくてはならない」と述べている。宗教者一人ひとりが、「こちらの好き嫌いや自分の狭い経験だけでより好みせずに、どんな人も、どんなことも受け入れること」は、より多くの人々を救い、さらには物事を好転させていくためには大事なことだ。つまり、全世界の平和、全人類の幸せを目指すのであれば、自分の見方や考え方の偏りを省みたり、人の言うことに耳をかたむけたり、人から教えてもらったり、学んだりしながら、自身の信じる宗教を超えて、対話、協力していくことが求められるということだ。[4]

「宗派の違いを超えてともに行動する」という諸宗教対話や宗教協力の原動力は、庭野開祖の法華経の理解に由来する。法華経の方便品第二で、釈尊は「一切の衆をして　我が如く等しくして異なることなからしめんと欲しき」[5]と説いている。仏さまが「わたしをみよ、わたしのようになれ」と言っているのだ、と庭野開祖は解説している。これこそが仏の「大誓願」であるというのだ。[6]それを疑うことなく、心に大きな喜びをもって、自分も仏になることができるという気づきを得ることが、法華経を信じ行ずる者の幸せにつながる道である。さらに、その仏の「大誓願」はすべての人々が対象になっているので、法華経の教えを修行している自分だけが幸せになればいいというものではない。

方便品第二の他の箇所では、「如来は但一仏乗を以ての故に、衆生の為に法を説きたもう。余乗の若しは二、若しは三あることなし」[7]と説かれている。庭野開祖は、改めて「仏の願いは、すべての人びとを仏の境地に導きたいという一事に尽きる」と前置きした上で、この一仏乗を「統一と平等の思想」という視点で捉え、「この世にさまざまな教えがあり、さまざまに異なる教えが説かれてきたように見えるのも、それは神仏の方便によって、それぞれの人にいちばんふさわしいかたちで教えが説かれたからであって、究極の真理が宗教・宗派ごとにいくつもあるわけがない」と説明する。この理解に則って庭野開祖は「宗教・宗派が異なっても、たがいに協力しあって、全ての人を仏の境地、真の救いに導くために力をあわせる宗教協力ができないはずがない」と、言い切っている。[8]

法華経の教えをもとに諸宗教対話や宗教協力を唱え始めた当初にきびしい批判を受けたことがあっ

た庭野開祖は、「常不軽菩薩の精神」[9]を大事にしてきた。なぜなら、仏の願いを実践している姿がそこにあるからである。妙法蓮華経常不軽菩薩品第二十に常不軽菩薩が登場する。そこでは、釈尊の前世である常不軽菩薩の、すべての人が持っている尊さに対して、いつでも、そしてたとえどんな仕打ちを受けても礼拝し続けた姿が語られている。[10]

この常不軽菩薩について、立正佼成会の庭野日鑛会長（以下、庭野会長）は次のように解説する。常不軽菩薩は、ただ単に人さまに向かって礼拝をしていたわけではなく、自身の尊厳を自覚し自らを内省しながら「合掌し、『あなた方を軽んじません。』と伝えることによって、その人たち自身がいまだ気づいていない自己の尊厳に気づくよう呼びかけていた」[11]と。さらに、庭野会長は、「合掌礼拝の姿勢で向き合うところには調和が生まれます」[12]と述べている。自他の尊厳の自覚、それによってもたらされる調和。これが合掌礼拝の実践によってもたらされる成果ということであろう。

庭野開祖は、一九八一年（昭和五十六）に世界宗教者平和会議の代表として中国を訪問した折、この常不軽菩薩の礼拝行について、「この常不軽菩薩の精神こそが、世界からあらゆる争いをなくすことを可能にするものだ」とし、「この常不軽の礼拝行こそ世界宗教者平和会議を推進している私の基本姿勢なのであります」と中国代表団に向けて述べている。[13]合掌礼拝する相手がだれであろうと、そこには宗教の違いは関係ない。目の前の人が、どんな相手であろうが、根底にその人が生まれつき持っている人としての尊厳さを尊重する思いがなかったならば、平和な世界は訪れることは決してないということだ。

諸宗教対話の目的は、相手をこちらの宗教に改宗させることではない。他宗教と出会ったとき、こちらが他の宗教を学んでいかに変化していくかが問われているのだと思う。どう変化していくか。それは、自身の宗教、信仰の価値を十分に自覚しつつ、相手が持つ宗教、信仰を尊重することができるようになるという事ではないだろうか。

コルモスでは五十年間その歩みを続けてきたと思う。自身が持つ宗教を突き詰めれば突き詰めるほど、自他共の命の尊厳に気づき調和の世界を築こうとする。そして、諸宗教対話や宗教協力により、他の宗教を学べば学ぶほど、自身の宗教や信仰に対するアイデンティティーが深まる。そして、他の宗教に対して合掌礼拝の心が芽生えると調和が広がり、平和な世界が実現していく。この歩みは決して止めるべきではなく、続けるべきである。

✝コロナ禍の宗教界とオンライン化

ところで、今、私が原稿を執筆しているのは二〇二二年（令和四）の八月下旬である。コロナ禍になって約二年半が経過した現在、日本は第七波に入っている。全国の感染者数は毎日十～二十万人を超え、ウィズコロナに随分馴染んできたとはいえ、医療現場がひっ迫している状況に、いつコロナに感染してもおかしくない日常を過ごしている。まだまだ安心して過ごせる段階ではないと感じている。

二年前、新型コロナウィルスが蔓延し始めた当初、韓国やイタリアでキリスト教の礼拝や儀式に参加したことが原因で感染した例が数多く報告された。特にイタリアでは、コロナに感染した患者に病気の塗油の秘跡を授けるためにコロナ患者を訪ねていた聖職者の多くが罹患し死亡に至ったことが報じられていた。それから間もなく、当たり前のように行っていた宗教的儀式ができなくなるという、それまで考えてもみなかったことが起こった。そして、日本でも多くの宗教施設が閉鎖されることとなった。宗教は信者が集まって儀式を行い、説法を聞き、膝詰めでお互いの思いを分かち合うことを繰り返すことによって生き生きと活気づくものであったが、それができなくなった。そこで多くの宗教団体では、対面で行っていた宗教儀式、宗教行事などをオンラインによるリモートの形でできないか模索し始めた。

東京にある築地本願寺はオンラインを用いた数少ない成功例である。(14) 職員が数名で担当しオンライン法要やオンライン参拝を行っている。安永雄玄宗務長が就任した二〇一五年（平成二十七）から、それはコロナ禍になる五年前であったが、その時からオンラインを推進していたこともあり、コロナ禍になってスムーズにその活用ができた例であった。

しかしながら、最初から賛成してくれる人が多かったかというとそうでもなく、二〇一九年（令和元）にテレビのビジネス向けの番組に出演したのをきっかけに後押しをしてくれる人が増えたという経緯を持っている。しかしその後、浄土真宗本願寺派全体の寺院にオンライン化が普及できたかというと、そうでもなくほとんど浸透しなかったというのが現実だそうだ。また、國學院大学の石井研士教授によると、日本の宗教団体全体におけるホームページの開設率は一割ぐらいであり、近年日本において(15)スマートフォンの端末利用状況が九〇％近くまで達しているとはいうものの、コロナ禍になったからといって宗教界ですぐにデジタル化された儀礼文化などが浸透したかといえばそうでもなかったそうである。(16) 一方、一般の人々にとっては、宗教団体にホームページがなくてもインターネットで検索すれば、どの団体の情報も簡単に見ることができる。日本の宗教団体が考えている現実と一般市民が考えている現実とのギャップがあり、現代社会の変化に多くの宗教団体が対応できていないという現実がある。いわゆるIT格差であり、日本の宗教界全体がもっとITを利用した関わりを真剣に考えなくては、その格差は今後もっと広がると思われる。

コルモスは、コロナ禍になって、研究会議や公開講演会をオンラインと会場を結ぶハイブリッド形式で開催してきた。これはひとえにご尽力をいただいた先生方や事務局の皆様のおかげさまである。一方で、ITの活用術に関しては、大学の先生方はそれなりに長けていると思うが、宗教に所属する先生方はそうでもないように感じる。そこで、今後はITを生かした宗教の在り方を研究する方向性を示してもいいのではないかと思う。築地本願寺の成功例を学ぶとか、他、宗教教団でオンラインを活用した例を学ぶことは必要だと思う。さらに、ITが進まない現場の方々からも何が妨げになっているのか学ぶ必要があると思う。それをどう克服するか模索するためである。さらには、海外と結んで海外の宗教事情も学ぶ機会を設けるといいのではないか。

立正佼成会でも、今では、本部の大聖堂で開催される布薩の日などの月に数回行われる式典すべてをYouTubeなどのオンラインで全国、ましてや全世界の拠点や会員に配信しており、参加者数は毎回数千人単位である。日本とは地球の反対側にいるブラジルの会員が東京の式典にオンラインを通して参加している例もある。それぞれの宗教が持つ特殊性にもよると思うが、宗教団体の例を持ち寄るなど、コルモスだからこそできる研究テーマがあるように思う。

また、今のウクライナ情勢などはIT、特にSNSの影響はかなり大きいとみている。あれは戦争だから宗教と関係ないと思われるかもしれないが、今までの戦争では目にすることができなかったことがITを駆使して我々が目にすることができるようになったということから、それを宗教の場面でどう活用することができるかなどを検証する機会があってもいいのではないかと思う。

†宗教への意識

ところで、この一か月間、マスコミでは旧統一教会（世界平和統一家庭連合）と政治とのかかわりが連日取り上げられている。安倍元首相銃撃事件の背景にその宗教団体の存在が明らかになってきたからである。旧統一教会は、一九八〇年代ごろから霊感商法などにより多くの被害が訴えられ、訴訟問題など多数の社会問題を起こしている。

この原稿の執筆の依頼を受けたのは、今年の三月であったので、せめてこの事件が起こる前にこの原稿を書き上げていたら、正直、今とは違う心境で書くことができたのではないかと思う。というのも、報道で取り上げられているのは一つの宗教団体ではあるが、それは伝統宗教ではなく、いわゆる「新しい宗教団体」のカテゴリーに属する団体だからだ。

公益財団法人庭野平和財団が、二〇一九年（令和元）に「日本人の宗教団体に対する関与・認知・

評価に関する世論調査[17]」という社会調査を実施しその結果を公表しており、その中で、「新しい宗教団体」への信頼度が「仏教（寺院）」や「神道（神社）」と比較してかなり低い結果が出ている。

最も「信頼」できるのは「仏教（寺院）」の七一・三％で、その次が「神道（神社）」の六五・一％でそれなりに高い信頼度を得ている。続いて、「キリスト教（教会）」の三八・六％である。これらに対し「新しい宗教団体」は四・一％で「極端に低かった」という結果が出た。これは三年前の話である。それよりも二十年前の一九九九年（平成十一）に同じ調査を行っているが、その二十年間の傾向を見ると、「仏教（寺院）」と「神道（神社）」ともに信頼度はより高くなった。特に「神道（神社）」は二二・九ポイントも増加した。これは「顕著な神社への関心、たとえば世界遺産、パワースポット・ブーム、式年遷宮、御朱印ブームなどが背景にある」と分析されている。一九九九年（平成十一）の調査では「新しい宗教団体」の信頼度は低く、その理由をオウム真理教事件の影響を受けていたと分析していたが、二十年を経た調査でも状態は変わっていなかった。オウム真理教という一宗教団体が引き起こした事件が原因で、「新しい宗教団体」全体の信頼度が低くなりそのまま信頼を得ることができていない現状があるということだ。

この社会調査では、宗教団体へのイメージについても尋ねている。二〇一九年（令和元）に実施した調査では、二十年前の一九九九年（平成十一）の調査と比較して、「新しい宗教団体」のイメージは「仏教（寺院）」と「神道（神社）」に対してマイナス面が依然として強い傾向のままではあるが、ポイントとしては低くなってきたという結果が出ていた。今回の調査では、「仏教（寺院）」と「神道

（神社）」でイメージが高かったのは「伝統行事・冠婚葬祭」、「心・精神的」、「伝統文化」であり、「キリスト教（教会）」でも「心・精神的」は高かった。一方、「新しい宗教団体」は「強引な勧誘」、「金儲け主義」、「教祖の強い個性」の三つが他の選択肢より高いポイントを挙げ、それぞれ二五％を超えていた。この三つの選択肢は現在マスコミで取り上げられている旧統一教会にも当てはまる要素である。旧統一教会のマイナスイメージがそのまま「新しい宗教団体」全体のイメージにつながるのではないかという不安はぬぐえない。

また、このイメージの項目で明らかになったことは、東日本大震災以降宗教団体へのイメージはやや良くなっているが、それは「仏教（寺院）」と「神道（神社）」など伝統宗教団体へのイメージであったということである。やはり、数千年生き続けている宗教と創設・創立以来数百年や数十年の経験しかない宗教団体の差なのか。宗教団体によってもたらされるイメージは、単なる存続年数の差だけではなく、当然ながら、他の要因も有ると思われるのでその検証は必要だと思う。が、「新しい宗教団体」の信頼度とイメージについては、極めて低いし悪いのが現実だ。

さらに、この調査では、宗教団体の政党や候補者の支持や推薦についての問いもあった。この二十年間の傾向をみると、「宗教団体が特定政党を支持することは良いことだ」「宗教団体が特定政党を支持することは好ましくないが、候補者個人を支持・推薦してもよい」が増加したのに対し、「宗教団体が特定政党を支持することは好ましくない」「宗教団体が選挙に関わることは好ましくない」が減少した。この結果を見ると、宗教団体が政治にかかわることに関して否定的な意見が減少したようである。しかしながら、旧統一教会のことがあってから、宗教団体と政党の関係については、厳しい意見が増えており、これがいつまで続くかは見当が付かない状態である。

また、この調査では、どんな宗教団体を知っているかという問いもあった。それによると、もともと有名な関西の寺院やテレビ等で報道されることが多かった寺社の認知は高い傾向にあった。この二十年間の変化を見ると、神社の認知度は高くなる傾向にあったが、寺院は一部の寺院を除き減少傾向にあった。キリスト教関係、新しい宗教団体に関しても全体的に認知度は減少傾向にあった。宗教団体の認知度は、報道される頻度によって左右されることは今回の調査結果でも報告されており、その内容がマイナスなものであれば、そのように認知されやすいということであろう。ちなみに、旧統一教会の認知度については、一九九九年（平成十一）の六五・五％から今回二〇一九年（令和元）の五三・六％に下がっている。しかし、今回の一連の報道で旧統一教会の認知度は一気に上がったと推測できるし、そのイメージもマイナスなものが強くなると思われる。

マスコミに取り上げられる影響は大きい。旧統一教会のことで、「新しい宗教団体」のみならず、もしかしたら、それまでイメージが高かった「仏教（寺院）」と「神道（神社）」を含め、宗教全体に対する日本国民の見方がマイナスになる可能性もある。そのことをしっかり意識してこれからの取り組みを考えなくてはならないだろう。

宗教そのものに対する信頼度が低くなり、イメージがマイナスになっていることに対してどんなことを考えていけばいいのだろうか。小手先の手段を選んでプロパガンダよろしくマスコミを使って宗教の情報を宣伝すればいいのか。宗教といえば、千年や二千年単位の歴史を持つものもあり、そういう長い歴史を経て出来上がってきた宗教そのものには、単なる情報や映像を通してだけでは伝えきれないものがあるのは事実だ。対面での取り組みを重視する傾向にある宗教は、外から見聞きするのと実際にその場に行って体験するのでは、感覚が全く違うものである。だから、ＩＴ化が進まないのも当然のことといえる部分は確かにある。それを意識したうえで、あえてもう一度、宗教をどのようにしたら多くの人々に伝えることができ、理解してもらうことができるのだろうか、と問うてみたい。そう簡単にはいかないことは想像に難くないが。

†宗教の必要性を内に起こす人の育成

コルモス初代会長（当時は議長と称した）の西谷啓治先生は著書『宗教とは何か』[18]で以下のようなことを述べている。

なぜ宗教が必要かという問いを持つ人にとっては、宗教はまだ必要となっていないし、宗教の必要性がその人のうちに現れていない。しかしながら、当にそういう人にこそ宗教が必要だという意味を持つのが、宗教というものだという。「要するに、その人は宗教を必要としていない、だからこそその人は宗教を必要とする、という矛盾した関係が、宗教の我々に対する関係である」と。また、西谷先生は、「宗教は我々にとって何のためにあるのかという問い」は問いとしては間違っている、と言われる。それはどういうことか？　西谷先生によると、宗教の必要性が現れるのは、各々自身においいてである。それは、各々自身の内に、日常生活において必要であったものすべてが、その必要性を失い、役に立たなくなり、それによって人生の意義を疑わしくする事態が、切実な問題となって迫ってくるときである。そして、その時、「我々は果たして何のためにあるか、我々自身の存在が、或は人生というものが、結局に於て無意味なのではないか、或はもし何らかの意味や意義があるとすれば、それはどこにあるのか。そういうように我々の存在の意味が疑問になり、我々にとって問い」となることによって宗教の必要性が我々の内に生まれ起こってくるというのである[19]。

以上、西谷先生の著書の一部分を自分なりにまとめてみた。

家族がある宗教団体に所属しているから自分も宗教をしているといえるものではない。人生のどこかで、何かのきっかけで、自身がこの世に生まれてきたその意義や価値について全身全霊をかけて問いを投げかける機会があった人が、宗教を必要とする人であるといえるのではないか。その人自身が存在しているその意義について問いを発することによって求められるのが宗教なのだろう。そういう経験がないと宗教は身近に迫って来ないということである。家族などで身近に、無自覚的に宗教と関わりを持っている人がいたとしても、自身が何のためにあるのかという問いが起こらないうちは、その人にとってはいまだに宗教の必要性が現れていないし、宗教に対する理解はない。その人にとって宗教は、いつまでも表面的な次元でしか理解できないものであるということだ。

宗教の必要性の自覚がない人については、家庭のみならず、宗教の組織内でもいえることだろう。大きな宗教組織に所属するメンバー全員が、宗教の必要性がその人の内に起こっているかといえば、そうでもないような気がする。それは、宗教が組織的に整ってくると、形骸化も進むことと関連しているように思う。組織が大きくなるとその組織を維持するための機能に力が注がれ、その維持機能に従事する人が組織の運営面をコントロールし始めると、宗教の必要性を自覚する人が少なくなっても、組織を維持するためには仕方がないという理由で、それを問題視しなくなる傾向になると思われるからである。ある宗教組織に所属しているとしても、一人の人間として自身の存在意義を宗教に照らして歩んでいるかが問題である。庭野開祖の諸宗教対話や宗教協力の姿勢に大きな影響を与えた常不軽菩薩は、ある団体に所属した組織人というより、あくまでも一仏教徒としての生きざまを示した菩薩であった。多くの人を集めるには組織の整備とその運営が不可避であろうが、いざ宗教そのものになると組織ばかりには頼ってはいられないということだ。

先に挙げた、宗教をどのようにしたら多くの人々に伝えることができ、理解してもらうことができるのだろうか、という問いに戻ろう。それに対しては、マスコミで宗教の表面的なことを取り上げられている時だからこそ、西谷先生が言われた、宗教の必要性が自身の内に起こるよう人を育成していくことが大切になってきているのではないだろうか。宗教そのものを扱うよりも、自分がこの世に生まれてきた意義や人間としての自身の存在意義などを深く考えようとする人を育成するということであるが、そういう人が本当に宗教を理解する人であり、そういう人を増やすことの方が先ではないだろうか。しかしながら、これは一朝一夕にはいかない。かなりの時間と労力が必要になるだろう。急がば回れである。

そして次の段階として、宗教を持った人、つまり、信仰を持っている人は何を考え、何を為そうとしているかを明らかにしていく。自身の存在意義を問い、宗教に出会い、神仏の願いを学び、自分を変える行動に移す、そういう人が多くなり社会が変わっていく。宗教は信仰を持つ人々を作り、神仏の願いに沿った世の中になっていくように働きかけるものだ。組織的な働きも必要であろうが、その組織に集う人々が信仰者としてどのように自覚して生きるかが問題であろう。

†おわりに

ここまでは、研究会議などで扱うテーマになりうる課題について述べてきたので、ここでは、これからのコルモスが意識すべき点を二つほど挙げてみる。

一つ目は、発信力をもっと高める意識をもつこと。コルモスは、様々な宗教に所属する諸先生に加えて、様々な学問分野の諸先生が会員の研究会である。その時々に取り上げられる課題やテーマにそって、それぞれの立場で様々な科学的知見から議論がなされれば、それが宗教界にとって、さらには宗教に関心のある人々にとって大変有意義なものになるのではないかと思う。それを、コルモスの内部だけにとどめておくのではなく、広く世の中に発信していくようになればいいと思うからである。

二つ目は、コルモス独自の課題や研究テーマを設けること。というのは、各宗教団体が保有する付置研究所が、その所属教団に対して布教や発展などに資する学術的情報を提供しているように、コルモスが設定した研究課題やテーマを他の研究機関もしくは研究者に依頼し、コルモスの研究会議で発表してもらい、それをコルモスの会員間で議論しその成果を世に発信していく。広く宗教界に提供できる情報について、コルモス独自にそれらの課題を設定し、その調査・収集は外部に委託するとしても、その分析・議論、そして発信などをコルモスとして取り組んでいくということである。この取り組みは数年の時間を要するものであるかもしれないが、著名な先生方がお集りの研究会なので、世の中へのインパクトはかなりあると思う。

最後に、少しだけ戯言を述べ本稿を終わりにしたい。

実は、コルモスの発音がコスモス（cosmos）に似ているので、宇宙観を題材にした研究をしてみたらどうかとかねがね思っていた。我々の意識を、はるか遠い過去から未来へ、そして、ビッグバンの一点から、いまだ膨張し続ける宇宙の果てにも思いを巡らせながら、意識を徐々に銀河系から太陽系へと移し、今の地球、人類世界を眺め、この現代における宗教の役割を模索していく研究会になればいいのではないかというイメージである。

合掌

注

（1）現代における宗教の役割研究会編集・発行『コルモス・シリーズ第二集』、一九七二年十二月。コルモス（現代における宗教の役割研究会）、大谷光真、中川秀恭編『現代における宗教の役割』、東京堂出版、二〇〇二年、二頁。

(2) 庭野日敬『この道 一仏乗の世界をめざして』、佼成出版社、一九九九年、一〇八頁。

(3) 庭野日敬『庭野日敬自伝、道を求めて70年』、佼成出版社、二〇一〇年、一五～六七頁。

(4) 前掲注(2)『この道』、一〇四～一〇八頁。

(5)『訓訳 妙法蓮華経 並びに 開結』、平楽寺書店、一九九一年、七二頁。

(6) 参照、庭野日敬『新釈 法華三部経2』(文庫版)、佼成出版社、一九九六年、四二三～四二四頁。

(7)『訓訳 妙法蓮華経 並びに 開結』、六七頁。参照、庭野日敬『新釈 法華三部経2』、三五六頁。

(8) 前掲注(2)『この道』、一一一頁。

(9) 前掲注(2)『この道』、一一三頁。

(10) 参照、『訓訳 妙法蓮華経 並びに 開結』、三一八～三二五頁。参照、庭野日敬『新釈 法華三部経8』(文庫版)、佼成出版社、一九九六年、一五～一五七頁。

(11) 庭野日鑛「合掌の心」、『佼成』二〇一四年十二月号、一五～一六頁。

(12) 前掲注「合掌の心」、一六頁。

(13) 前掲注(2)『この道』、三一八～三一九頁。

(14) 石井研士「宗教とデジタル化」、参照『報告 普及啓発事業 シンポジウム「2030年の宗教：コロナ禍の中で」https://www.npf.or.jp/promote_peace/

(15) 参照、総務省―令和3年版 情報通信白書―デジタル利用環境・サービス等の活用状況(soumu.go.jp)、https://www.soumu.go.jp/johotsusintokei/whitepaper/ja/r03/html/nd111110.html

(16) 石井研士「宗教とデジタル化」。

(17) この世論調査は、第一回が一九九〇年(平成十一)(文部省科学研究費事業、代表者：阿部美哉)、第二回が二〇〇四年(平成十六)(國學院大学二十一世紀COEプログラムの一環)、そして第三回を二〇〇九年（平成二十一）（文部科学省科学研究費事業、代表者：石井研士）に実施し、今回は、第一回から二十年後、第三回から十年後の調査となる。

（18）西谷啓治『宗教とは何か　宗教論集Ⅰ』、創文社、一九六六年。

（19）参照、前掲注（18）西谷『宗教とは何か』、三～七頁。なお、引用文は現代仮名遣いに改めた。

コルモスにおけるキリスト教関係者の貢献

三宅善信
MIYAKE Yoshinobu

三宅善信（みやけ よしのぶ）
一九五八年生まれ。大阪府出身。同志社大学大学院神学研究科博士前期課程修了。神学修士。一九八四〜八五年、ハーバード大学世界宗教研究所で研究員を務める。現在、神道国際学会理事長、現代社会と宗教研究会代表、株式会社レルネット代表取締役、日本国際連合協会関西本部理事長、金光教春日丘教会長、金光教教団会議員他多くの役職を兼任。主な著書に、『文字化けした歴史を読み解く』（文園社、二〇〇六年）、『風邪見鶏――人類はいかに伝染病と向き合ってきたか』（集広舎、二〇一九年）、『イスラム国とニッポン国――国家とは何か』（集広舎、二〇一九年）、『神道DNA――われわれは日本のことをどれだけ知っているのだろうか』（集広舎、二〇二〇年）、『現代の死と葬りを考える』（共著、ミネルヴァ書房、二〇一四年）、『海と神道、譲位儀礼と大嘗祭、神々は海から来た』（編著、集広舎、二〇一九年）、『Epidemics and Ritual Practices in Japan』（共著、Pro Universitaria、二〇二二年）などがある。

†世襲制度という障壁

コルモス五十周年記念文集の刊行に当たり、その第2部「コルモスの回顧と展望」の一章の執筆を担当するようにとの指示を受け、その責任の重大さをあらためて感じている。というのも、私はその年齢の割には、半世紀前のコルモス創設当時の経緯についても知っている数少ない生き証人であり、かつ、本文のテーマに掲げたキリスト教関係者の消息についても関心を抱いている者として、これらのことを歴史の記録に留めておく責務を負っていると考えるからである。

一見、まったく異なるように見えるこの二つのことは、実は近代日本における宗教教団のあり方に密接に関連しているのである。現代の日本においては、神道系はもとより伝統仏教諸宗派においても、特定の家系に属する者が、宮司や住職といった職制を世襲していることが一般的であり、その傾向は、新宗教教団の教統者においては一層強まっている。宗教における「世襲制度」の善し悪しの問題は別として、そういう現代日本の環境下において、唯一、キリスト教界だけが「司祭の独身制」を遵守するカトリック教会はもとより、プロテスタント諸教派においても、牧会者は高等な神学教育を受けた有資格者を召し出すという非世襲形態（実際には、牧師二世・三世も存在するが少数派）によってその任に就くことを原則としているので、たとえ偉大な神学者や牧会指導者がある時期に大活躍したとしても、彼らの業績の多くは、時の流れと共に語り継がれてゆく（意図的に拡大再生産される）ことはないので、どんどんと忘れ去られて行ったのである。

その真逆の立場に居るのが、この私である。当時まだ十三歳に過ぎなかった一九五八年生まれの私が、一九七一年のコルモス会議発足当時の様子を詳しく知っているのも、コルモスの創設者のひとりでもある亡祖父三宅歳雄と、その活動をサポートした亡父三宅龍雄からいろいろと聞かされていたからである。

†コルモス創設の前史

実は、わが国における学者と宗教者との常設の学び合いの場の歴史は、コルモス創設からさらに遡ること二十四年、終戦後の混乱も収まらない一九四七年一月、時の同志社総長牧野虎次先生が発起人となって、浄土真宗本願寺派・真宗大谷派・浄土宗・真言宗醍醐派・八坂神社・カトリック京都教区・日本基督教団・金光教・天理教・大本人類愛善会・一燈園・住吉大社などの協力を得て、「国際宗教同志会」が新しい時代の宗教者のあり方を探る会として設立され、外国要人の来日が珍しかった占領下の日本において、米国のジョン・F・ダレス国務長官や世界食糧機構の初代総裁ボイド・オア卿らを招くなど、積極的な活動を展開してきたことを忘れてはならない。国内からは、物理学者の湯川秀樹博士や朝永振一郎博士、さらには、大阪大学総長も務め蛋白質研究所を創設された生化学者の赤堀四郎博士など多くの科学者も定期的に来講し、現代社会に惹起するさまざまな問題について現場の宗教者と学者が忌憚なく意見交換する場が設けられ、その時に得られた問題意識の共有と信頼関係が、コルモスが結成される元になったのである。爾来、七十五年間にわたって国際宗教同志会は、年三回の記念講演会は欠かしたことがなく、現在は、その事務局長を私が務めている。

そして、いよいよコルモスの創設を迎えるのであるが、「人類の進歩と調和」をテーマに人間社会の明るい未来像を描いて見せた一九七〇年の日本万国博覧会（大阪万博）の大成功とは裏腹に、世界の現状はベトナム戦争の泥沼化と高度経済成長の副作用ともいえる深刻な公害問題など、人間社会のネガティブな側面も顕在化し、それらの問題に対する宗教者のあり方が問われる中、三宅歳雄は国際宗教同志会や世界連邦運動などの活動を通じて知己を得た内外の宗教指導者に呼びかけ、万博終了直後の一九七〇年十月に国立京都国際会館で、世界三十九カ国から三百余人の宗教指導者を一堂に集め、画期的なＷＣＲＰ（世界宗教者平和会議）を開催した。因みに、ＷＣＲＰ大会の名誉総裁には大谷光照浄土真宗本願寺派門主、委員長にはアンジェロ・フェルナンデス大司教、議長には庭野日敬立正佼成会会長他数名、財務担当役員には三宅歳雄が就任した。ＷＣＲＰは、その発足大会を終えるなり、十二月には砲弾の飛び交う南北ベトナム間の非武装地帯にまでその指導者が直接足を運んで世間の耳目を集めた。

ＷＣＲＰを発足に尽力した三宅歳雄は、宗教者同士の対話や平和運動などの実践面だけでなく、現代社会に惹起するさまざまな問題に取り組むための理論武装の必要性を痛感し、国際宗教同志会の活動を通じて親しくなった西谷啓治先生をはじめとする多くの研究者や宗教指導者の先生方に呼びかけて、一九七一年三月に現代における宗教の役割研究会を発足させたのである。爾来、半世紀以上にわたって、亡祖父三宅歳雄、亡父三宅龍雄はもとより、現在の金光教泉尾教会長である兄三宅光雄、そしてこの私と、三代にわたりコルモスの研究会員ならびに維持団体「現代社会と宗教研究会」の代表として、今日までのコルモス研究会議に、常に三宅家の者が皆勤してきたことは、特筆に値すると思う。

†三宅善信とキリスト教

これらが「何事も長期間にわたって継続する」という神道や仏教など日本の宗教界における世襲制の良い面だとすると、そのまさに正反対ともいえるキリスト教界の先生方の功績について、何故、金光教の一教会長である門外漢のこの私が「キリスト教関係者の貢献」について執筆を担当することになったのかという理由についても触れない訳にはいかない。それは、この私が一九七七年に同志社大学の神学部に入学したことと関係がある。当時の同志社大学神学部には、プロテスタント神学者ながら第二バチカン公会議に招聘された土居真俊教授や、同大学院神学研究科で私の指導教授を務めてくださった竹中正夫教授と幸日出男教授がコルモスの有力メンバーとして活動しておられ、弱冠十八歳にして私は、祖父や父の鞄持ちとして、当時は比叡山ホテルや関東の日本クリスチャンアカデミーの施設で開催されていたコルモス研究会議の末席で勉強させていただくという好機を得ることができた。

これ以外にも、三宅歳雄の男系子孫はすべて金光教の教会長となったが、亡父龍雄の媒酌人は湯浅八郎先生、亡叔父美智雄の媒酌人は牧野虎次先生、叔父真の媒酌人は有賀鐵太郎先生、兄光雄の媒酌人は中川秀恭先生、そして、私自身の媒酌人は安齋伸先生と、悉くコルモスで活躍されたクリスチャンの先生方が、金光教の教会長である三宅家の面々の媒酌人の労を取ってくださっており、その意味でも、この私はコルモスに貢献されたクリスチャンの先生方のご功績を伝承していく責務を負っていると思っている。その上で、コルモスに関わりのあったすべてのキリスト教関係者の先生方について紹介するのは難しいし、まだ現在ご存命でご活躍中の先生方については割愛させていただくとして、以下、できるだけ多くの先生方についてご紹介させていただく。

†外国での伝統に生涯を捧げるということ

まず取り上げなければならないのは、祖国を遠く離れた日本で神父や修道士あるいは大学教授として、伝道に生涯を捧げられたカトリック教会の外国人の先生方である。自分の所属する教会や修道会からの命を受けて、それまでの人生で何の縁もゆかりもなかった東洋の島国へ突然やってきてその生涯を伝道に捧げるという生き方は、「世襲」を前提として、親先祖が築き上げた檀家や氏子という安全装置の上に乗っかって安閑と住職や宮司といった地位に就くことを前提としている日本の伝統宗教の関係者には、想像することすら困難な生き方であろう。立場を逆にして、見たこともない文字を読み書きし、聞いたこともない言葉を話す人々の世界へ飛び込んでゆくのは、いかにインターネットが「地球を小さくした」と言われる現在でも大変な覚悟が要るのに、日本がまだ先進国になる前の段階からそういう道を歩まれたカトリック教会の先生方には、敬意以外の何者もない。しかも、彼らは生涯独身を貫かれるので、老後に自分の面倒を見てくれる子孫も居ないし、たとえ無事「定年」を迎えて祖国へ帰ったとしても、自分が生まれ育った街や人々もスッカリと様変わりし、まるで「浦島太郎」のような気持ちになるであろう。

カトリック教会の非キリスト教対話部門の顧問を務められたオリエンス宗教研究所のヨゼフ・スパー所長や、当時流行した「解放の神学」を紹介し、カトリックの平和論を上智大学で講じられたアンセルモ・マタイス先生をはじめ、多くのコルモス研究会員の先生方が居られたが、中でも「世俗化論」の研究者としても有名で、日本だけでなくフィリピンやアフリカでもフィールドワークを展開された南山大学のヤン・スインゲドー先生は、実に気さくな性格の先生で、親子ほど年齢差のあった若き日の私を随分と可愛がってくださった。

他にも、ヤン・バン・ブラフト先生を忘れてはいけない。私がブラフト先生の凄さを一番身にしみて感じたのは、ハーバード大学の世界宗教研究所で学究生活を送っていたときのことであった。あるとき、米国人の教授が「あなたは西谷啓治先生の『Religion and Nothingness』を読んだことがあるか?」と問うので、「読んだことがあるもないも、西谷啓治先生と祖父は仲の良い友人で、私が物心ついた頃には西谷先生は何度も大阪の拙宅を訪れておられた」と応えると、その教授は驚いて、「西谷先生はどのような先生であったか教えて欲しい」と言われたのだが、幼少期の私の脳裏に焼き付いている西谷先生のイメージは、「(胃を摘出して、一度に多くの物を食せないので)いつも、饅頭かバナナを少しずつ食べている好々爺」しか出てこない……。もちろん、神学部に進んでから、西谷先生の『宗教とは何か』を読んだ記憶はあったが、内容が難しすぎてサッパリ意味が解らなかった。ところが、ハーバードの図書館で同著の英語版である『Religion and Nothingness』を借りて読んでみると、なんとスラスラと解りやすかったので、翻訳者名を見ると、そこにはコルモスでもお馴染みのヤン・バン・ブラフト先生の名前があった。ベルギー出身のブラフト先生にとっては、日本語も英語も「外国語」であるはずなのに、日本人の私が読んでも難しい日本語の本を、私でも解る英語に翻訳されていることに驚き、以後、少しは真面目に勉強するようになった。

†日本人のクリスチャンの先生方とも…

他にも、日本人のカトリック関係者と言えば、大阪大司教から枢機卿になられた田口芳五郎先生やその田口先生が創設された英知大学（二〇一五年に閉学）の教授を長年務められた岸英司先生は、国際宗教同志会でも何度かご一緒することがあったので、印象に残っている。また、東京大司教から枢機卿になられた白柳誠一先生は、長年WCRP日本委員会の理事長の職にあられ、三宅歳雄、龍雄、美智雄、光雄、私自身と、三宅家の面々もWCRP日本委員会の役員を歴任したので、多くのご指導をいただいた。また、時を同じくして誕生したコルモスをサポートするために、長年維持団体のひとつWCRP平和研究所として貢献してくださっているのも、白柳先生の功績である。

また、WCRPといえば、カトリックの安齋伸先生とプロテスタントの飯坂良明先生もコルモスの中心的メンバーであり、お二人とも東京在住であられたがその草創期から一九九〇年代に至るまで、何度も講演者やコメンテーターの任に当たっておられる。昭和の時代までは、コルモスは夏には関東で、冬には京都でと年に二回ずつ開催されていたが、平成の世を迎えてからは、京都での年末一回の開催となり、ＮＣＣ宗教研究所のある京都御苑西の京都パレスサイドホテルがコルモス研究会議の会場となったこともあったが、浄土真宗教学研究所がコルモス事務局の労を執ってくださるようになってからは、二十数年間の長きにわたって、二条城東の京都国際ホテルを会場に、また京都国際ホテルが廃業した後の数年間は、その隣のＡＮＡクラウンプラザホテルを会場にコルモス研究会議が開催されるようになった。

その関係で、京都在住のキリスト教関係者では、パレスサイドホテルの地主でもある日本聖公会の京都主教高地時夫先生や土居真俊先生の後を受けてＮＣＣ宗教研究所の所長を長年務められた幸日出男先生や同志社大学教授の竹中正夫先生らがコルモスの活動をいろんな面からサポートしてくださり、その伝統は、経費削減のため、コロナ禍の直前には、同志社大学がコルモス研究会議の会場を提供してくださったことにも繋がっていると思う。

コルモス会長を務められた国際基督教大学学長の中川秀恭先生をはじめ、まだまだご尊名や業績の紹介が抜けている先生もあるかと思うが、半世紀以上の長きにわたって、コルモスの歴史の中で大きな足跡を残してくださったクリスチャンの先生方の一方ならぬご貢献が、カトリック・プロテスタントを問わず、また、日本人・外国人を問わず、歴史の彼方へと埋もれてゆくことはあまりにも申し訳なく、カトリックには南山大学学長のロバート・キサラ先生、プロテスタントには同志社大学神学部長の小原克博先生という現役の役員の先生方が居られるのも省みず、コルモス研究会議に果たされたキリスト教関係者の先生方のご功績について書かせていただく機会をいただいたことに感謝したい。

COLUMN

現代社会における仏教の役割

岡野正純

†コルモスの五十年

現代における宗教の役割研究会（コルモス）が二〇二一年に創立五十周年を迎えられましたこと、お慶び申し上げます。

当会は一九七一年以来宗教と社会に関する様々なトピックについて、各界の先生方をお招きして議論を重ねてきました。この五十年間社会は著しく変動し、それに伴って、宗教と社会との関係、そして、人々の宗教観にも大きな変化が生じました。コルモスはそれらの変動の様々な側面を捉えて、考察し、議論し、そして、提言してきました。

今後も、当会の目的である、諸宗教間の対話と協力の推進、現代社会に対する宗教的理解の試み、諸科学による宗教の探究、そして、社会問題の解決と世界平和への貢献に取り組んでいくことを期待致します。

†瞑想ブーム

さて、ここで宗教というよりは、仏教の現代社会における役割について私見を述べたいと思います。

近年、欧米諸国また日本でも瞑想ブームが起きています。日本政府の大臣にも、参禅している人がいたようです。欧米の軍隊や世界的企業さえも、勇敢で冷静な兵士や競争力の高い社員を育成するために瞑想の訓練を行っています。それらの瞑想には、注意力と集中力と気づく力を高めるための訓練があり、その方法は仏教の禅定にルーツがあると言われています。

しかし、いくら仏教の要素を取り入れていると言っても、瞑想の目的が異なれば、仏教的とは言えません。仏教の定学は、釈尊の悟りを得ることを目標としています。ですから、智慧と慈悲を養うための定学なのです。智慧と慈悲は、非暴力と無傷害の心を養い、共感と思いやりを深め、貪りと怒りを手放し、自己中心性を離れ、そして無智をなくすことに根差しています。戦場で人を殺すための兵士や競争に勝つためのビジネスマンが強靭な精神力を身につけることを目的に行う瞑想は、仏教ではないのです。

†自我の問題

仏教は、人間の根源的な苦しみを脱することを目的とした教義と修行法を示しています。そして、その苦の原因は我執にあると説いているのです。我執とは、不変の自我が実在すると考えて執着することです。

人間がとらわれる自我というのは、もろくはかなく不安定で実体がありません。人はそれを確かで強固なものにしようとして、様々なことを試みます。思考や感情を使って自己像を固めようとし、そして、様々な物質的・心理的所有物を集めることで自我の輪郭を確かなものにしようとします。しかし、そのようにして必死になって固めようとする自我は、砂上の城が波によって流されてしまうように、無常の人生によって簡単に崩されてしまうのです。それでも、人は自我にしがみつこうとします。それが、終わりのない苦しみを生みだすのです。

✝止観

仏教には、その苦しみを脱するための修行が種々あります。中でも瞑想は重要です。仏教に止観という瞑想法があります。止とは、心を特定の対象に集中させ、散漫な心を止めて、心を平静にすることです。観とは、その静かになった心で、ものごとのありのままを観察することをいいます。

止観は、自分自身で苦しみをつくり出す自我のはたらきを、平静にありのままに観ることです。それが、様々なことにしがみつくのを止めることにつながるのです。

自我の根底には、自分が脅かされているという不安が常にあります。その不安に突き動かされて、自我は「自分」を守るために、愛着と嫌悪、固執と拒否を繰り返します。そのために摩擦や葛藤が起こり、様々な苦悩が生じるのです。

自我の不安はあまりにも強いために、立ち止まって「自分」を省みることができません。止観は、その不安が苦しみを生みだすという事実をありありと観ることで、そこから起る様々な衝動を静めるのです。

止観は、狭く硬くなった心を広げて和らげます。それによって、他者に関心を向けるための心の余裕ができます。それが、人々の幸せを念じ、人々の苦しみがなくなるのを願う慈悲の心を生む土壌もつくるのです。

✝自我を和らげる

自我のはたらきから完全に解放されること

が、仏教の悟りです。普通の人間には、簡単には到達できない境地です。現代社会における仏教の役割は、人々の自我のはたらきを少しでも和らげて、苦しみを軽減することに寄与することです。

この認識は重要です。瞑想ブームが自我を強めることを目指してしまっているように、気をつけていないと仏教自体が自我の衝動を強化することになる危険性があります。

たとえば単に現世利益的志向だけでなく、超能力を得たいとか、人より優れた瞑想の境地に達したいということです。或いは、教団が社会的、政治的影響力を拡大したいということもあります。

人は、生まれて成長していく過程で自我を発達させます。それは人間が、社会の中で有効に生きていくためにも、また自分を必要最低限守るためにも必要です。しかし、自我が対立や葛藤や苦悩を生むというのも事実です。

自我がつくる落とし穴に注意して、常に謙虚さを忘れないことが仏教に求められています。

（孝道教団統理）

COLUMN

「コルモス研究会」五十年の重み

山崎龍明

（一）

私事に亘って恐縮ですが、私は龍谷大学の学びを終え西本願寺伝道院布教実習課程に学びました。伝道院とは、親鸞聖人七百回大遠忌に設立された研修・研究機関です。

当時としては画期的な、「現代教学の樹立」を教団が目指した、伝統仏教教団としてはユニークなものでした。現代社会に即応した教えの学びは私にとっては新鮮なものでした。

私の仏教の学びはこの伝道院で方向が一変しました。

今からおよそ五十六年前のことです。実習課程を終え、自坊での布教活動に専念しようと準備をしているとき、伝道院研究部の先生方から、九月から「専任研究生」にならないかとのお誘いをいただき、勤務いたしました。このお誘いにより私の人生は一変しました。

前置きが長くなりましたが、確かその数年後「コルモス研究会」（現代における宗教の役割研究会）が発足いたしました。

当時、キリスト教の土井真俊先生（同志社大学）、西谷啓治先生（哲学者）、本願寺派で哲学者の佐藤三千雄先生（龍谷大学）等々がおられ大変注目を浴びた研究会であったことを記憶しています。

（二）

「コルモス研究会」は着実な歩みを進めなんと五十年という歴史を積み重ねました。先哲、先人のご労苦は並大抵なものではなかったと拝察いたします。私自身は伝道院の研究員として、研究会にお赦しを得て時折傍聴させて戴きました。研究会の先生方、他宗派、他教団の先生方のご高説を賜り、多くの学びをいただきました。

私が正式参加したのは、所属する「世界宗教者平和会議日本委員会」（ＷＣＲＰ）の「平和研究所長」に就任し、同時に「コルモス研究会」の理事に就任してからです。短期間ですが理事として運営にも参加し種々進言もさせて戴きました。

非礼を省みず私は、永年外から「コルモス研究会」をみていて、これだけの「研究会」ですから広く門戸を開くべきではないか、とも申しました。あまりにも勿体ないと思ったからです。

いづれにしても、研究者、各宗教教団の方々がこれだけ集まっておられるのですから、もっと積極的に宗教者の持つ役割について縦横に議論をすべきではないか、というのが私の正直な気持ちでした。

このことはＷＣＲＰに於いても申し上げていた私の持論です。「各宗教教団の人が心を一つにして」とはよく言われることです。他方それぞれが、自らの「信仰」のうえにたって「共通項」を求める積極的議論こそが、私達宗教者に課せられた宗教的課題を切り開く道ではないかと思案されます。

（三）

ともすると私たちは議論のための議論に終始したり、一方サロン的な議論に終始しがちです。宗教者の究極的命題は切言すれば人類の幸福と、安心立命そして非戦平和ということにあると言えないでしょうか。この種の問題になると私にはいつも想起される言葉があります。

かつて、エチガレイ枢機卿はＷＣＲＰ２〈ベルギー・ルーベン、一九七四年〉に参加したことを紹介する中で「皆さんは確かに宗教と平和との絆を模索されている。しかし、気になることがある。何か同じことを繰り返している気がする。同じ仲間が出合い、会議を持ち、満足している（中略）。相反するもの同士の対話を個人のレベルで促進していくことが求められる」（「第六回世界宗教者会議」概要所収）。という指摘です。

宗教者の一人として耳の痛い指摘ですが、的を得たものであり、ここから本来の宗教性の復権が果たされるようにも思います。

最後に私はそのであいから、影響を受けた『解放の神学と日本』（明石書店）「病める日本をみつめて」（お茶の水書房）等の著述で知られる、フィリピンのカトリック司祭、神学者、のルベン・アビト氏（解放の神学）の指摘を挙げることをお許しいただきたいと思います。

キリスト教の中で育ち、日本に来て鎌倉新仏教、特に親鸞の教えに出会い「日本的解放の霊性の形成」に取り組んだ人です。氏は「諸宗教団体は、この世の権力者・富豪者の権力や富に依存しすぎて、またそれらに踊らされてはいないだろうか。また、諸宗教団体が、この世の構造的暴力の犠牲者となる。もっとも抑圧された人々と共に歩むよりも、権力者の側に立って、その抑圧的構造に加担してしまってはいないだろうか」とグレゴリオスカ氏の言葉を紹介しています。そして「真の宗教者であろうとする人々は、自らが立っている宗教的伝統の原点に立ち帰ることをめざして、他宗教の人々と対話を行う中で、まず目の前の梁を取り除くことからはじめなければならないだろう」(『親鸞とキリスト教の出会いから——日本的解放の霊性』一九八九年二月、明石書店)と述べています。

この指摘を私は宗教者である私につきつけられた酷しい「信仰課題」として終生担っていきたいと思っています。「コルモス研究会」の一層の発展と活動に多大な期待を寄せる者の一人として、求めに応じ拙文を寄稿させていただきました。

(武蔵野大学名誉教授)

COLUMN

対話する宗教者と研究者の集まり——コルモス創立五十周年を祝って

岡田真水

コルモスの行く末について語るために、まずは来し方の、すなわちコルモス研究会議の素晴らしい体験をご紹介することから始めます。それはわたくしのコルモスに求めるものが何なのかを語るものであるからです。

†二十年前のコルモスデビュー

初めてわたくしがコルモス研究会議の講演者としてお迎えいただいたのは、「宗教アレルギーを超えて」をテーマとした二〇〇二年のことでした。広々としたホールにぐるりとロの字にテーブルが置かれ、七十余名の宗教者と研究者が、宗教教育の可能性について語り合う会議でした。日本学術会議副会長だった吉田民人先生とともに講演をしたあと、三つの分科会が行われて一日目が終わり、翌日は朝から木村清孝先生の司会のもと、佐々木宏幹先生や今は亡き本澤雅史先生らのパネルディスカッションがあり、それを受けて一日目と同じメンバーで熱く語り合う分科会がありました。少し遅い昼食をとったあと、最後は全体討議がなされたと記憶しております。それぞれの分科会が二十名を超える参加者で、実に活気にあふれる研究会議でした。

この第四十九回コルモス研究会議で刮目したのは、宗教界と研究者コミュニティのトップを中心に、全員が熱く語り合う様でした。それから二十年、キリスト教系・仏教系・神道系、伝統仏教も新宗教も、宗教者も研究者も、一堂に会し、このように真摯にしかも相手に敬意を払いながら議論し合える場は、未だにこのコルモス以外には無いように思います。

†「異音現象」に目覚めた研究会議

その翌年、第五十回コルモス研究会議は、オーケストラ付きの、それはそれは型破りなものでありました。講演者&公演者であった大谷千正先生は、パリの音楽院作曲科を卒業され、ソルボンヌ大学で博士号を取得された方であり、かつ姫路にある浄土真宗本願寺派の住職です。その「東洋の響き　西洋の響き」という講話は、わたくしにとって、日本文化のもつ不思議な特質を見事に説明してくれるものでした。キーワードは「ヘテロフォニー（異音現象）」。

大谷師がおっしゃるには、理知的構造性によって精緻に組み立てられたポリフォニーによる西洋音楽は、異質な音が混在するとうまく響かなくなる。ところが、個の集合体が並列的に、揺れ動く時間（間《ま》）の中で即興的に奏でる東洋的音楽は、異質な音を含んで渾然一体として存在するというのです。祭囃子の笛のあの自由さ、チンドンの鉦の不思議な躍動感は異音現象のなせる技であったのか、と膝を打ちました。クラシック音楽の演奏会では物音をさせないよう、咳払いも慎んで神妙に鑑賞するのに、なぜ歌舞伎は「かべす」

（菓子・弁当・寿司）を食べ、隣の人と話をしながら観てもいいのか？　という疑問を一挙に解いてくれるお話でした。

✝平和な社会をめざす対話集団コルモス

日本人の好きな「和」にしても、横一並びの、個性の無い、自浄作用の無い妥協的な哲学ではありませんでした。異なる音の高さが「和音」をもたらすわけで、皆が同じ音だと斉唱にしかなりません。お経の読誦も、各人がそれぞれ自分に合った声の高さで唱えるときに感じる美しさがあります。

「一に曰はく、和を以て貴しと為し」

から始まる十七条憲法は、

「上和《やはら》ぎ下睦《むつ》びて、事を論《あげつら》ふに諧《ととの》へば、則ち事理自ら通ず、何事か成らざらむ」

と続き、最後の条は

「十七に曰はく、夫れ事は独り断《さだ》む可らず。必ず衆《もろもろ》と与《とも》に宜しく論《あげつら》ふべし」

と再び議論し合うことを述べて終わります。

いにしえから、異質なものを排除せず、それらが併存することを貴しとして、議論によって理解し合い、合意を形成することこそが「和」であると考えられてきたのでしょう。

以前わたくしは、自分の大切なものを傷つけられたくないという思いから、危険なもの、考えの違うものとの接触を避けるところがありました。しかし、コルモス研究会議で、このような態度が誤っていることを知りました。今後も大谷光真会長や島薗進先生副会長、とりわけ氣多雅子副会長のコルモス存続への真摯な姿勢を手本に、コルモスでの異質なものとの対話を試みてゆくつもりです。

コルモスが、これまで同様、これからも異

質な存在を排除せず、様々な現代社会の問題に正面から取り組んで論じ合う、智慧と勇気に満ちた集まりであることを祈りつつ、最後に哲学者の納富信留先生の言葉を記して、小文を擱筆します。

「対話とは自分と異なる相手と向き合うことであり、自分の見ていない視点からものを見たり考えたりする人と話し合うことで新たな発見をすることです」

（『対話の技法』笠間書院）

（兵庫県立大学名誉教授）

（岡田真水先生は本稿入稿後の二〇二三年七月九日にご逝去されました。謹んで哀悼の意を表します）

COLUMN

コルモスとその現代的意義

澤井義次

現代世界における宗教の動向を眺めると、コルモスすなわち「現代における宗教の役割研究会」（Conference on Religion and Modern Society）が担っている現代的意義は極めて大きいと思われる。コルモスは昭和四十六年（一九七一）、宗教者と宗教研究者が協同して、現代社会と宗教の関わりについて検討する研究会として発足した。宗教者と宗教研究者の共同討議は、双方にとって豊かな成果をもたらしてきた。そして二〇二一年、創立五十周年を迎えた。

現代世界における宗教の事象は、それを特定の宗教伝統の内部から捉えるのか、それとも宗教伝統の外部から捉えるのかによって、理解のしかたは微妙に異なる。場合によっては、かなりの違いが生起するだろう。それは宗教伝統内からの主体的な見方であるのか、あるいは、諸宗教の経験科学的な見方であるのかによって、宗教を捉えるパースペクティヴが違ってくるからだ。したがって、宗教の事象をできるだけ有機的に理解するには、それら両方の視座が必要になってくる。コルモスでは、そのことが具体的に実践されてきた。

コルモスはその規約にも明記されているように、発足当初から今日まで、より深い宗教理解へ向けて、意欲的に共同討議を蓄積してきた。コルモスの規約の第三条は、その目的を次のように記している。

(1) 諸宗教間の対話と協力の可能性、その意義及び方法を探ること。

(2) 宗教の立場から現代社会の分析と把握をすること。

(3) 諸科学の成果に照らして、宗教とは何か、宗教とはいかに在るべきか根本的に問い直すこと。

(4) 現代社会の諸問題、特に世界平和の問題を検討するなかで、宗教は何を為すべきか、また、為し得るかを問いつめること。

コルモスが創設された昭和四十六年、第一回の会議が開催されている。基調講演は土井真俊教授(同志社大学)による「対話の神学試論」、さらに堀一郎教授(成城大学)による「社会変動期における宗教の役割」であった。それらの講演題目からも、コルモス設立の背景に、当時、世界的に注目されていたカトリック教会の「宗教対話」に関する共通理解があったことが推測される。一九六二～六五年、カトリック教会は第二ヴァチカン公会議を開催した。その後、カトリック教会は他宗教の教えや信仰のなかにも、真理および救いの存在を認め、他宗教との対話を強調するようになった。このように第二ヴァチカン公会議の影響による世界の諸宗教の動き、それに伴う宗教学の新たな研究動向を捉えなおすと、この研究会の創設は、まさに当時の世界の要請であったと言えるだろう。

そして昨年3月、第68回のコルモスが開催された。ここ二年は、新型コロナウイルス感染防止のために、オンラインによる開催であった。第六十六回（二〇一九年）の開催からは、第一日目の講演会が広く一般に公開されることになった。このことは現代世界へ向けて、宗教理解を促すためにも大変意義深いことである。コルモスの研究会で取り上げられた討議テーマについて、「コルモス過年度一覧表」に記されている総合テーマおよび基調講演テーマを見るだけでも、コルモスが現代世界における宗教の動きに沿って、宗教者の視点と同時に、宗教研究者の視点からも、時宜に適った充実した内容の議論を展開してきたことが分かる。

コルモスが創設されて以降、天理からは恩師の丸川仁夫先生と中島秀夫先生が研究員として参加されていた。先生がたからは、コルモスの研究会が充実した内容で、現代社会における宗教の役割を考えるうえで、学ぶべきことの多い研究会であると聞いていた。私は一九八四年の秋、ハーバード大学大学院での留学から帰国した直後、恩師の中島秀夫先生から、コルモスが年末の十二月二十六日・二十七日の二日間、京都で開催されることをお聞きし、研究会への参加を促された。天理教も賛助会員であるとお聞きしていた。しかし、私がコルモスに参加させていただくようになったのは、ごく数年前のことであった。

コルモスの現代的意義がよく分からなかった当時の私は、その開催日程が十二月二十六日であるということで、会議への参加を躊躇していた。コルモスが開催されてきた十二月二十六日は、その年納めの天理教教会本部の月次祭の祭典日に当たっていた。中島先生は

「うまく都合がつくようだったら、コルモスに一緒に参加してみないか。」と誘ってくださったが、「（十二月二十六日の）教会本部の月次祭に参拝させていただきたいと思いますので、申し訳ありません。」と丁重にお断りしていた。中島先生も「そうなんだよなあ。天理からは参加しにくいんだよ。」と言われた。結局、中島先生とご一緒にコルモスに参加させていただくことはなかった。

その後、今から十年ほど前、日本宗教学会学術大会の折、コルモスの副会長であった大村英昭先生から、研究会員としてのお誘いをいただいた。コルモスに参加させていただくようになって、コルモスの現代的意義を痛感するようになった。中島先生にはますます申し訳ないことをしたと思っている。コルモスに参加している研究員は、日本宗教学会や宗教倫理学会などにおいて、長年にわたって一緒に宗教研究をおこなってきた親しい友人たちであり、これまでもいろいろと学的刺戟を受けてきた。さらにコルモスに参加してから、宗教者の方々からも、いろいろとご教示いただいてきた。ちなみに、昨年度のコルモスから、開催日が三月に変更されたが、そのことは私にもとても有難いと思っている。

ともあれ、混迷する現代世界における宗教の動きに注目するとき、二〇二一年に創立五十周年を迎えたコルモスが担っている現代的意義は、今後ともますます大きくなっていくだろう。コルモスの今後更なる進展を心から祈念している。

（天理大学名誉教授）

COLUMN

宗教協力による「地球感謝の鐘」とコルモスとのご縁

西田多戈止

宮崎県日南市、一面の太平洋に抱かれるような岬の丘に、一燈園ゆかりのテーマパーク「サンメッセ日南」がある。今年（二〇二三年）で創業から二十七年、累計訪問者数はまもなく五百万人になる。サンメッセ日南には、イースター島のモアイの完全復刻像をはじめ幾つもの見どころがあるが、最初に構想されたテーマパークとしての中核は、陽光を浴びて光り輝く緑の丘の一番高いところに据えられた宗教協力による「地球感謝の鐘」である。

「地球感謝の鐘」が構想されたのは平成二年（一九九〇年）。折しも地球温暖化の問題が喧伝されるようになり、「地球にやさしく」とのスローガンが日本中を席巻していた頃であった。「地球にやさしく」とは、なんと人間中心的であることか。人間（人類）は地球という場を借りることを許されて生きる一種属にすぎない。それが私の感じ方だった。そこで構想したのが「地球感謝の鐘」を中心とした「サンメッセ日南」である。その鐘は、地球を讃え、地球に対する人類の責任を示す。環境として汚してきたことを地球に詫びる気持ちを持つことの大切さを訴えるはずだ。

ところで、私は、正しく環境理念を提言できる人は、常に真理を見詰めている宗教者をおいて他にはないと思ってきた。それゆえ、宗教協力によって「地球感謝の鐘」を作っていただこうと決意し、さらに宗教者のリーダーの方達にメッセージを発表していただきたいと願ったのである。

私の祖父で一燈園創設者の西田天香の縁により心安くしていただいていた国内の、IARF（国際自由宗教連盟）やWCRP（世界宗教者平和会議）の活動を共にする方々や、神道、仏教、キリスト教の諸先生を訪問し、趣旨を説明して資金提供をお願いした。当時はオウム真理教が世間を騒がせ、宗教不信の風潮が強かった。そこで、鐘を何処の聖地に建てるのかと問われたのに対して、「宗教のきらいな人達が遊びに来るところに建てます。先生から下さる地球へのメッセージは、辻説法の役割りを果すことになります」と申し上げ、喜んでいただいた。

ただ、キリスト教のうちプロテスタントの教団には声を掛けられる知己がなかった。しかし「宗教協力」ということを実現するには何としてもプロテスタントの方にも参加いただきたかった。それを実現してくれたのが、コルモスとのご縁である。日本クリスチャンアカデミーの平田哲先生、同志社大学名誉教授の竹中正夫先生と土居真俊先生等の協力をいただき、日本クリスチャンアカデミー理事長の中川秀恭先生が代表してメッセージを下さった。

最終的には国内の十七の教団が賛同し、等分に浄財を拠出して下さった。また海外では、バチカンの諸宗教対話省長官のアリンゼ枢機卿、ガンジーのお孫さんのエラ・ガンジー女史、イギリスのジョージ・ケアリーカンタベリー大司教、そしてダライ・ラマ十四世法王からも、この鐘に地球へのメッセージを頂いた。その国内外からのメッセージの一部を掲載したい。

〝地球よありがとう、地球よごめんなさい。〟

（比叡山第二百五十三世天台座主　山田恵諦）

〝すべてのものが「かけがえのない生命」をもち、すべてのものは「かけがえのない地球」に住む。この縁に感謝し、この縁を大切にしたい。〟

（立正佼成会開祖　庭野日敬）

〝人類をこれまではぐくみ育ててくれた地球に感謝し、つつましく生きていきましょう。〟

（日本クリスチャンアカデミー理事長　中川秀恭）

〝不二の光明によりて新生し　許されて活きん〟

（一燈園　西田天香）

〝創造主なる神　この地球は美しく創られ、神秘をたたえ　私達を支えています。それはあなたのものです。あなたに感謝します。〟

（カトリック諸宗教対話省長官　アリンゼ枢機卿）

〝平和をきずき、平和を取り戻そうとする責任を負うた時、初めて人間は繁栄し、調和して生きられるのです。〟

（ヒンズー教　エラ・ガンジー女史）

〝信仰は地より湧き出て、正義は天より降る。〟

（国際自由宗教連盟事務総長
ロバート・トレヤー師）

〝今日、私たちは、私たちが受け継いだ遺産、私たちの責任、次なる世代に何を手渡すべきかについて、倫理的な見直しをはじめています。私たちには、それをする能力と責任があります。手遅れになる前に行動しなくてはなりません。〟

（ダライ・ラマ十四世法王）

環境理念ということでは、一神教は神道や仏教とはやはりちょっと違う。けれども地球を思う気持は一緒である。

メッセージは、「地球感謝の鐘」のモニュメントの柱に掲げられ、その中心にサヌカイト（讃岐岩）で作られた鐘が据えてある。その澄んだカンカンという神秘的な音色にのせて、メッセージが地球にとどき、また人々の心に響いてくるのである。

私は「地球感謝の鐘」は、〝世界の平和〟を超えて〝地球の平和〟を祈る宗教協力の現れた形であり、それは同時に「現代における宗教の役割」を示す端的な一例なのではないかと、ひそかに自負している。

昨今の喫緊の課題であるＳＤＧｓは、行動目標であるけれども、そこには〝心〟が入っていないと、私は思う。国連では様々な宗教・文化の故に、ＳＤＧｓを実行するための心を入れられなかったと言いたい。環境問題について行動するとき、まず地球に感謝し、地球に詫びる気持ちを持つことが大切ではないか。そうすると「地球に許される生き方」を実践できるようになる。そして、その〝心〟とは、諸宗教の根底にある何かであると思う。

一燈園では「世界の平和と地球の平和」ということについて、分かりやすくこのように訴えております。

「世界平和」とは

単に戦争がないということではなく、人間どうしの睦み合う融和の状態、人類共同体の実現をいう。およそ正義や慈悲のないところに平和はない。

（平成二十二年比叡山宗教サミットの祈りより）

「地球平和」とは

人間が全ての生物を支配するという人間中心主義的世界観を反省し、地球（大自然）に生かされているという自覚を持ち、全ての生命が連鎖する地球上で人間が果たすべき責務を、感謝とお詫びの気持ちで行うことで成就される美しき地球（大自然）の調和である。

（WCRP日本委員会の解説より。傍線の「感謝とお詫びの気持ちで」は、私共で加えたもの）

※上記、諸先生のご尊名に添えた肩書は全て当時のもので、また幾名かは故人となられている。

（一燈園当番）

COLUMN

現代社会の憂鬱に効く治療法としてのコルモス研究会

金澤　豊

私は当会の歴史を振り返るほど関わりが古くないため、僅かな経験から現状と未来への意思表明をしたい。

もしも治療法があるならば、
憂鬱が何の役に立つだろうか。
また、もしも治療法がないならば、
憂鬱が何の役に立つだろうか。

シャーンティデーヴァ（寂天、六九〇～七五〇）
『入菩提行論』第六章第十偈

憂鬱という雲が現代社会を覆い続けているように思えてならない。現代社会には難題が山積し、諸課題に対して解決を試みる活動も多く存在する。そんな中で、宗教や宗教的価値観は一つの見通しを示す治療法と言うことができるように思う。しかし、それは万能ではなく、すぐに次の憂鬱や不安の雲がその希望の光を遮る。この抽象的な印象は、さほど間違っていないようにも思う。理由は、五十年以上も現代における宗教の役割を考え続けてきた団体（当団体）が存在することを知ったからだ。五十年も前から変化する「現代社会」に拘り、危機感を持ち続けてきた宗教者、宗教学者がいらっしゃる。変わらない宗教的真理を寄せ合い対話を続けてきた。その叡智の一端に触れることが本書を通読することで可能になっているかと思う。

　変わるもの（現代社会）と、変わらないもの（宗教的真理）の関係を自身の立脚点である「仏教」に当てはめて考えてみることも無意味ではないだろう。そもそも、仏教は約二千五百年の時間と地域のフィルターを経て大きく変容した。それはアジア諸地域の風土や政治状況、地域社会の要請であったり、伝道者である僧侶の語り口によるものである。しかし同時に宗教を受け入れる社会も宗教と別物ではなく、文化体系としての変容を続けている。その意味で社会と宗教は不可分である。その証左として、変わらない真理を依りどころに多くの人々が仏教を信仰し生きている。換言すれば、変わらない真理に気づいた人物をブッダと呼び、仏教徒は、一歩でもその存在に近づくべく修行を重ねている。主体たる私自身も変わり続けることを見通したブッダは無我の思想を前面に打ち出した。それを知りつつも無我たりえない自身が存在することに気付かされるし、慚愧に堪えない。自分の思い通りにならない状況に四苦八苦し、悟りの見取り図はわかっていても憂鬱は発生してしまう。

　冒頭に引用したインドの学僧シャーンティデーヴァは、憂鬱そのものが無用であることを宣言している。まさに理想の境地である。昨年、惜しくも急逝した当会常任理事の丘山新（一九四八～二〇二二）に日頃から言われていた言葉が今も響く。「宗教者は希望（理想）を語り続けることが大事だ。いや、それこそが宗教者の役割なんだよ。」

真理を説いた諸宗教の足跡を知り、テキストから学び、水先案内人たる宗教者の生き方に目を向け続けたい。未来のコルモス研究会参加者には、宗教者の言葉に触れ、研究者同士の対話を咀嚼し、自身の糧にして欲しいと願っている。開祖や祖師の言葉を引き受けてきた人々が集うコルモス研究会の議論の中に、さまざまな憂鬱の治療法があると確信を持って提示し続けたい。多くの人々の不安を取り払うため、希望を示す場を醸成し縁の続く限り運営を進めたいと思う。

最後に前任者である佐々木正典先生へお礼を述べたい。先生から唐突に「年末は空いているんか?」と尋ねられ、詳細も分からぬままにお返事をして、コルモス研究会に運営側で参加するよう打診を受けたのは、自死問題をトピックとした二〇〇九年の研究会だったように記憶している。タバコを燻らす佐々木先生の指示の元、受付や会場のマイク係、先生方の案内役を仰せつかり、畏れ多く緊張した。若手研究者からすれば、歴史上の人物と認識していた方々にまみえることができた事だけで満足感を得た。

宗教・宗派を越えた宗教者と研究者の対話と協力、平和へのアクションはどうあるべきか、すでに尽くされた議論なのかもしれないが、おそらく終わりがないことも内包されている。コルモス設立時の目的を噛みしめられる立場にあることに感謝し、結論の出ない「現代における宗教の役割」を同時代の皆さんと共にしつこく探求していきたい。お導きくださった佐々木先生、ありがとうございます。

（コルモス研究会事務局長）

写真にみるコルモス

第12回（1976年12月27・28日　於 比叡山国際観光ホテル）

第14回（1977年12月27・28日　於 比叡山国際観光ホテル）

第21回（1981年７月16・17日　於 御殿場・東山荘斉藤記念館）

第26回（1983年12月26・27日　於 比叡山国際観光ホテル）

第27回（1984年７月18・19日　於 東京ガーデンパレス）

第35回（1988年12月26・27日　於 京都国際ホテル）

第40回（1993年12月26・27日　於 京都国際ホテル）

第42回（1995年12月26・27日　於 京都国際ホテル）

第45回（1998年12月26・27日　於 京都国際ホテル）

第46回（1999年12月26・27日　於 京都国際ホテル）

第48回（2001年12月26日　於 京都国際ホテル）

第50回（2003年12月26日　於 京都国際ホテル）

第52回（2005年12月26日　於 京都国際ホテル）

第59回（2012年12月26日　於 京都国際ホテル）

第62回（2015年12月26日　於 ANA クラウンプラザホテル京都）

第65回（2018年12月26日　於 ANA クラウンプラザホテル京都）

第66回（2019年12月27日　於 同志社大学今出川キャンパス）

終章　これからの課題

——コルモスの目的を問い直す

氣多雅子

Keta Masako

コルモス五十周年となる二〇二一年は、新型コロナウィルスによるパンデミックが二年目を迎えた年であったため、第六十八回研究会は二〇二二年三月八～九日に対面とオンライン併用のハイブリッド型で開催となった。このパンデミックは近代文明のはらむさまざまな問題点をあらわにし、現代社会の在りようが限界に至っていることを突きつけた。この五十年において「近代」はさまざまな角度から徹底的に批判されてきたが、その批判が新しい時代のヴィジョンを切り開くことができないまま、近代のはらむ矛盾は堆積されてきた。自然界の未知であったウィルスによって起こったパンデミックは、その堆積された矛盾を奥底から揺さぶったと言えよう。ここで何が終わり、何が始まったのだろうか。

コルモスは過去二回、それまでの活動を振り返り、将来の展望を探る研究会を開催している。一回目は第四十回という節目を迎えた一九九三年であり、二回目はコルモス三十周年を迎えた第四十七回である。この二回の回顧では、現代社会における宗教の役割について期待をこめた展望がなされた。特に二回目は二〇〇〇年（平成十二）という新世紀を目前にした時期でもあり、その記念出版書『現代における宗教の役割』（東京堂出版、二〇〇二年）を開くと「宗教の世紀」という希望に溢れた表現が見える。しかし、二十一世紀の幕開けとなったのは、イスラーム過激派のテロ組織アルカイダによるアメリカ合衆国の同時多発テロ事件であった。宗教はそれまでとは違う形で、広く人々の関心を喚起することになった。

コルモス研究会の総合テーマは、この頃から身近な問題に向かう傾向が見られる。教育、自殺、死者供養、家族、生きがいなどの問題が目立つようになった。二〇一一年の東日本大震災の影響も、日本の宗教の存在意義を考察する上で、大きかったように思われる。しかし、二〇二〇年三月に世界保健機関（WHO）がパンデミックを宣言し、世界中の人々の日常生活は大きく変わった。私たちの日々の生活は家や学校、職場などの身近な世界だけで成り立つわけではなく、その日常の生活が地球全体の状況と密接に連関していることを、私たちは痛切に感じることになった。さらに、二〇二二年二月に始まったロシアのウクライナへの軍事侵攻、同年七月に旧統一教会への恨みを主動機とした安倍元首相の銃撃という二つの出来事が私たちに大きな衝撃を与えた。それらは現代世界における宗教と政治の関係がいかに錯綜したものであるかを示すものであった。これらの出来事はコルモスの関心を改めて人類と世界という大きなものに向けさせたように思う。これを機に、現在の私たちの立ち位置から、いまの私たちの言葉で、コルモスが目的としてきたことを捉え直してみたい。

規約に掲げられているこの会の目的は以下の通りであり（規約第2章第3条）、これらを一項ずつ検討していこう。

一、諸宗教間の対話と協力の可能性、その意義及び方法を探ること。
二、宗教の立場から現代社会の分析と把握をすること。
三、諸科学の成果に照して、宗教とは何か、宗教はいかに在るべきかを根本的に問い直すこと。
四、現代社会の諸問題、特に世界平和の問題を検討するなかで、宗教は何を為すべきか、また、為し得るかを問いつめること。

一、「諸宗教間の対話と協力の可能性、その意義及び方法を探ること」

コルモス設立に実質的に動いたのは当時のＮＣＣ宗教研究所の所長、土居真俊であったようである。第一回研究会の最初の講演が彼による「対話の神学試論」であり、「諸宗教間の対話」が目的の最初に掲げられていることから、設立の趣旨は明らかである。諸宗教間の対話という問題意識は、二十世紀におけるキリスト教のエキュメニズム（教会一致運動）を背景とし、第二バチカン公会議を経て、キリスト教から非キリスト教へと拡大していった。一九七〇年代、八〇年代の日本ではキリスト教主導のもとに諸宗教間対話の運動が推進され、コルモス設立もその一環であったと言える。

しかし、キリスト教と日本の伝統的な諸宗教との間には現象面のみならず構造的にも大きな違いがあることが意識されていた。土居は、対話をするには何らかの一致点を見出し、そこから相違点を明らかにするところから始めなければならないと考えて、宗教哲学の役割に期待した。「宗教哲学は宗教現象から出発して宗教の内面的・普遍的構造を探る学問であるから、存在論的地平へと掘りさげて行けば行くほど一致点が見出される筈である(1)」。

第二回研究会に西谷啓治の講演「宗教本質論からみた現代における宗教の役割」が企画されたのは、そのような期待を受けてのものと推測される。しかし宗教哲学の視点からすれば、すべての実定宗教の一致点をすべての人が共有できるような仕方で取り出すことは宗教哲学の仕事でないばかりか、そもそも不可能である。西谷は対話の場を拓く役割を各々の実定宗教のなかに求める。「今日、どの宗教も対話の可能性を、自らの宗教性の根本から持たなければならない」(2)。

実際、過去の討議記録を読むと、コルモスでは宗教的立場の違う者同士の間で踏み込んだ議論がなされ、遠慮のない批判や身を切る反省がなされてきたことがわかる。土居の「信仰者と信仰者の対話」を追求する姿勢には、自らの信仰を賭ける真剣さが溢れている。そして、初期の頃の研究会の参加者たちは明らかにその気迫を共有していたことが、記録からうかがえる。

コルモスの規約に「この会の趣旨・目的に賛同し、事業に協力するものを研究会員とする」(規約第7章第15条)とあるように、そもそも他宗教と対話する意志のないものは会員にはならないし、なれない。そして、コルモスは会員に対して、対話の場を自己自身の内に拓くことを要求する。対話の場というのは、単なる諸宗教の比較の場ではない。信仰者は自分の信仰の内に閉じこもることを許されないのであるから、信仰が真摯であればあるほど、その要求は厳しいものである。いわゆるカルトの信仰のようなものはこういった要求に堪えることができない。

このことはコルモスの議論を高い水準で維持することに寄与してきたが、今後の課題をも示すように思われる。いまの日本の社会では、むしろカルト信仰のようなものこそ信仰の典型と見なされる傾向がある。信仰にはもともと狂信、妄信、迷信といった頽落態が常につきまとうが、それらが現代社会の状況とどのような関わり方をするのかということは、これまで以上にコルモスが追究すべき問題であろう。

それまで完全に内輪の研究会であったコルモスを、二〇一九年から一日目の講演のみ一般に公開するようになったが、それはコルモスから社会に向けて発信することが改めて重要だと考えたからである。

二、「宗教の立場から現代社会の分析と把握をすること」

対話の可能性を掘り起こすことを自分自身のなかに求めるならば、コルモスの課題として浮かび上がるのは次の段階である。すなわち、諸宗教間の対話だけでなく、非宗教的世界と宗教者との間の対話である。近代社会は概して世俗化の方向に進んでいくわけであるが、日本では第二次大戦後、社会の公的領域から宗教色が一挙に消されていく。世俗社会が社会の一般的なあり方となり、宗教はその一部となる。一般社会から見れば、仏教やキリスト教、天理教、創価学会などといった信仰の立場の違いは、その違いが社会のあり方に反映しないかぎり、宗教という括りのなかの小さな問題に過ぎない。そしてその場合、宗教者は同時に一般社会の構成員であるということになる。宗教者は、信仰の立場と一般社会の構成員たる立場との葛藤を抱えることになる。それをことさら葛藤と言うのは、初期のコルモスにおいて、宗教という集合名詞で括られるものと一般社会との間に大きな齟齬が見出されるということが重要な論点だったからである。西谷啓治はそれを「宗教不在の現代、現代不在の宗教」という言葉に集約した[3]。

そこで出てくる第二の目的が「現代社会の分析と把握」であって、「現代社会の諸問題の分析と把握」ではないことに注意する必要がある。第四の目的が「現代社会の諸問題」と記載されているので、明らかに意図的である。つまり、分析と把握の対象は現代社会で起こってくるさまざまな問題ではなく、現代社会そのものである。「宗教不在の現代」とはどのような時代か、宗教不在の社会とはどのような社会か、それを不在である当の「宗教の立場」から考察しようというのが第二の目的なのである。

研究会では、教育、現代人の精神構造、倫理、政治、いのち、死、性、聖性、暴力などさまざまなテーマを通してこの問題が探究された。宗教の立場から現代社会を「宗教不在」と捉えることは現代社会が根本的な欠落を内包していると捉えることである。この欠落はニーチェ以降、近代世界のニヒリズムとして盛んに議論されてきたが、現在ではそれをニヒリズムとして主題化すること自体が空洞化していると言わざるを得ない。その意味では、現代社会はその根柢において、現代社会を生きる者にもはや意識されないほど徹底したニヒリズムを孕んでいると言える。そのニヒリズムを唯一、主題化することのできるのが宗教の立場である。

宗教の立場というのは現代社会からはずれたところをもっている。人類が誕生したときに既に宗教はあったと言われるが、そういう長い歴史をもつということは、宗教の立場は現代社会を生きるということに収まりきらないものを背負っていることを意味している。だからこそ、その背負っているものに埋没して「現代不在の宗教」となるということが起こる。「宗教不在の現代」と「現代不在の宗教」とは呼応した事象であって、宗教は何らかの程度現代に生きていないからこそ、その立場から、現代に宗教が不在であることを見て取ることができる。しかし、このような屈折を余儀なくされるために、宗教の力は現代社会を生きる者に間接的にしか届くことができない。「現代不在の宗教」というのは、むしろ現代における宗教の不可避の立ち位置を示している。

宗教者が現代社会を外から見ているかぎり、現代社会の底に潜むニヒリズムを捉えることはできない。宗教者が現代社会の構成員でもあるということは、そのニヒリズムが自己自身の内に潜んでいることを意味している。宗教者は自らの内なるニヒリズムを見出すという仕方で初めて、宗教が「現代不在」であるということを知ることができる。そして、そこで初めて現代世界のニヒリズムの本当の深さが見えてくる。

だがしかし、「宗教不在の現代、現代不在の宗教」とは具体的にどういうことなのか。それを端的に示すのは、私たちの苦しみの語り方である。最近の新聞やテレビの論評では、絶えず競争や評価にさらされている緊張感、その結果の心身の疲弊、自己肯定感の欠如、対人関係のなかの陰に陽になされるマウンティング、社会的に形成される貧困の惨めさ、社会的孤立感などが語られ、SNSでの遣り取りや身近な会話では「生きづらさ」や「居場所がない」という言い方がよく見られる。そこには。罪や救い、悔い改め、苦、業などといった宗教的な概念がほとんど見出されないばかりか、宗教的なニュアンスすらうかがわれない。私たちの現実のナマの苦しみをリアルに表すものとして、宗教の言葉は通用しなくなっているのであろう。そして、現代の苦しみの語り方はリアルであっても、さしあたって、の表現でしかない。

宗教と社会の状況は国や地域によって大きく異なるが、現代日本の社会を見るかぎり、宗教の言葉は時代を経て角の取れた柔らかな言葉となっている。文化の言葉になっていると言ってもよい。文化の言葉は柔軟で自由で、さまざまな場面で私たちの痛みや苦しみを慰撫する力をもっており、そこに言葉の成熟を見て取ることができる。しかし、宗教の言葉は棘を持っているからこそ、人の心に突き刺さって、現実世界の奥底へと切り込むことができる。この棘がそこへと繋がっている実定諸宗教のなかの「大きな物語」は私たちの痛みや苦しみを説明し納得させる力をもち、それが現実世界をその奥底から包み込むことができるはずであった。宗教は人々の心を慰撫するだけではなく、自己と世界を転換する力をもつはずであった。しかし、もはや宗教の言葉は棘を失い、「大きな物語」は無効となり、現実のナマの苦しみから距離をおくものになっている。

とはいえ、この距離は現代における宗教の役割を考える上で重要な意義をもっている。この距離を簡単に跳び越えようとするもの、簡単に跳び越えられるとするものは、宗教がこれまでの歴史のなかで担ってきた意義を放棄することになる。この距離を跳び越えるとは、システム化された奉仕活動や献金で手っ取り早い保証を得たり、共同体の平たい人間関係のなかに束の間の安心を見出すようなことを意味する。とはいえ、この距離は現代世界における宗教のジレンマをも表している。複雑でストレスに満ちた現代社会を生き抜くには、見せかけであっても束の間であっても、容易に手の届く安らぎがほしい。その求めと、既存の諸宗教の語りかけはすれ違ってしまう。既存の諸宗教が現実の人間のナマの苦しみを既成の教えに象ることなしに受け取ることができるか、という問いがいま実定諸宗教に突きつけられている。

宗教が現代社会で本来の役割を果たすためには、宗教がこれまでとは異質の深さと大きさを備えた視界をもつことが必要となっている。私たちにはそのための学びと闘いが不可欠であり、コルモスはそういう学びと闘いの場として発足したのである。

三、「諸科学の成果に照して、宗教とは何か、宗教はいかに在るべきかを根本的に問い直すこと」

それでは、このような現代という時代はどのような力によって開かれたのか。現代を開いた基本的な力は科学と科学技術であるという考えから、コルモスは出発した。現代社会と宗教との関係の基盤にあるのは、科学および科学技術の台頭の問題である。科学と科学技術はこの五十年の間に飛躍的に進展した。

かつて、科学的知識というのは、さまざまな前提のもとに成立する限定的知であると考えられてきた。科学的知識が新しい研究によって次々と塗り替えられる不安定なものであることは、哲学に対して科学の地位を低いものにしていた。知見が十分に積み重ねられていない段階では科学者によって見解が大きく異なることも、科学に対する信頼を損なう要因であった。しかしそれははるか昔のことであり、現代では科学と科学技術への信頼は揺るぎないものとなっている。特に公的領域を支配するのは、科学的知識こそ客観性と普遍妥当性をもつ真理であるという考え方である。国や地域によって科学と宗教との関係は異なる形をとるが、科学的知識は世界中で共有され、科学技術の成果は世界中で受け容れられている。というより、そういう仕方で現代世界の生活環境は作り上げられている。

このような状況のなかで、宗教は「真理」として力をもち得るのであろうか。宗教的真理と科学的真理との関係は現代日本ではほとんど問題にされることがない。日本では、宗教の事柄は心情や体験によって捉えられるものであり、理性によって知的に判断され得るものではないと考える傾向が強い。両者を突き詰めて考えることをせずに、しばしば棲み分けで処理される。とはいえ、正面からの議論がこれまでまったくなされなかったわけではない。釈宗演が一八九三年のシカゴ万国宗教会議で日本仏教の代表として演説し、仏教の因果思想のなかに自然法則の因果が含まれているとして、仏教が自然科学と矛盾することのない近代合理主義に即した宗教であると論じたことはよく知られている。しかし、これはヨーロッパ近代自然科学の特質に即した議論ではなく、現代科学およびテクノロジーと仏教の教えとの関係は明らかにされないままである。日本の仏教者の科学への態度そのものは、現代でもこれ以上に進んでいないように見える。

アメリカ合衆国にはいまでも進化論を否定し聖書の創造説を真理とする人々がいる。彼らのなかには、進化のプロセスには何らかの偉大な知性による意図が働いており、それは科学的に説明できる、とする「インテリジェント・デザイン（Intelligent design）」という主張を展開する人たちもいる。キリスト教の伝統には、宗教的真理と科学的真理との関係を理論的に明確にしないでは済まないところがある。十二世紀にアリストテレス自然哲学やイスラームの科学がラテン語に翻訳されて広く知られるようになり、啓示に基づく信仰の真理と理性に依拠する認識の真理という二つの真理をどう説明するかが大問題となった。トマス・アクィナスは物体と非物体との関係によってアリストテレス哲学と神学との関係を説明し、理性と信仰を調停する神学を展開したが、この考え方がやがて教会で承認されるようになった。キリスト教世界では、こうして二つの真理の関係に一応の決着がついた上で、近代自然科学が成立してきたという歴史がある。

しかし、科学と科学技術が飛躍的に進展した現代では、キリスト教神学でなされたような調停の仕方は通用しない。創造説と進化論のどちらが真理であるか、というようなことは現代世界を生きる者にとって本質的な問題ではない。これからのコルモスが問題にしなければならないのは、諸科学の成果が私たちの生活環境を根柢から変容し、諸科学の知識によって私たちの世界理解、自己理解が作られているということ、このことであろう。

私たちは日々の生活において科学的真理を生きている。パソコンを用いて仕事をし、スマホで友人とチャットをする。エアコンで部屋の温度調節をして、冷凍食品を電子レンジで加熱して食事を摂る。テレビでロシアのウクライナ侵攻のニュースを観て、ユーチューブに自分の動画をアップロードする。私たちは科学技術を通して日々の行動、日々の生活を形作っている。

科学技術を通すのは物質的な面だけではない。たとえば、ＱＥＥＧ（定量的脳波検査）によって自分がアスペルガー特性をもった発達障害であるという医師の診断を受けて、これまで自分がうまく人間関係を築けなかったことを納得する。近頃物忘れがひどくなっているためＭＲＩ検査を受けたら、認知症と診断され、暗澹たる気持ちになる。このような科学的検査によって得られる情報は、私たちの人生における選択を左右し、自分の生活を形づくる力がある。

人生の選択を左右するだけではない。現代では、自分は何ものか、私は誰か、という問いは、科学的知識を土台にして問い詰められる。たとえば、発達障害と診断された私は、その診断を拒否するにしても受け容れるにしても、「発達障害の私」と向かい合わねばならない。そういう診断を受けた私はどのように他者と関わるのか、どのような自分であろうとするのか、そういった問いはいったいどこへと行き着くのか。

また、私たちはおのれの生も死も科学的知識を土台として突きつけられる。たとえば、認知症という診断を受けた私は、その診断に抗う。それは私がもはや私ではなくなることを予感させるからである。それは私が無になること、私の死をリアルに突きつける。しかし、その診断に私は抗いきれるであろうか。ＭＲＩ検査で撮影された私の萎縮した脳画像は、現代科学のすべてを代表して私に迫り、私の抵抗を粉砕する。そこに私は否応なしに、自分自身の解体を見てとる。しかし、この自己解体はどこまで「私」の死なのであろうか。この問いから私の死への問いはリアルに始まる。

自己を問うということ、自分の死を問うということ、自分の人生を問うということは宗教の歴史のなかに蓄積されてきた事柄である。実定諸宗教はこれらの問いの問い方をそれぞれの形で内包し、それぞれの形で応答してきた。しかし、科学の知を土台として「私」や私の「死」が問われるということは、「私」という存在が科学的に掘り出された物理的条件や生理的条件によって根柢から規定されていることである。ここには、これまでの実定諸宗教の地平では考えられてこなかったことが起こっている。

ここで求められているのが、「宗教とは何か、宗教は如何に在るべきかを根本的に問い直すこと」だという点に注意したい。

現在用いられている意味での「宗教（religion）」は、近代において成立した語である。さまざまな信仰形態を総称する語は古くからあったようであるが、近代の「宗教」の語は単なる総称ではない。カント（Immanuel Kant 1724–1804）の『単なる理性の限界内の宗教』（一七九三年）を読むと、彼の時代には「宗教」の語は知識人の間でしか通用しない専門語で、一般社会では「信仰（Glaube）」という語で事足りていたようである。カントは「（真の）宗教は一つのみ（*eine*（wahre）*Religion*）であるが、信仰には多くの様式がありうる」[4]と述べて、その唯一の真の宗教とはどういうものかということを、彼の理性批判の哲学のすべてを最終的に集約するような仕方で追究している。その後、多くの哲学者たち、神学者たちがさまざまな角度から宗教とは何かということを追究してきた。ここで明らかなように、宗教という語には最初から理念的な意味が含まれている。この理念性を追求するという仕方で、「宗教の立場」は主体性をもつことができる。その後、カント的な理性は徹底的に批判され、彼の宗教についての考え方も厳しく論駁される。しかし、それで終わるわけではない。ポスト近代ということが繰り返し言われながら、近代の次の時代が拓かれることなく、ポスト近代は後期近代に回収され続けてきた。

「宗教」という語は近代において生まれ、近代の人間の試行錯誤とともに歩み、近代の限界を背負った言葉である。宗教という概念は人間が作ったものであり、人間が作ったものである限り、不十分である。不十分だということは、宗教という語で指し示されるべき事象は宗教という概念を超えているということである。しかも宗教の場合、作られたものとしての概念を超えているだけでなく、その概念の理念的なあり方をも超えている。この二重の不足のために、宗教とは何か、宗教は如何に在るべきか、ということを私たちは問い続けなければならない。問うことで作り直し続けなければならない。それが近代を越えることになるであろう。

四、「現代社会の諸問題、特に世界平和の問題を検討するなかで、宗教は何を為すべきか、また、為し得るかを問いつめること」

第三の目的と不可分に結びついているのが、第四の目的である。科学とテクノロジーが私たちの生活環境を変えてきたのは、それらが自由資本主義およびそれによって維持される社会体制と緊密に結びついているからであるが、その結びつきは現代社会にさまざまな脅威を引き起こしている。現代社会の問題として、ここで特に三つ取り上げてみたい。

第一にこの目的に記載されている「世界平和の問題」である。単に平和ではなく世界平和という言い方がされるのは、現代では戦争が起こったとき、決して一つの地域には収まらないからである。冒頭で述べたパンデミックも世界が緊密に繋がっていることを証しした事象であり、現代社会の人流や物流がいかに国境を越えて広がっているかを痛感させた。問題は現象面にとどまらない。世界全体の繋がりは地球を一つの運命共同体とするほど根の深いものであることが、近年ますますはっきりとしてきた。

コルモス発足当時、世界平和を脅かす最大の危険は核戦争であったと言えよう。広島、長崎の被爆の経験はまだ鮮明であり、東西冷戦のなかで繰り返し核実験が行われ、それによる放射能汚染は私たちにも身近なものであった。ベルリンの壁崩壊後、ソビエト連邦が解体し、東西冷戦が終結したことで、その危険は大きく減退したように見えた。しかし、二〇二二年二月にロシアがウクライナに侵攻したことによって核戦争の脅威が改めて世界に突きつけられ、一九六三年に国連で採択された核拡散防止条約の不十分さを痛感させられることになった。一番の問題はこの条約がアメリカ・イギリス・フランス・中国・ロシア以外の核兵器保有を禁止するものであり、すべての国の核兵器保有を全面的に禁止するものではない点である。コルモスが核兵器を特に重要視すべきであるのは、それが人類の破滅につながる問題だからである。この問題が今後のコルモスが関心を向けるべき重要なテーマであることは間違いない。

さらに、ロシアとウクライナの戦争はこれらの地域で教会と国家、教会と民族が密接な関係をもつことを顕わにした。戦後の私たちがもはや政教分離で決着がついたものと何となく考えていた宗教と政治の関係が、いまなお葛藤を孕んだ未解決の問題であることを、私たちは思い知った。その問題が未解決であることを別の形で突きつけてくるのは、中東・アフガニスタンのイスラーム諸国の状況である。そこでは宗教と政治の関係が直截に戦争とテロの火種となっている。

一九七八年にイスラーム・シーア派のホメイニ師を指導者とするイラン革命が起こり、イスラーム原理主義に基づくイスラーム共和国が樹立された。そして、同じ年にアフガニスタン紛争が勃発した。中東地域は現代世界の矛盾が集約され、むき出しの暴力として噴出している地域である。そこに根を張る対立を宗教という観点から要約すると、国家の運営の全体を宗教によって規定しようとする宗教原理主義と自由資本主義を柱とする世俗主義との対立であると言ってよいかもしれない。

さらに、最先端の科学技術が投入された現代の戦争は、二十世紀の戦争とは大きく異なるものになったことに注意を払う必要がある。自国の基地に居ながら遠隔操作により敵国の兵士を狙い撃ちするような戦争の仕方は、限りなく戦争ゲームに近づいている。私たちが気づかないうちに、地球上だけでなく、宇宙空間、サイバー空間がすでに熾烈な戦場となっていることに慄然とさせられる。殺人がこのように人が人を殺すというリアリティを喪ったということ、戦争がコンピューターの前に座ってゲーム感覚でなされるようになったことについて考え抜くことこそ、現在のコルモスの課題である。これは宗教の視界でしか問うことのできない事態だと思われるからである。

宗教者なら平和を希求するはずだというような単純な思い込みはまったく成り立たない。確かに、宗教は自分の全存在を挙げて平和を推進する原動力となり得る。たとえ自分の生命が危険にさらされても戦争への参与を拒否するようなことを、信仰の力は可能にする。同じ信仰をもつ者たちの連帯は平和を希求する者たちの強力な連帯となり得る。しかしその一方で、宗教は、人々を戦争に向けて奮い立たせ、殺人という日常では最も禁じられている行為へと踏み出させ、過酷な戦場で戦い抜く力を与えることができる。さらに、戦争で傷ついた心を癒やし、戦争という埒外な出来事を受け容れる度量をもたらすことすらできる。二十一世紀の戦争は、宗教が戦争と平和に関してアンビバレントな力をもつということを私たちに改めて認識させた。コルモスの第三の目的として「宗教はいかに在るべきか」という問いが立てられているのは、まさに宗教がそういうものだからである。

第二は、地球環境の破壊の問題である。この問題はコルモス発足時とは比較にならないほど深刻になっている。五十年前にも大気汚染、水質汚染、土壌汚染、地盤沈下などが「公害」として強く意識されていた。しかし、当時の自然環境の破壊は特定の河川、特定の地域という限定された問題であった。現代の環境破壊は地球全体に関わるものであり、地球上のすべての生物の生存に関わる問題である。

具体的にはまず地球温暖化であり、人間の経済活動によって排出される大量の温室効果ガスがその主要な原因とされている。地球温暖化は多くの異常気象を引き起こし、南極や北極の氷の融解をもたらし、生態系を大きく変えつつある。地球温暖化を進行させる森林破壊、マイクロプラスチックなどによる海洋汚染、生活排水や原発事故の汚染水などによる水質汚染、二酸化窒素や浮遊粒子状物質などによる大気汚染、こういった変化がものすごいスピードで進行している。

人間の活動が引き起こすこれらの汚染や破壊はある範囲内におさまっているならば、回復可能であり、地球環境は維持され得る。しかし、その範囲を越えるならば、地球環境はもはや回復不可能となり、その回復不可能な時点はすぐ間近に迫っている。この考え方に基づき、二〇一五年に「国連持続可能な開発サミット」が開催され、「二〇三〇年までに達成すべき十七の目標（ＳＤＧｓ）」が決定された。これほど深刻な状況であるからには目標達成に向けてすべての国で緊急に対策がとられるべきであるが、そうなってはいない。二〇三〇年に目標が達成されている可能性は極めて低い。多くの国が目前の課題に対処するのに精一杯で、人類と地球の将来という長期的、大局的な課題と真剣に向かい合う余力をもてないでいる。人々の意識はいまだに自国の経済的利益、民族の誇りや国家の威信に固執し、地球が一つの運命共同体であってその地球が生命体の環境としてもはや限界にきているという危機感を共有できないでいる。

第三は、人間を遺伝子レベルで改変したり、人間を越えるような知性体を生み出したりする技術が生まれてきているという問題である。

バイオテクノロジーの進展は有性生殖ではなく無性生殖によって新たな生命を生み出すことを可能にした。それは最初は家畜の品種改良を目的とするものであったが、現在ではすでにもとの人間とまったく同じ遺伝子をもつクローン人間を生むことのできる段階にまで達している。遺伝子工学の分野の進展はめざましく、農作物の品種改良、病気治療や医薬品の開発などに利用されているが、ゲノム編集技術をヒトの受精卵に応用することでいわゆるデザイナーベビーを作り出すことが技術的にはすでに可能になっている。さらにまた、人工知能の開発が急速に進むなかで、近い将来、人間の知能よりも賢い人工知能を生み出すことができるようになると言われている。人工知能が人間を越える時点（シンギュラリティ）を二〇四五年とする計算もあるが、最近の生成ＡＩの進展を見ると、それはもっと近いようにも思われる。

これらの技術の進展をどう受け取るか、現状では相当個人差がある。進展の先に輝かしい人類の未来を見て取るＡＩ学者や遺伝子工学者がいる。その一方で、そこに大きな危険を予測して倫理規定の整備に奔走する人たちがいる。ただし、このような技術の開発や使用を制限する倫理規定は常にその進歩に追いつかない。どのような受け取り方をするにしても、これまでの人間の捉え方、人間のあり方を根幹から揺るがす事態が起こっていることは確かであろう。

以上に挙げた三つの問題には現代世界が直面している状況がはっきりと映し出されている。第四の目的はそのような状況に対して「宗教は何を為すべきか、また、為し得るか」という実践をめざすものである。コルモスの発起人たちの念頭にあったのは世界宗教者平和会議のような実践であった。しかし、五十年後の現在の私たちが直面している状況は、当時よりはるかに深刻である。

その深刻な状況のなかで、宗教の実践として社会貢献の活動が語られることが多い。具体的には、災害時の救援活動や発達途上国の支援活動、人権保護や平和維持活動、環境保護の活動などである。だが、これらの活動は一般社会の文脈で推進され承認されている活動であり、宗教者はそれらが利他や慈悲の精神、生命への畏敬などの宗教的理念に適うものと認めて、そこに参加することになる。このような実践において注意しなければならないのは、活動の内容が社会の側から決定されている点である。宗教者は、活動する動機が宗教的なものであるにせよ、何を為すかについては受け身となる。社会貢献の活動そのものを決して退けるわけではないが、第四の目的における「宗教は何を為すべきか、また、為し得るか」という問いはそれ以上のものを考えることを要求している。

特に問題なのは生命医学系を中心とした科学研究に関わる事柄である。政府は二〇二一年に策定した第六期科学技術・イノベーション基本計画において、新しい科学技術を社会で活用するにあたって、それが私たちの倫理、法、社会一般にもたらす影響について俯瞰的に考察するために、自然科学および人文・社会科学も含めた「総合知」を活用できる仕組みの構築が必要であることを述べている。その「総合知」のなかに宗教的洞見は含まれていない。「倫理」という語はよく持ち出されるが、ここで有効なのは規範倫理ではなく応用倫理である。現在の科学研究に関する議論は、宗教的・倫理的規範に基づいて根本的に是非を判断するような段階にはないことを痛感させられる。結局のところいま求められているのは、社会的合意が得られる落とし所をどこに見出すかということである。

このこと自体が、もはや社会的な文脈では扱いきれない事象、諸科学の知をかき集めても対処できない事象が立ち現れていることを指し示す。ここに私たちが見るのは、最初は人間生活から苦痛や貧困を取り除き人々を幸福にしたいという願望から生まれた科学と技術が、人間の手には負えない巨大な自動体となってしまっているという事態である。まだどちらに枝分かれしていくかがまったく見えないのに先へ先へと太枝を伸ばしていくというのは、科学を育て科学によって育てられる技術である科学技術の本性的な進み方である。その進み方を倫理や社会制度や経済政策などによって制御するというのはおそらく不可能であろう。特に問題なのは、私たちの倫理観や制度というものがもっている時間の尺度と科学技術の自動進展の尺度とが、まったく違っている点である。しかしそれが不可能であろうとも、私たちはいま手元にもっている制御のわざを手放すわけにはいかない。私たちにはこの事態を問い詰め、この事態を見極める時間が必要である。

この事態は私たちにさまざまな形の問いを突きつけている。私たちはどこに向かって進んでいるのか、人類は破滅に向かっているのか、人間はどこへ行くのか、人間は何をしようとしているのか、人間とは何か。どのような形をとっても、ここで突きつけられているのはまさしく宗教の問いである。これらの問いは、人間が人間自身の枠内でもつ視界には収まりきらないものであることを示しているからである。これらの問いを色づけているのは、私たちはもう人間の身の丈を越えた地点に立っているのではないかという怖れである。この怖れは私たちがこの問いから逃れることを許さない。この問いから逃れることは許されないという自覚こそ、宗教の立場である。

実定諸宗教はこれらの問いに対する答えをもっていると一般に思われているかもしれないが、そうではない。宗教の問いに出来合いの答えはない。諸宗教の中にあるのは、これらの問いをつきつめてきた歴史であり、問いの場を拓いてきた蓄積である。その歴史を鑑みると、いまの現実を生きる私たちの問いがどういう位相をもつかが見えてくる。

私たちが注意すべきなのは「人類」という観念である。現在の国際連合の前身である国際連盟の創設に影響を与えたのが、カントの『永遠平和のために』の思想であったことはよく知られている。この書に示される「世界市民（Weltbürger）」という概念を背景で支えるのは、神の創造の究極目的を個々の人間ではなく「人類（Menschengattung, Menschheit, Menschengeschlecht）」に見て取る考え方である。人間が希望することのできる幸福の前提となる道徳的完成は個人には不可能であって、人類において初めて可能だとするのである。注目されるのは、このカントの「人類」という概念には自然法則の普遍性のもとでの人間の捉え方が反映している点である。(5) カントの純粋理性の立場は道徳的行為の場面で自然法則の普遍性と同じ普遍性を要求し、人間をこの意味での普遍性のもとに理解する。自然法則の普遍性のもとでの人間は、自然科学の対象としてのヒトにほかならない。自然科学の対象としてのヒトは、全体を代表するための部分としてのサンプルを意味する。そして、近代の自律的な人間というあり方と人類という全体のサンプルというあり方とは、実は表裏の関係にある。自分の頭で物事を考え、自分の意志で行動し、その行動の責任を自分で取るという近代の自立した人間は、科学とテクノロジーによって自然を作り変えていくことを承認し推進する人間である。その作り変えがやがて科学とテクノロジーによる自分自身の作り変えに向かうのは当然なのかもしれない。

現代文明の主体である人類と、かけがえのない日々の生活を生きる唯一的な個としての人間と、その両方がいまぎりぎりのところに立たされている。ここで問題となるのは「私は私の中の人類をどう生きるか、しかも私の中の人類に私自身を簒奪されることなしに」ということであり、それは直ちに「私は私の中の人類をどう死ぬか、私はどのような死を死ぬものとして私であるのか」ということである。これは決して抽象的なことではない。この問いは、たとえば、パソコンで文章を書いてメールで送る、コンビニでプラスチック容器に入った弁当を買う、新型コロナワクチンを接種する、といった私たちのまったく日常的な行為の奥底にある。人間とは何か、人類はどこへ行くのか、という問いが、この現実において自分はどう生きるか、という実践の中に問いの場をもつことを伝えるのは、宗教の役割である。「宗教は何を為すべきか、また、為し得るかを問いつめること」はそのように捉える必要があろう。

現代の私たちはもはや生まれながらに信仰の土壌にあるのではなく、実定諸宗教についてのあふれる情報のなかから選択という仕方でようやく信仰と出会うような世界に生きている。それは諸宗教間の対話という空間のなかでしか信仰と出会えない世界である。先に、現在では諸宗教間の対話より宗教者と世俗社会との対話が重要になっていると述べた。その相互理解の困難さは、ハーバーマスが、政治的公共圏で宗教的市民の主張が世俗的市民に理解されるために「翻訳」作業が必要だと主張するほどである。

諸宗教間の対話の必要性が叫ばれて五十年たった今日、対話の試行錯誤の積み重ねによって宗教の教義上の違いは相互理解を必ずしも妨げないことが見えてきたように思われる。たとえばある仏教者は教皇フランシスコの回勅「ラウダート・シ」を読んで感動し、仏教の中に同じような環境への態度変革への指し示しを見出すことができると述べた。諸宗教間の教理の違いはむしろ自宗教への新しい気づきになり得る。日本語を母語とする者が英語を母語とする者と相互理解することが十分に可能なように、異なる宗教に帰属する者同士の相互理解は十分に可能である。相手の言語を学ぶと、相手の言うことを相手の言語そのもので理解できなくとも、自分の言語に翻訳して理解することができるようになる。それと同様に、相手の宗教の教義内容を自分のものとして受け容れることができなくても、自分の宗教の教義内容に引き移して理解することができるようになる。現代世界では他宗教を理解することなしに、信仰をまっとうすることはできない。コルモスの五十年は、諸宗教間の対話がこのような相互の「翻訳」を可能にする訓練となることを私たちに教えた。それは、「宗教的市民」と「世俗的市民」との対話の準備が整ったということにほかならない。

コルモスの第一の目的である諸宗教間の対話は現代における宗教の役割を探究する出発点である。その出発点から別の地点に進むわけではない。第二、第三、第四の目的は、その出発点を反芻しつつその底に向かって深く掘り進むことをめざすのである。改めてそのことを確認したいと思う。

注

（1）土居真俊「対話の神学試論」、『親鸞とキリスト教：土居真俊対話集』法藏館、一九九〇年、一六頁。
（2）本書、八九頁。
（3）本書、八五頁。
（4）I. Kant, *Die Religion innerhalb der Grenzen der bloßen Vernunft*, Hrsg. von Karl Vorländer, Verlag Felix Meiner in Hamburg, 1961. S. 117, A107.
（5）氣多雅子「企投する思索——宗教哲学・西田哲学・仏教（上）」、『哲學研究』第六〇八号、二〇二二年七月。

付記

本書の制作にはコルモス事務局の金澤豊氏に全面的にお世話になった。第1部の執筆と過去のコルモスの資料発掘の作業は小林敬氏に依頼した。コルモスの非会員でありシモーヌ・ヴェイユの研究者である小林氏の外からの視点を常に参考にして、本書は制作された。また事務局には近年の写真しかなかったので、古いコルモス会議の写真は金光教の三宅善信氏の手許にあったものを送っていただいた。さらに法藏館の今西智久氏からは折に触れて適切な助言をいただいた。諸氏の労を厭わぬ尽力に対して心から御礼申し上げたい。また本書に寄稿してくださった多くの先生方にも衷心からお礼申し上げたい。

あとがき

木村清孝

私がコルモスの会員として参加させてもらうようになったのは、一九九〇年代の初めころであったと思う。それからすでに三十年ほどになるが、このきっかけを作ってくださったのは、玉城康四郎先生である。玉城先生は、私の大学院時代の指導教官であり、学生の身分を離れてからも、折に触れてさまざまな形でお世話になってきていたのであるが、何かの用でご自宅に伺った折、突然、「わたしも歳で、毎年、京都に年末に出かけるのもきつくなった。代わってコルモスのメンバーになってくれないか」とおっしゃった。けれども、その「コルモス」なるものに関する具体的なお話はあまり聞けなかった。私は迂闊にも、本研究会の成立の経緯についても活動の実際についてもほとんど知らないまま、失礼なことに「はあ、分かりました」と承諾したようなご返事を残して、帰途に就いたのである。

その後、コルモスに関して少し調べたり、ご存じの方からお話を伺ったりするうちに、軽い気持ちでお受けする形になってしまったことを後悔した。だが今さら、恩師である玉城先生に「できません」とはいいにくい。しばらく悩んだ末、「ともかく一度、参加させてもらい、その上で、自分に無理なようであれば、お詫びしてご辞退しよう」と決めたのである。

そうこうするうちに、当時は毎回、年に一度、クリスマス明けの十二月二十六日と二十七日の両日開かれていたコルモス会議の日がやってきた。私は第一日目当日、恐る恐る受付を済ませて、会場に入った。少し早めに伺ったつもりであったが、すでにかなりの数の方々が席に着いておられる。私は、緊張して決められた席に座り、周りを見渡した。すると、以前からよく存じ上げている先生も何人かおられるが、初めてお目にかかる方々が圧倒的に多く、会場には独特の空気が漂っている。これは、本研究会が「宗教間対話の試み」を第一の目的に掲げていることからも推測できるように、仏教を含む各宗教や宗教哲学の研究者のみならず、さまざまな宗教団体の代表者やリーダーたちを包括した場なのだから、当然のことであろう。しかし、初めて参加する私にとっては、緊張を増すものであった。やがて、基調講演を皮切りに、二日間にわたる会議は、私の緊張度も次第に薄らぐ中で順調に進行し、無事に終了した。中でも、専門を異にする研究者同士の、また、研究者と現場の宗教者との間の活発な議論を拝聴できたことが、私にはとても有益であった。

この経験の中で、私はコルモスの存在意義を確認し、自らの学びを深めることができた。そして、私が参加することによって少しでもこの会の存続と発展に貢献することができるのであれば、元気なうちは会員の一人として活動させてもらいたいとの思いを強くしたのである。

以上に述べたように、私は玉城康四郎先生からのお勧めを直接のきっかけとして、今日までコルモスの諸活動に参加させてもらっている。しかし、振り返れば、私をコルモスへと導いてくれたものには、そのこと以外に、おそらく多くの縁が関わっている。例えば、小さな曹洞宗寺院の長男として生まれた私は、第二次世界大戦後の混乱の中で、漠然とではあるが、子供心に現実の寺のあり方や僧侶の生き方に多少の疑問を抱いたこと、寺を継ぐことを運命的なものと感じながら、親を説得して一回だけ国公立大学を受験することを認めてもらって東京教育大学（現・筑波大学）に合格したこと（不合格の場合は、すぐに僧堂に行く約束であった）、学科として、あえて哲学科倫理学専攻を選んだこと、大学卒業間近なころに東京大学大学院に印度哲学専門課程があることを知り、「落ちてもともと」の気持ちで受験したところ、幸運にも合格したこと、大学院入学後、前記の玉城先生の示唆もあって、仏教思想の中でもっともクールで哲学的だといわれる華厳思想を研究の中心に置いたこと、修士課程在籍中、「七十年安保」をめぐる社会情勢を背景に先輩たちが立ち上げていた「宗教と社会研究会」に引き込まれ、あっという間にその研究誌『宗教と社会』の編集に携わるとともに、まったく専門外の大本教の歴史的性格やナチズムと宗教との関係について論考し発表する羽目になったこと、などである。これらの一つ一つが、私がコルモスの活動に共感し、深く関わってくることになる「隠れた因縁」となっているのではないか、という想いを強くしている。

こうして私は、少しずつコルモスの水に馴染み、年齢だけからいえば、いつの間にか本研究会の「長老」の一人となった。その歩みの確かさと内実の豊かさについては、大谷光真前会長をはじめとする本誌の編集委員各位、並びに執筆者各位の献身的な配慮と努力によってほぼ余すところなく本誌に明らかにされている。筆者が新たに付け加えるべきことは、何もない。

以上、本誌編集委員会のお許しを得、「私とコルモスとのつながり」という視点に立って、頭に浮かぶことをほぼそのまま「あとがき」として記させていただいた。切にご寛恕を乞う次第である。

拙稿を結ぶにあたり、これまで本研究会を陰に陽に支えてきてくださった皆様並びに諸団体・諸機関に対し、衷心よりお礼申し上げる。各位におかれては、この「いのちの星」それ自体の存続さえもが懸念される現代社会の危うさを踏まえつつ、本誌を通してコルモス五十年の歴史と意義を振り返り、本研究会が掲げる「四つの目的」の重要性に照らしてそれぞれの立ち位置を再確認し、未来を信じて真の平和に向かう行動を重ねていかれることを願ってやまない。

（東京大学名誉教授）

編者略歴

氣多　雅子（けた　まさこ）

一九五三年、静岡県生まれ。京都大学大学院博士課程単位取得退学。博士（文学）。南山宗教文化研究所研究員、愛知技術短期大学専任講師、金沢大学教育学部助教授、教授、京都大学大学院文学研究科宗教学専修教授を経て、現在、京都大学名誉教授。日本学術会議第二〇期会員（二〇〇五～〇八年）、宗教哲学会元会長（二〇〇八～一四年）、日本宗教学会元会長（二〇一四～一七年）。専門は宗教哲学。

著書に『宗教経験の哲学――浄土教世界の解明』（創文社）、『ニヒリズムの思索』（創文社）、『西田幾多郎「善の研究」』（晃洋書房）、『西田幾多郎　生成する論理』（慶應義塾大学出版会）などがある。

二〇一五年度よりコルモス副会長。

島薗　進（しまぞの　すすむ）

一九四八年、東京都生まれ。東京大学大学院博士課程単位取得退学。東京外国語大学助手、専任講師、助教授、東京大学文学部宗教学・宗教史学科助教授、教授、同大学院人文社会系研究科教授を経て、現在、東京大学名誉教授、大正大学客員教授、上智大学グリーフケア研究所客員所員、ＮＰＯ法人東京自由大学学長。日本宗教学会元会長（二〇〇二～〇五年、二〇〇八～一一年）。専門は近代日本宗教史、宗教理論、死生学。

著書に『宗教学の名著30』（ちくま新書）、『国家神道と日本人』（岩波新書）、『日本人の死生観を読む　明治武士道から「おくりびと」へ』（朝日選書）など多数がある。

二〇二三年度よりコルモス会長。

金澤　豊（かなざわ　ゆたか）

一九八〇年、京都府生まれ。龍谷大学大学院博士後期課程単位取得満期退学。博士（文学）。浄土真宗本願寺派総合研究所研究員、龍谷大学世界仏教文化研究センター博士研究員、龍谷大学大学院実践真宗学研究科実習助手を経て、現在、（公財）仏教伝道協会職員、武蔵野大学仏教文化研究所客員研究員。専門は、インド仏教、宗教者の社会貢献。

主な論文に「生者のざわめきを聴く――遺族の想いから生まれるもの」（『死者／生者論――傾聴・鎮魂・翻訳』ぺりかん社）、「苦悩を抱える人々と共に居るということ」（宗教者災害支援連絡会編『災害支援ハンド・ブック　宗教者の実践とその協働』春秋社）などがある。

二〇一九年度よりコルモス事務局長。

小林　敬（こばやし　けい）

一九八六年、京都市生まれ。京都大学大学院文学研究科博士後期課程修了。博士（文学）。京都大学高等教育研究開発推進センター研究員を経て、現在、花園大学国際禅学研究所研究員。専門は宗教哲学、宗教学。

主な論文に「シモーヌ・ヴェイユの哲学――フランス反省哲学の発展的展開としてのヴェイユ思想」（博士論文）、「フランス反省哲学とシモーヌヴェイユ――「アランとラニョーの知覚の分析」に回帰するヴェイユ」（『フランス哲学思想研究』第一六号、二〇一九年）などがある。

宗教を問う、宗教は問う
――コルモスの歴史と現代――

二〇二三年一二月一〇日　初版第一刷発行

編　者　氣多雅子・島薗　進
　　　　金澤　豊・小林　敬

発行者　西村明高

発行所　株式会社　法藏館
　京都市下京区正面通烏丸東入
　郵便番号　六〇〇―八一五三
　電話　〇七五―三四三―〇〇三〇（編集）
　　　　〇七五―三四三―五六五六（営業）

装幀　野田和浩

印刷・製本　亜細亜印刷株式会社

ISBN 978-4-8318-7774-1 C0014